上海交通大學 凯原法学院 资助丛书
SHANGHAI JIAO TONG UNIVERSITY KOGUAN LAW SCHOOL

我国电信行业的竞争与规制

侯利阳 著

法律出版社
LAW PRESS·CHINA
——北京——

图书在版编目(CIP)数据

我国电信行业的竞争与规制 / 侯利阳著. -- 北京 :
法律出版社, 2022
ISBN 978 - 7 - 5197 - 6641 - 2

Ⅰ. ①我… Ⅱ. ①侯… Ⅲ. ①电信—法规—研究—中
国 Ⅳ. ①D922.296.4

中国版本图书馆 CIP 数据核字(2022)第 061363 号

我国电信行业的竞争与规制
WOGUO DIANXIN HANGYE DE JINGZHENG YU GUIZHI

侯利阳 著

责任编辑 孙东育 刘梦瑀
装帧设计 李 瞻

出版发行 法律出版社
编辑统筹 学术·对外出版分社
责任校对 王 丰 郭艳萍 王语童
责任印制 陶 松
经 销 新华书店

开本 A5
印张 13 **字数** 294 千
版本 2022 年 7 月第 1 版
印次 2022 年 7 月第 1 次印刷
印刷 三河市龙大印装有限公司

地址:北京市丰台区莲花池西里 7 号(100073)
网址:www.lawpress.com.cn
投稿邮箱:info@lawpress.com.cn
举报盗版邮箱:jbwq@lawpress.com.cn

销售电话:010 - 83938349
客服电话:010 - 83938350
咨询电话:010 - 63939796

书号:ISBN 978 - 7 - 5197 - 6641 - 2
定价:69.00 元
凡购买本社图书,如有印装错误,我社负责退换。电话:010 - 83938349

序　一

接受新书作者邀请撰写序言的一大好处在于,在其新著正式面世之前就有机会在第一时间读到,从而享有仅次于责任编辑的时间“特权”。我很高兴有机会再一次利用这种便利条件,对同事兼合作伙伴侯利阳教授的又一本新著先睹为快。

竞争法或者反垄断法乃至其他部门法研究深化和精细化的一个重要表现,就是跳出相关共性问题的一般性研究,而深入具体的行业或者领域进行系统性的研究,因为后者意味着需要结合相关行业特点和专业知识进行更有针对性的深入研究,并且往往更多地涉及经济学等其他学科的知识。《我国电信行业的竞争与规制》作为利阳教授主持完成的国家社科基金项目成果,主要研究我国电信行业的竞争与规制问题,这明显属于行业法或者领域法问题的研究范畴,虽然涉及但又不限于竞争法的问题,因而研究的跨度和难度都是很大的。好在利阳教授本来就对竞争法和电信法有长期的关注和深入的研究,对这两者都有扎实的研究基础和丰硕的研究成果,因此他对于这种交叉领域的研究具有独特的优势。

电信业属于国家的支柱性行业之一,对国家网络安全和信息化发展具有重要支撑作用,对国民经济发展和消费者利益影响巨大。在我国,2008 年 5 月工业和信息化部、国家发展和改革委员会与财政部联合发布的《关于深化电信体制改革的通告》就明确了电信业是国民经济战略性产业。2017 年 7 月李克强同志考察电信业三大运营商时也肯定了其在新一轮科技革命和产业变革中对我国经济转型升级起到的基础性、关键性支撑作用。因此,电信业的持续快速健康发展对于我国经济发展、社会进步和人民生活水平提高具有十分重要的作用。电信业又是典型的网络型产业,电信网络的建设和维护属于基础设施,有自然垄断的属性,因此其不同于一般的竞争性行业。虽然电信业的改革和发展涉及方方面面的问题,但如何处理好电信业的竞争和规制则是我国电信行业进一步改革和发展中的首要和关键问题。本书将我国电信行业的主要矛盾界定为促进竞争,并从法律层面分析如何通过调整我国的电信规制法律以更好地应对三网融合所带来的挑战与机遇,这对于进一步繁荣电信行业的竞争,推动信息网络行业的健康发展和经济的高质量发展,无疑具有重要的理论意义和实践价值。

为在电信行业打破垄断、促进竞争,我国多年来通过深化改革、扩大开放,持续做出了很多努力,特别是近年来通过实施移动转售、宽带接入网试点,引进民资促进市场竞争,推动形成了既有传统电信企业之间的竞争,也存在传统电信企业与民资企业之间竞争的新格局。在三网融合的背景下,电信业的竞争和规制又遇到了很多新的问题。正如书中提到的,电信规制是一个领域法的范畴,其涉及多个层面的部门法内容,例如,电信市场开放涉及行政许可的内容,电信行业的经营者涉及合同法、消费者权益保护法、竞争法等方面的内容,电信普遍服务义务和电信网络传输内容的管制涉及公民的基本权利等方面的内容。因此,电信规制并非某一个部门法能够独立解决的问题。本书正是以三网融合之后我国电信改革中的新形势为研究对象,试图通过调整既有的电信规制从而更好地实现电信行业的竞争,这就抓住了这个领域的主要矛盾。

在新的历史时期,我国电信行业发生了两个根本性的转型:一是将电信的内涵从传统的狭义电信扩展到现代的广义电信,即电信业务的外延从先前电话与互联网扩张到包含广播、电视等业务;二是从传统的以放松电信运营牌照为主的电信改革模式逐渐拓展为以扶植新进入的电信运营商的竞争为主的电信规制模式。在我国学术界目前对于电信改革的研究还主要是以第一阶段的变化为主要研究对象,研究思路尚未完全转化到如何让电信规制更好地配合新时期的市场变化情况的时候,本书以现阶段的新问题为抓手,主张对现有的电信规制法律体系进行相应调整,特别是基于电信行业的自然垄断性、网络外部性以及当年国有垄断所造成的负面影响,认为本阶段的主要矛盾是新进入的电信运营商无法在短期内通过自身的努力成为有效的竞争者。这明显反映出作者的学术敏锐性和学术判断力,也在很大程度上体现了本书的创新意义。

总之,本书密切关注和反映电信行业的最新发展情况,综合运用历史分析、比较分析、法经济学分析和案例分析等多种研究方法,以宽阔的视野和扎实的功底系统全面地梳理了电信行业竞争与规制的各个方面的问题,并提出了带有前瞻性的对策建议。本书对于实务界和理论界理解电信行业的竞争与规制以及相关的一系列问题都具有重要的指导和参考意义。

作为项目研究成果,本书已经达到了原定的目标要求,这从其顺利通过了国家社科规划办组织的结项鉴定就可以看出。当然,任何一项课题研究工作和一本书的目标都是有限的,研究的广度和深度也都是相对的。同样,本书肯定也会有某些缺憾或者进一步提升的空间。除了书中的一些具体表述还可以再推敲之外,内容安排的逻辑性和结构的完整性也还可以进一步斟酌。当然,这方面完全可以存在不同的思路。期待并相信作者会有更多的佳作不断问世。

是为序。

王先林(上海交通大学特聘教授)

2021 年 1 月 19 日于上海寓所

序　二

知道利阳是2012年拜读他在德国马普所期刊《国际知识产权与竞争法评论》发表的"The Essential Facilities Doctrine—What was Wrong in Microsoft?"一文,当时就对他批评欧盟法院的犀利分析能力留下了深刻印象。后来我举办"两岸通讯传播法论坛",就邀请利阳与会,从而结识,并一见如故,无话不谈。从此就经常在各种国内外学术场合与利阳互动,邀他参与我举办的国际会议及编辑的英文专书。深深觉得利阳是敏而好学、勤于写作的杰出学者,是两岸同侪中的佼佼者,更是活跃于国际竞争法学术圈的学者。利阳要我为他的新作《我国电信行业的竞争与规制》一书写序,对我而言,这或许是2020庚子年新冠肺炎疫情肆虐下最有意义的工作,自然是乐于遵命。

本书使用的"电信行业"是采广义界定,包括"广播电视业",不过重点还是偏传统的(狭义的)电信。记得在2018年于长沙中南大学举办的第七届“两岸通讯传播法论坛”上,北京邮电大学娄耀雄教授就感叹传统的(狭义的)电信才是通信传播、互联网、“互联网+”的根本,但却被忽视。利阳这本专书刚好填补了这份缺憾,并足以成为电信行业法经济分析的入门书。

本书指出,“相关数据显示我国电信行业的各种指标距离发达国家之间还有一定距离,有些指标的国际排名还在百名开外”。而以三网融合之后如何通过调整既有的电信规制从而更好地实现电信行业的竞争为研究目的,以促进电信行业的竞争为主轴,并正确指出,若不对新进入的民营电信运营商进行竞争扶植,则他们会最终退出市场。这奇妙地与我数年前的主张遥相呼应。[①] 本书因而认为我们应当重新改革主导的电信业务经营者制度,使之能够成为扶植竞争的有力武器,并以三章详细解释三个分析要件应当如何实施:界定相关市场、分析主导地位、施加规制义务。因此,本书是经过严谨规划,首尾一贯,带有高度经世济民情怀、实用导向的优秀著作。

本书第四章勇于为当下的市场定格,认为应当首先依据电信业务的不同需求将之划分为固定通话、移动通话、数据、广播电视四大类;其次依据每种业务中交易主体不同再将之划分为零售业务和批发业务;最后再在这八大类别中寻找其他的细分因素,如价格等。本书最终认为中国电信业务可以划分为十个零售市场和五个批发市场,由此可大幅度减轻管制机关的管制负担。这或许是本书最有创意与贡献之处。当然利阳一定也知道,市场发展瞬息万变,因此相关市场的界定还是要视具体情况而定。

本书指出目前的主导运营商制度主要存在两个问题,其中之

---

① 参见刘孔中、王红霞:《通讯传播法新论》,法律出版社 2012 年版。

一是缺乏法律层面的明确性。这个问题,应该就是我所说的电信法立法对电信网络和互联网运营所涉中外各方的有效市场参进与公平竞争至关重要,但中国缺乏法律层面的电信立法,仅有国务院于2000年制定的《电信条例》。中国电信法迄今仍未制定。[①] 本书认为,我们应当借用反垄断法中的滥用市场支配地位的概念来重新解读主导的电信业务经营者制度,这当然是目前最好的解决方法,但只是缓解了这个问题,而没有根本解决。电信法的立法工作[尤其应如何三网合一、信息驱动经济(data-driven economy)]是无法回避的重大课题,也是其他WTO成员不会轻易放过的国际争点。

很可惜的是,本书第一章虽然表示关于电信运营商与互联网企业之间的竞争与冲突会在最后一章进行预测性的分析,但是并未来得及实现,期待利阳在写下本书时为我们解惑。

刘孔中(中国人民大学教授、
新加坡管理大学李光前法学教授、
台湾政治大学科技管理与智慧财产研究所教授)
2020年9月于新北市林口家中紫云阁

① 刘孔中:《贸易战、大数据与演算法》,载《月旦法学》2020年第303期。

目　录

图表目录

导　论

第一节　电信规制发展

电信业务的发明与电的使用息息相关。18世纪欧洲的科学家在掌握了电之后，又逐渐发现了电的各种性质，并据此研究用电传递信息的可行性。从19世纪中期开始，电报、电话、广播电视、互联网等电信业务逐渐出现。早期的电信业务大都是由私人提供的，比如世界知名的贝尔公司。但是一旦电信业务开始正式商业化运行之后，电信行业就开始展现其强烈的自然垄断效应、网络效应以及跨经济效应，不受管制的电信市场中必然会产生垄断者。为了解决这些问题，各国开始纷纷对电信行业进行政府规制。早期各国政府的规制各不相同。美国较为推崇自由竞争的市场经济，因此美国对于电信行业一直通过外部规制的方式来保证电信资费的下降。而更多的国家（如我国、欧洲诸国等）都选择了国有化运行；换言之，由国有企业垄断经营电信业务，甚至将电信经营者变为政府的一部分，由各国的邮电部门亲自提供电信业务。这种政府加强规制的情形一直延续到了20世纪80年代以前。

20世纪70年代的美欧出现大规模的经济危机，这使得政府提供电信业务的方式难以为继。同时，电信设施以及设备制造成本的下降使得电信业务的资费开始大大降低，这一方面扩大了电信消费者的规模，另一方面也开始降低电信业务的规模效应以及进入门槛。简言之，电信市场的国有垄断的经济基础已经不存在。当时的电信行业迫切需要改革。虽然大西洋两岸的电信监管模式存在较大的区别，但这些原因使得欧洲和美国都在20世纪80年代开始寻求电信行业的改革。深受自由竞争影响的美国最开始选择了利用反垄断法将当时最大的电信公司——美国电话电报公司（AT&T）拆分为多个电信运营商，希望以此来引入竞争机制。在大西洋另外一边的英国则选择了放松规制，通过引入新竞争者的方式促进竞争。此后，世界各国都看到电信行业放松规制所带来的巨大的经济效益，自此在世界范围内掀起了轰轰烈烈的放松规制的浪潮。所谓的放松规制并不是不规制，而是放开电信业务的牌照控制制度，允许其他竞争者进入该市场。这种放松规制的浪潮甚至影响了世界贸易组织的相关规定。《服务贸易总协定》中《关于电信服务的附件》就全面体现了对于电信放松规制的要求。

虽然受到电信行业成本下降的影响，但这一阶段的放松规制主要是在政策层面进行。进入20世纪90年代之后，数字化的传输逻辑开始被广泛应用到电信技术之中。之前只能提供特定模拟化信号的电信网络在进行数字化改造之后开始能够提供其他类型的电信业务，这就是三网融合。三网融合对于电信业务的发展具有至关重要的意义。在模拟化时代，每一种电信网络只能提供特定的电信服务，比如，电话网只能打电话，电视网只能看电视。这种技术上的限制使各国只能针对每一种电信业务制定单独的规制文件。但三网融合广泛应用之后，所有的电信业务都被转化为0和1两个数字，从而只存在应用层面的区别，不存在传输层面的区别。

三网融合的出现使原先狭义的电信被转化为广义的电信。三网融合后的电话网络可以传输电视信号，反之亦然。这一方面带来了电信行业的商业化改革，也即每个电信业务经营者都可以同时经营多种电信业务；另一方面也带来了电信规制的改革，也即电信行业的规制不能再只是以特定的电信网络为参照对象了，而必须实现技术中立，对于所有能够提供类似电信业务的网络施以同等的规制。因此，这一阶段的改革完全是来自技术层面的挑战。

第二节　三网融合与电信规制

中华人民共和国成立后我国的电信业务就一直由原来的邮电部负责提供。直至1993年我国电信行业均采取邮电部独家垄断经营的模式，实行政企合一的计划经济的管制制度。着眼于世界范围内电信行业放松规制的经济效应，我国在1994年引入了第一个经营者——中国联通；并在1995年将电信业务从邮电部分离，成立了中国电信。在随后十几年的时间内，中国电信被反复拆分、合并，最终在2008年形成了中国移动、中国电信、中国联通三家国有电信运营商寡头竞争的市场格局。从某种意义上来说，我国这个期间的电信改革主要是以放松电信牌照的颁发制度作为主要的抓手，通过引入新的竞争者来改善电信市场的竞争条件。最初，我国的电信主管部门对于基础电信运营商的经营范围也存在严格限定。比如，中国移动曾经被要求只能发展移动通话的相关业务，但后来发现如此限制可能会严重影响电信业务经营者的范围经营效应，于是在2008年对所有的国有基础电信运营商都颁发了全业务经营的牌照。

尤其值得注意的是，我国在2000年颁布了《电信条例》。《电信条例》在2014年和2016年经过两次修订，但大体内容没有发生较大的变化。《电信条例》的制定最初是为了实现当年加入世界贸易组织时所作出的承诺，其中诸多措辞都直接来自《服务贸易总协定》中的《关于电信服务的附件》。其中最为重要的就是《电信条例》第17条所设立的主导的电信业务经营者制度。这个制度的来源正是《关于电信服务的附件》。依此制度，主导的电信业务经营者不得拒绝其他电信业务经营者和专用网运营单位提出的互联互通要求。但世界贸易组织《关于电信服务的附件》是在20世纪90年代初起草的，当时三网融合并未成为全世界关注的焦点，这导致我国的《电信条例》并没有直接规制三网融合的内容。

我国三网融合的发展历史比较悠久。世界范围内的三网融合发源于20世纪90年代，我国在2001年的“十五”计划纲要中就已经明确提出了三网融合的概念。但电信系统与广电系统始终处于不同的监管部门掌握之中，三网融合的实际运行被大大延缓。三网融合的真正启动是在2010年，当时温家宝同志主持召开了国务院常务会议，决定加快推进电信网、广播电视网和互联网三网融合，并在会议上明确了三网融合的时间表。实际上直到2018年三网才在真正意义上开始融合。

引入三网融合对于我国电信行业的改革与发展是至关重要的。三网融合之后，广电系统的运营商可以经营传统的电信业务，这改变了我国电信行业由国有电信运营商垄断的市场格局。另外,三网融合也使得传统的电信运营商可以同时经营广播电视业务,电信业务的网络资源从而可以更为有效地被商业化开发,这能进一步降低电信业务提供的成本,并最终降低电信业务的资费。我国已经成为信息化新型经济的大国,优质的电信网络以及低廉的电信资费是信息化经济进一步发展的保障。但同时我们也可以发现电信规制与电信商业化运营之间的矛盾开始出现。现行的《电信条例》仅仅关注于传统的电信业务,而没有扩张为广义的电信,这使得三网融合的真正落地出现困难。这也是为何在国务院"三令五申"要实现三网融合多年之后,我们在 2018 年才看到三网融合的曙光。

同时,三网融合虽然引入了广电系统的运营商,但引入竞争并不意味着这些运营商可以在短期之内迅速成长为有效的竞争者。虽然电信成本的下降大大降低了电信行业的规模效应,但即便如此,如今的电信行业依然存在较强的自然垄断性与网络外部性。如果不对这些运营商进行扶植,任由他们在正常的市场条件下自生自灭,那么这些运营商就会很快被传统的国有电信运营商排挤出市场。除了广电系统的电信运营商之外,我国在 2010 年又作出了另外一个非常重要的决定,即在电信行业引入民营资本。目前已经存在民营电信运营商的电信业务主要包括宽带业务、移动通话业务以及广播电视业务。相对于光电系统的运营商来说,民营电信运营商的运营更为艰难。我国至今尚未允许民营的电信运营商构建自己的电信网络,他们只能依赖传统的电信运营商的网络来提供服务。但是这些民营电信运营商同时又和传统的电信运营商处于一种竞争关系,因此很难保证他们不会受到传统运营商的排挤。两下相加,这个阶段电信改革的主要矛盾忽然转化为如何扶植新进入的电信运营商发展成为有效率的竞争者。

综上所述,新时期的变化引发了电信行业的两个根本性转型。第一,将电信的内涵从传统的狭义电信扩展到现代的广义电信。具体而言,电信业务的外延从先前电话与互联网扩张到包含广播、电视等业务。第二,从传统的以放松电信运营牌照为主的电信改革模式逐渐拓展为以扶植新进入的电信运营商的竞争为主的电信规制模式。但我国的学术界对于电信改革的研究还主要是以第一阶段的变化为主要研究对象,研究思路尚未完全转化到如何让电信规制更好地配合新时期的市场变化情况上来。本书以三网融合之后我国电信改革中的新形势为研究对象,以如何通过调整既有的电信规制从而更好地实现电信行业的竞争为研究目的。具体而言,本书的创新程度、突出特色和主要建树表现在如下三个方面。

首先,本书在审视电信行业的技术发展、研读世界贸易组织和其他主要国家的电信改革实践的基础之上,重新界定了电信的概念;认为在三网融合的时代背景下我国的电信规制应当将电话(包括固定通话与移动通话)、互联网(包括宽带与移动数据)、广播电视等业务进行综合监管。我国的三网融合经过十几年的发展在商业层面已经取得了较大的成就,但目前电信与广电分业务监管的双层级机制已经逐渐显现其不能很好支持电信行业跨业务经营的弊端。循此思路,本书详细梳理我国既有的电信规制法律体系(既包括传统的电信规制也包括广播电视规制),认为目前的规制体系需要在两个方面进行调整。一方面,我们需要将《电信条例》中电信的定义进行扩张性解释,使之更为符合三网融合的发展;另一方面,我们需要将广播电视的规制分为网络规制与内容规制。前者应当被纳入广义电信规制的范畴,以引导竞争和促进竞争为主要目的;后者则可以保留在广播电视的体系之内。

其次,我国的电信行业经过二十多年的发展已经形成了一定程度的竞争。通过对电信行业相关数据的分析,本书认为我国的电信行业在诸多电信业务中已经形成了“一超、两强、多家”的竞争格局。这是前一阶段以放松电信运营牌照为主的改革模式的主要成就,尤其是在国有的电信运营商之间已经形成了相对较好的竞争机制。在2010年之后我国开始在电信行业大力引入民营资本。民营电信运营商的引入大大深化了电信竞争的深度与广度,同时也提升了电信网络建设的投资力度。但由于电信行业的种种垄断特征,这些新进入的电信运营商很难在短时间内成为能够有效制约国有电信运营商的竞争主体。本书认为引入民营电信运营商只是电信行业改革的手段,而不是最终目的,最终目的应当是促进竞争。若不对这些新进入的运营商进行竞争扶植,则他们会最终退出市场。为此,本书认为我国下一阶段的电信规制应当将如何更好地扶植新进入的电信运营商作为改革的抓手。

最后,本书认为我国的《电信条例》已经存在扶植新进入的电信运营商的相关规定,此即主导的电信业务经营者制度,或可称之为不对称规制。一旦被认定对某种电信业务具有主导地位之后,主导的电信业务经营者就必须遵循电信主管部门制定的规制义务。但目前的主导运营商制度主要存在两个问题:其一,只适用于电信网络的互联互通业务;其二,缺乏法律层面的明确性。对于第一个问题,本书认为我国在2000年设定不对称规制的主要目的是满足加入世界贸易组织的要求,但现在将不对称规制的适用范围从互联互通业务扩张到所有的电信业务既符合新时期的市场需求,也符合我国既有的电信牌照制度,更符合公平竞争审查的当代要求。对于第二个问题,本书认为我们应当借用反垄断法中的滥用市场支配地位的概念来重新解读主导的电信业务经营者制度。

为此，本书详细论证了将这两个概念等同解释的理论基础，并依据我国电信行业的实际发展界定了电信业务的相关市场，通过反垄断法的原则、概念和方法来确定电信业务的相关市场中是否存在主导的电信业务经营者。对于规制义务的施加，本书认为电信主管部门应当基于电信市场中的竞争状况，并结合主导的电信运营商的主导地位，预测其可能实施的垄断行为，并以预防和制止这些垄断行为为目的制定切实可行的规制义务。

第三节 内容框架

全书共分为六章。

第一章介绍电信行业的特征以及电信改革的历史进程。首先，分析电信业务的技术发展历程，详细解释三网融合前后电信行业的种种特征与表象。其次，分析三网融合背景下如何理解新时期电信的定义。本书将在对广义电信与狭义电信、公共电信与民用电信等措辞进行对比的基础之上，寻求现阶段最合适的定义。最后，详细论证欧盟以及我国电信行业改革的历史进程。

第二章梳理我国电信行业规制的法律体系。我国电信行业改革的主要法律法规为《电信条例》。2000 年颁布的《电信条例》主要是为了满足加入世界贸易组织的承诺。为此，本章首先分析了世界贸易组织关于电信方面的规定。随后，由于我国目前尚未对狭义的电信以及广播电视业务进行综合规制，所以本章的第二节和第三节从狭义的电信规制以及广播电视规制两个角度全面梳理了我国电信规制的各种法律、法规、规章、文件等。

第三章分析我国目前电信规制中的首要问题。该章从广义的市场规制体系入手分析民法、竞争法、行业规制法不同的作用与意义,并确定了行业规制法(包括电信规制)的目的应当是处理市场失灵的情况。在得出这个结论之后,该章对于我国的电信法律体系进行分析,认为我国电信改革的重点已经开始从放松电信运营牌照制度转移到扶植新进入的竞争者的发展。为了应对新时期的主要矛盾,我们应当重新改革主导的电信业务经营者制度,使之能够成为扶植竞争的有力武器,并因此设置了三个分析要件:界定相关市场、分析主导地位、施加规制义务。下面的三章详细解释每一个要件应当如何实施。

第四章界定各种电信业务的相关市场。对于界定相关市场来说,本书认为应当首先依据电信业务的不同需求将之划分为固定通话、移动通话、数据、广播电视四大类;随后依据每种业务中交易主体的不同,再将之划分为零售业务和批发业务;最后再在这八大类别中寻找其他的细分因素,如价格等。本书最终认为我国电信业务可以划分为如下十个零售市场和五个批发市场。十个零售市场为:(1)家庭用户的本地固定通话市场;(2)家庭用户的国内长途固定通话市场;(3)家庭用户的国际长途固定通话市场;(4)企业用户的本地固定通话市场;(5)企业用户的国内长途固定通话市场;(6)企业用户的国际长途固定通话市场;(7)家庭固定宽带;(8)企业固定宽带;(9)国内移动通话市场;(10)国际移动通话市场。五个批发市场为:(1)固定电话的呼叫终止服务;(2)宽带服务转售;(3)宽带网络接入;(4)移动电话的主叫服务;(5)移动电话的呼叫终止服务。此外,对于电信业务的地域市场来说,本书认为移动业务的相关市场为全国(不含港澳台);固定业务的相关市场原则上应当界定到地市一级。

第五章确定分析主导的电信业务经营者的方法。电信业务经营者的主导地位只能存在于特定的相关市场中。依据主导地位涉及的主体数量不同,可以将之细分为单独主导地位与共同主导地位。单独主导地位的确定应当基于如下五个因素的综合分析:(1)相关市场的竞争状况;(2)该经营者控制销售市场或者原材料采购市场的能力;(3)该经营者的财力和技术条件;(4)其他经营者对该经营者在交易上的依赖程度;(5)其他经营者进入相关市场的难易程度。循此原则,本书依据最新的市场数据分析了我国移动通信零售市场,认为虽然该市场已经呈现出相对竞争的状态,但中国移动依然占据主导地位。此外,共同主导地位的分析应当结合三个因素进行:(1)高市场透明度;(2)制约机制;(3)外部对抗能力。由于缺乏相关的市场数据,本书无法针对共同主导地位进行定量分析,不过通过定性分析本书认为共同主导地位可能会存在于某些地区的宽带市场中。

第六章探讨如何制定合适的电信规制义务。现阶段电信规制的主要目的应当是对主导的电信业务经营者施加规制义务,并在扶植新进入的电信业务经营者的基础之上,最终实现电信行业的竞争机制。但是我国的《电信条例》仅仅规定了四种规制义务(拒绝提供服务、非歧视、透明性、价格规制),没有明确在何种情况下可以施加何种义务。经过分析,本书认为电信主管部门在对主导的电信业务经营者施加规制义务的时候,必须首先分析主导的电信业务经营者可能会实施的垄断行为,并将规制义务与该电信运营商的主导地位相结合,最终选择最为适合的规制义务。为此,本书认为主导的电信业务经营者可能会实施拒绝提供接入服务、价格挤压、非价格歧视以及超高定价四种垄断行为,并明确了可能会滋生每种垄断行为的市场结构。同时,由于每种规制义务都有自己所适合的规制场景,也都存在自身的优点和缺点,本书认为电信主管部门在选择规制义务的时候,不但需要充分考虑主导的电信业务经营者的主导地位,而且需要考虑自身的执法资源,如此方能最终确定合适的规制义务。

第一章　电信行业及电信改革

第一节　电信业务的历史发展

电信是意译的外来词，英文原文为telecommunications。该词由一个希腊语词根tele(τηλε)和一个拉丁语词根communicare组合而成；tele的含义是“遥远的”，communicare意味着“分享”，引申含义为“交流”。因此，电信的原始含义大致为“远程信息交流”。若按照这种方式理解电信，则历史上的烽火台以及现在依然使用的海军旗语则是以光作为媒介的无线通信，甚至我们生活中的对话(包括通过第三人的传话)都属于远程信息交流的一种手段。但这跟我们现代意义上的电信已经相去甚远。中文的“电信”中的“电”究竟指的是电力还是电子已经不可琢磨了，但我们现代意义上的电信产生于18世纪后对于电的深度开发。而后续所有的电信技术，虽然都是电子信息的传输，但也都是基于电力所产生的通信手段。因此,电信中的“电”对于界定现代意义中的“电信”还是非常必要的。到目前为止,电信相关的业务按照商业化的发展顺序主要包括电报、固定电话、广播、电视、移动电话、互联网等。

一、电报

在18世纪,欧洲的科学家在掌握了电之后,开始逐渐发现了电的各种性质,并据此研究用电传递信息的可行性。1837年,英国物理学家查尔斯·惠斯通(Charles Wheatstone)和威廉·库克(William Fothergill Cooke)发明了第一个实用的有线电报(telegraph)系统并申请了专利,两年后建成了世界上第一条商用电报线路。几乎同时,美国商人萨缪尔·摩尔斯(Samuel Morse)和物理学家约瑟夫·亨利(Joseph Henry)也独立发展出了电报系统。1837年,摩尔斯在机械工程师阿尔弗雷德·威尔(Alfred Vail)的帮助下发明的电磁式电报机在美国取得了专利。摩尔斯和威尔提出的摩尔斯电码使电报可以非常方便高效地拍发字母和数字,因此摩尔斯人工电报机和摩尔斯电码得到了非常广泛的应用。最初的电报使用架空铁线在陆地上传送信号,1850年英国在英吉利海峡铺设了世界上首条海底电报线,1866年横跨大西洋的海底电缆铺设成功,之后建成的多条越洋和跨海电缆组成了全球电报通信网。

二、固定电话

电报技术实现了远程的文字传输,而电报技术的发明构成了现代电信技术的基础。随着电报的出现,远程的语音传输技术也开始逐渐被发明,这就是固定电话(fixed telephone)。电话是一种可以传送与接收语音的远程通信设备。早在真正的电话发明之前,原始意义的电话已经出现,也即用线串成的话筒(以线串起杯子)来传输声音。谁是电话的发明者争议非常大,但传统上一般都归功于美国的亚历山大·格拉汉姆·贝尔(Alexander Graham Bell)在1876年的发明。虽然贝尔是第一个申请电话专利的科学家,但早在1854年,电话原理就已由法国人鲍萨尔(Bourseul)设想出来了,6年之后德国人赖伊斯(Reis)又重复了这个设想。原理是:将两块薄金属片用电线相连,一方发出声音时,金属片振动,变成电,传给对方。但这仅仅是一种设想,问题是送话器和受话器的构造,怎样才能把声音这种机械能转换成电能,并进行传送。最初,贝尔用电磁开关来形成一开一闭的脉冲信号,但是这对于声波这样高的频率,这个方法显然是行不通的。最后的成功源于一个偶然的发现,1875年6月2日,在一次试验中贝尔把金属片连接在电磁开关上,没想到在这种状态下,声音奇妙地变成了电流。分析原理,原来是由于金属片因声音而振动,在其相连的电磁开关线圈中产生了电流。而现代电话的另外一个创始人格雷(Gray)的设计原理与贝尔有所不同,他是利用送话器内部液体的电阻变化,而受话器则与贝尔的完全相同。1877年,爱迪生(Edison)又取得了发明碳粒送话器的专利。同时,还有很多人对电话的工作方式进行了各种各样的改进。专利之争错综复杂,直到1892年才算告一段落。造成这种局面的一个原因是,当时美国最大的西部联合电报公司买下了格雷和爱迪生的专利权,与贝尔的电话公司对抗。长时期专利之争的结果是双方达成一项协议,西部联合电报公司完全承认贝尔的专利权,从此不再染指电话业,交换条件是17年之内分享贝尔电话公司收入的20%。

三、广播与电视

19世纪的电信大都是通过有线电缆进行传输的，无线传输则是19世纪末才出现的。关于谁是无线传输的发明人也存在争议，现在普遍认为是尼古拉·特斯拉（Nikola Tesla）。1893年特斯拉在美国密苏里州圣路易斯首次公开展示了无线电通信。在为“费城富兰克林学院”以及全国电灯协会做的报告中，他描述并演示了无线通信的基本原理。他所制作的仪器包含电子管发明之前无线电系统的所有基本要素。亚历山大·波波夫（Alexander Popov）于1895年5月7日在彼得堡物理和化学协会物理学部年会上演示了他制成的一架无线电接收装置——雷电指示器，这一天后来被俄罗斯定为“无线电日”，俄罗斯人认为他才是无线电的发明人。意大利人古列尔莫·马可尼（Guglielmo Giovanni Maria Marconi）拥有通常被认为是世界上第一个无线电技术的专利。1895年马可尼首次成功收发无线电电报；4年后即1899年，马可尼成功进行了英国至法国之间的无线电报传送。1902年首次以无线电进行横越大西洋的通信。从此人类进入无线传输的时代。1909年，马可尼和卡尔·费迪南德·布劳恩（Karl Ferdinand Braun）由于“发明无线电报的贡献”获得诺贝尔物理学奖。1911年跨越太平洋的无线电报业务开通。无线电报业务的发明衍生出了其他无线通信方式，即电台广播（radio broadcasting）、电视广播（television broadcasting）、移动电话（mobile telephone）。

电台广播，又称无线电广播、声音广播或收音机广播，是以无线电波单向传递声音信息的方式，一般是以高频广播。电台发送广播频率后，听众透过收音机来接收。依使用的技术不同，电台广播可分为调幅广播（AM）和调频广播（FM）。不同的电台广播使用不同的频率范围。大部分电台使用 FM 广播，部分小规模电台则使用 AM 广播。除大气电波外，部分则通过有线网络、人造卫星（人造卫星广播）和互联网广播。马可尼的无线电报不包括声音，若要发送声音，需要有侦测声音的电子设备以及信号放大的设备配合才行。1904 年英国科学家约翰·弗莱明（John Fleming）首先发明二极管；两年后，奥地利人罗伯特·凡李本（Robert von Lieben）和李·德·富雷斯特（Lee de Forest）也分别独立发明出一种能够放大电流的真空管——三极管（又称“放大管”）。1919 年荷兰海牙的 PCGG 电台开始广播，这是第一个商业电台，现代意义上的广播自此出现。

图像的远程传输要比文字和语音的传输更为复杂。19 世纪末，少数先驱者开始研究设计传送图像的技术。1904 年，英国人贝克威尔（Bakewell）和德国人柯恩（Korn）发明了一次电传一张照片的电视技术，每传一张照片需要 10 分钟。1924 年，英国和德国科学家几乎同时运用机械扫描方式成功地传出了静止图像。但有线机械电视传播的距离和范围非常有限，图像也相当粗糙。1923 年，俄裔美国科学家兹沃里金（Zworykin）申请到光电显像管、电视发射器及电视接收器的专利，他首次采用全面性的“电子电视”发收系统，成为现代电视技术的先驱。电子技术在电视上的应用，使电视开始走出实验室，进入公众生活之中，1925 年，英国科学家成功研制出电视机。1928 年，美国纽约 31 家广播电台进行了世界上第一次电视广播试验，由于显像管技术尚未完全过关，整个试验只持续了 30 分钟，收看的电视机也只有十多台，此举宣告了作为社会公共事业的电视艺术的问世，是电视发展史上划时代的事件。1929 年美国科学家伊夫斯（Ives）在纽约和华盛顿之间播送 50 行的彩色电视图像，发明了彩色电视机。1933 年兹沃里金又研制成功可供电视摄像用的摄像管和显像管，完成了使电视摄像与显像完全电子化的过程。至此，现代电视系统基本成型。今天电视摄影机和电视接收的成像原理与器具，就是根据他的发明改进而来。

电视发明之后电信领域的下一个突破点是移动通话（mobile telephone），其又被称为无线通话、手机通话等。移动通话的雏形在20世纪20年代就已经出现。当时的德国铁路部门已经开始在火车上安装无线通话系统，并给头等座的顾客提供通话服务。在“二战”中，无线通话开始被军方广为使用。但当时的移动设备体积庞大，并且极为耗电。美国电话电报公司于1949年在全世界首次推出了商业化的“移动电话服务”。但当时的移动通话服务极大地受制于技术的发展。刚开始，美国电话电报公司只有三条线路，只能支持三个客户同时通话；并且移动通话的资费极其昂贵。随后，英国在1959年也推出了商业化“邮政无线电话服务”。但这些移动通话跟我们现代意义上的手机相距较远，移动通话的设备虽然可以携带，但体积依然非常庞大。现代意义上的手机技术起源于20世纪60年代的贝尔实验室。美国的摩托罗拉公司于1973年在全世界首先推出第一代手机，也就是我们俗称的“大哥大”。移动手机的商业化普及出现在20世纪80年代，也就是第一代模拟机。随后在20世纪90年代，移动通话技术经历了从模拟技术向数字技术的转变，进入第二代移动通信的时代。第三代移动通信标准在21世纪初期被制定，刚开始只有两种标准，即WCDMA和CDMA2000。两者与后来我国的标准TD-SCDMA一起形成了通行世界的三大移动通信标准。我们现在使用的第四代移动通信标准在2008年之后形成。目前，第五代移动通信标准已经被广泛商业化。

四、互联网

迄今为止,电信领域最后出现的服务为互联网(Internet)服务。互联网源于20世纪60年代末美国国防部开发的“分组交换”(packet-switching)项目。在此之前电信网络的信息交换所采用的是“电路交换”技术。简言之,电路交换要求网络运营商在呼叫用户和被叫用户之间建立一条虚拟的或者真实的专线,随后在这条专线上进行各种信息的交换。而分组交换技术则是将呼叫用户需要发送的信息分拆成数据包(data packets),与其他呼叫用户的数据在同一条线路上同时进行传输,在数据包到达被叫用户之后进行重新整合,最后由被叫用户获取。[①] 传统的电路交换构建的是一个高度中心化的体系,网络运营商控制着网络的方方面面,既包括网络可以提供的服务也包括网络可以提供的内容,比如传统的电视网络。与之相比,分组交换大大降低了网络运营商作为网络核心的作用。在分组交换中,网络运营商承担的只是数据包的运输服务,无须管控数据包承载的服务和内容。这种去中心化(decentralization)的技术逻辑意味着互联网上的创新(也被称为应用或APP)可以独立于网络运营商,从而带来了无限的可能。[②] 分组技术仅为互联网的出现提供了基础技术支持,互联网商业化的真正标志是蒂姆·伯纳斯·李(Tim Berners Lee)在1990年完成的万维网协议代码及同年开发的历史上第一款浏览器。在互联网商业化之后,传统数据开始被数字化并上传到互联网。海量信息的上传引发了互联网的首个具有历史意义的创新,即在线搜索引擎。

---

① 参见王骏:《电路交换与分组交换》,载《现代通信》1996年第11期。

② See J. Scott Marcus, *Evolving Core Capabilities of the Internet*, Journal on Telecommunications and High Technology Law, Vol. 3, No. 1, p. 123 - 163(2004).

信息的数字化以及在线搜索引擎的出现改变了人们获取信息的方式。

第二节　电信的定义

在电信法层面对电信进行定义是非常困难的。1992 年,国际电信联盟在日内瓦通过的《国际电信联盟组织法、公法和行政规则》中对电信的定义是:利用有线、无线、光或者其他电磁系统传输、发射或接受符号、信号、文字、图像、声音或其他任何性质的信息。世界贸易组织的《服务贸易总协定》中“关于电信服务的附件”对电信的定义是:电信是指以任何电磁方式传递或接收信号。法国 1990 年《电信法》规定:电信是指对符号信号、文字、图像、声音和信息由无线电、光学仪器、微波或其他电磁手段以任何方式进行传递、传播或接收。我国《电信条例》将电信界定为“利用有线、无线的电磁系统或者光电系统,传送、发射或者接收语音、文字、数据、图像以及其他任何形式信息的活动”。但这些法律文件对于电信含义的界定均采取了非常广义的方式。[①] 若采用这些定义,那么个人与个人之间使用移动硬盘拷取数据或者使用蓝牙传输文件的行为都属于电信了。而实际上,这对于电信法律规制来说是完全没有必要的。下面我们对于电信法中电信的定义进行简单论述。

---

① 参见娄耀雄:《电信法》,对外经济贸易大学出版社 2010 年版,第 5 页。

一、广义电信与狭义电信

在电信法律规制中,电信有广义与狭义之分。前述的各种组织都采取了广义的方式来定义电信。按照广义的定义,凡是发信者利用任何电磁系统,包括有线电信系统、无线电信系统、光学通信系统以及其他电磁系统,采用任何表示形式,包括符号、文字、声音、图像以及由这些形式组合而成的各种可视、可听或可用的信号,向一个或多个接收者发送信息的过程,都可称为电信。它不仅包括电报、电话等传统电信媒体,也包括光纤通信、数据通信、卫星通信等现代电信媒体,不仅包括上述双向传送信息的媒体,也包括广播、电视等单向信息传播媒体。而狭义的电信,特指双向传送信息的通信方式,也即电报、电话(包括固定和移动)、互联网,不包含单向信息传播的媒体,主要是广播和电视。单向信息传播媒体方式涉及特定主体向不特定主体所进行的信息传播,因此相较于其他信息传播方式来说具有很强的政治性与文化性,往往需要对传播的内容进行不同程度的审查,所以传统上比狭义的电信管控更为严格。各国在"三网融合"之前,一般将单向信息传输交由电信法来监管,而设定单行法来规制广播、电视。

这种区分在模拟通信盛行的时候确实具有意义。模拟通信是一种以模拟信号传输信息的通信方式。非电的信号(如语音)输入到变换器(如送话器、光电管)后,变换器输出连续的电信号,电信号的频率或振幅等会随输入的非电信号而变化。普通电话所传输的信号为模拟信号。模拟通信系统主要由用户设备、终端设备和传输设备等部分组成。其工作过程是:在发送端,先由用户设备将用户送出的非电信号转换成模拟电信号;再经终端设备将它调制成适合信道传输的模拟电信号,送往信道传输;到了接收端,经终端设备解调,由用户设备将模拟电信号还原成非电信号,送至用户。当模拟信号采用连续变化的电磁波来表示时,电磁波本身既是信号载体,也是传输介质;而当模拟信号采用连续变化的信号电压来表示时,它一般通过传统的模拟信号传输线路(如电话网、有线电视网)来传输。当数字信号采用断续变化的电压或光脉冲来表示时,一般则需要用双绞线、电缆或光纤介质将通信双方连接起来,才能将信号从一个节点传到另一个节点。模拟通信系统设备要求简单,占用频带窄。但也存在以下几个缺点:第一,保密性差。模拟通信,尤其是微波通信和有线明线通信,很容易被窃听。只要收到模拟信号,就容易得到通信内容。第二,抗干扰能力弱。电信号在沿线路的传输过程中会受到外界的和通信系统内部的各种噪声干扰,噪声和信号混合后难以分开,从而使得通信质量下降。线路越长,噪声的积累也就越多。第三,设备不易大规模集成化。第四,不适于飞速发展的计算机通信要求。在模拟通信中,幅度的取值是连续的,也即幅值可由无限个数值表示。由于这种特定的技术要求,模拟通信的网络和终端只能实现特定的电信目的。比如,固定通话网络只能实现固定通话的功能,电视网络只能实现电视的功能。每种网络的功能不可能互换。即便我们不区分广义与狭义的电信,不同类别的电信业务也只能通过不同的特别法进行监管。因此传统上电信行业是按照电信业务的类别进行规制的,比如电报法、固定电话法、广播法、电视法、移动电话法等。

但现今的社会已经从模拟通信的时代进入数字通信的时代。数字通信是用数字信号作为载体来传输消息,或用数字信号对载波进行数字调制后再传输的通信方式。它可传输电报、数字数据等数字信号,也可传输经过数字化处理的语声和图像等模拟信号。数字信号实际上是对模拟信号按照固定的时间间隔抽取模拟信号的值,将一个时间连续的信息波变为在时间上取值数目有限的离散信号,并对之进行数字化和编码。数字通信具有如下五个优点:第一,抗干扰能力强。在数字通信中,传输的信号幅度是离散的,只要噪声的大小不足以影响判断的正确性,就能正确接收(再生)。而在模拟通信中,传输的信号幅度是连续变化的,一旦叠加上噪声,即使噪声很小,也很难消除它。第二,数字通信抗噪声性能好,在微波中继通信时,它可以消除噪声积累。这是因为数字信号在每次再生后,只要不发生错码,它仍然像信源中发出的信号一样,没有噪声叠加在上面。因此中继站再多,数字通信仍具有良好的通信质量。而模拟通信中继时,只能增加信号能量(对信号放大),而不能消除噪声。第三,差错可控。数字信号在传输过程中出现的错误(差错),可通过纠错编码技术来控制,以提高传输的可靠性。第四,易加密。数字信号与模拟信号相比,它容易加密和解密。因此,数字通信保密性好。第五,易于与现代技术相结合。由于计算机技术、数字存储技术、数字交换技术以及数字处理技术等现代技术飞速发展,许多设备、终端接口均是数字信号,因此极易与数字通信系统相连接。

当所有的电信网络都数字化之后,原先具体的电信服务类型反而没有那么重要。无论是电报还是广播,无论是电视还是电话,都最终被转化为二进制的数字进行传输。数字通信技术的使用使得原先只能承载不同电信业务的网络有了共同的语言,无论是文字、语音还是视频等各种内容都在不同的网络以0、1的数字流进行传输。① 这就是所谓的“三网融合”。但是数字通信只是为三网融合提供了契机,“三网”的真正融合得益于以下几个主要领域的

① 参见胡瑜熙、郑毅:《三网融合发展现状探讨》,载《电视技术》2008年第5期。

重大技术进展:第一,TCP/IP 协议。IP 技术的发展,提供了“三网”都能接受的统一的通信协议——TCP/IP 协议,其为“三网”在业务层面的融合奠定了基础,也为不曾统一严格设计的传送网之间实现互通提供了有利条件。TCP/IP 协议的普遍采用使得各种以 IP 为基础的业务都能在不同的网上实现互通。第二,软件技术。软件技术的发展,使三大网络及其终端最终都能通过软件变更支持各种用户所需的特性、功能和业务,现代信息网络装备已成为高度智能化和软件化的产品。第三,接入技术。不同的信息网络经营部门以不同的思路建立网络,电信网、计算机网和有线电视网形成了不同的网络形态,其中的差异集中体现在接入技术方面。尽管采用不同技术的接入网在统一接口标准、统一接口规范方面还需要进一步协调,但接入技术的进步已可以实现支持多种业务的接入网。随着网络技术的进一步发展,接入网将越来越趋向于宽带化。

如果从三网融合的角度来理解电信的定义,则电信应当指的是广义的电信,也即所有适合进行数字传输的电信网络及基础服务。如此三网融合就打破了原先按照固定用途划分的边界,也没有必要再去区分广义的或者狭义的电信了。因此,在三网融合的背景之下,狭义电信的概念已经不具备任何实质的意义。鉴于此,本书对于电信采取广义的定义,也即电信指的是任何利用有线、无线的电磁系统或者光电系统,传送、发射或者接收信息的活动。该定义与我国《电信条例》对于电信的定义是一致的。

二、公共电信与民用电信

我国的《电信条例》在对电信进行定义时并未对之进行“公共服务”的限制。不过,《电信条例》第 8 条在具体界定电信业务的时候,引入了“公共网络”的概念。该条将电信业务划分为基础电信业务与增值电信业务。基础电信业务是指提供公共网络基础设施、公共数据传送和基本话音通信服务的业务;增值电信业务,是指利用公共网络基础设施提供的电信与信息服务的业务。至此,我国电信法中的电信指的应当是在公共网络上面所进行的信息传输。在此,我们还没有必须要深入探讨公共网络的具体含义,但至少公共网络应当指的是面向不特定主体开放的电信网络。公共网络概念的引入对于理解电信的定义至关重要。

电信业务按照传输媒介的不同可以分为有线电信业务与无线电信业务。有线电信是在通信线缆连接的网络上提供的服务。通信线缆按照技术手段的不同可以分为电缆和光缆(光纤)。电缆传输的是电流,通过电流、电压的强弱调整来传递不同的信息。光纤则是通过反射光波,通过光的闭合结合二进制法则来传递信息。无论是通信电缆还是光纤都会形成实体的电信网络,因此我们只需要通过用途就可以判断该网络提供的是公共电信业务还是非公共电信业务。我国的三大电信运营商(中国移动、中国电信、中国联通)所运营的网络是向不特定的主体提供电信服务,因此属于公共电信的范畴。但单位内部建设的局域网,只对单位内部的特定成员开放,因此该局域网所承载的信息传输服务不是向不特定主体提供的电信服务,并不属于电信法中的电信范畴。不过也存在比较复杂的情形。比如,从某种意义上来说,网吧也是向不特定的主体提供互联网服务,而其并非像单位一样使用完全封闭的网络体系。但相对而言,判断有线网络提供的是否是公共电信业务相对来说还是比较容易的。

比较复杂的是通过无线媒介构建的电信网络以及提供的电信服务。人类目前能够有效控制的无线媒介是电磁波。电磁波是由相同且互相垂直的电场与磁场在空间中衍生发射的震荡粒子波，是以波动的形式传播的电磁场，具有波粒二象性。电磁波由同向振荡且互相垂直的电场与磁场在空间中以波的形式移动，其传播方向垂直于电场与磁场构成的平面。电磁波在真空中速率固定，速度为光速。频率是电磁波的重要特性。按照频率的顺序把这些电磁波排列起来，就是电磁波谱。电磁辐射由低频率到高频率主要分为：无线电波、微波、红外线、可见光、紫外线、X 射线和 γ 射线。人眼可接收到的电磁波，称为可见光（频率为 430～750THz）。我国《无线电频率划分规定》将国家管控的无线电波频率界定在 0～3000GHz。这实际上包括了所有通常意义的无线电波、微波，甚至与红外线的下端产生重合，但真正能够作为公共网络进行商业化运营的频段并没有这么多。

电磁波的频率越小，波长越长。长波在传输的时候可以不用考虑地面的凹凸与其他参数的变化。长波穿入电离层的深度很浅，受电离层变化的影响很小，电离层对长波的吸收也不大。因而长波的传播比较稳定。但是它有两个重要的缺点：（1）由于表面波衰减慢，发射台发出的表面波对其他接收台干扰很强烈；（2）天电干扰对长波的接收影响严重，特别是雷雨较多的夏季。此外，长波的天线设备庞大、昂贵，通信容量小。而电磁波的频率越高，波长越短，在传输时携带的能量就越大，传播速率也越高，越容易做到大功率发射。但因其波长很短，虽然穿透能力很强，但不宜发生衍射，否则能量衰减会很大，所以需要建立大量的中继站进行信号接力。因此，无论是较长的电磁波还是较短的电磁波都不太适合大规模的商业性开发。我国目前公共电信领域经常使用的无线频段大致处于 50MHz 至 3.5GHz。此外，由于电磁波存在干扰的情形，因此无线频段只能固定分配给某种电信业务。我国的商用无线频段从低到高大致按照从广播到电视再到移动通信的顺序进行分配。为了防止相邻频段之间的干扰，每个运营商分配到的频段与其他运营商之间存在一定的间隔。比如，在我国，调频广播的频段处于 87～108MHz，无线电视的频段处于 111～800MHz，手机通信有 800～960MHz 以及 1700～2400MHz 两个频段。随着 5G 网络的推行，3GHz 上下的频段也已经被商业性开发。超出这个范围的无线频段暂时还不属于电信法管辖的范畴。即便是在商业频段的范围内，国家还是预留了一些民用的频段。比如，我国将 150MHz 的频段预留给了无线电对讲机；将 3.5～3.9GHz 留给了业余无线电爱好者（俗称“火腿族”或者“香肠族”）；同时，也有一些频段留给了军事用途。但随着未来手机通信速率的提高，这些高频率的频段也可能会分配给手机通信。

在分析广义电信与狭义电信之后，我们将电信定义为任何利用有线、无线的电磁系统或者光电系统，传送、发射或者接收信息的活动。但该定义对于电信规制来说意义并不是特别大。上面这个定义没有区分公共电信服务与民用电信服务。民用电信服务主要是为了满足特定主体之间的远程信息传输，无须在电信法的层面进行管制。国家只要确定民用电信网络与服务的范围，至于这些网络或者服务具体如何运行，就不需要国家具体规制了。因此，依据电信服务的公共性，我们可以将电信再次具体定义为任何利用有线、无线的电磁系统或者光电系统在不特定主体之间（也即电信的公共性）传送、发射或者接收信息的活动。对于有线的电信网络来说就是向社会公众提供服务的电信网络；对于无线的电信网络来说，目前主要是利用电磁波频段处于 50MHz 至 3.5GHz 的无线网络，不包含预留给民用、军用或者其他非商业用途的无线电频段。

三、语音、数据和图像

三网融合是所有的电信网络在基础层面传输逻辑上的融合。三网融合之后,原先的既定电信业务(主要有语音业务、图像业务、数据业务等)都可以采用统一编码,以0、1为信号在网上传输和处理,不同形式的信息都可以依靠0和1这两个数字的不同组合来精确表达并通过数字网络来传输和交换。这使电信网(狭义)、广播电视网和互联网不同形式的产品或服务的差异性明显弱化,甚至消失。在信息服务产品数字化的基础上,原先不同服务产品的提供方式及途径趋于统一,其业务边界也随之开始发生交叉与重叠。比如,现在我们可以用电话网络收看电视,也可以用电视网络拨打电话,更可以通过互联网来实现以往只能由电话网和电视网才能实现的功能。三网融合不只带来了电信网络与业务的融合,也引发了电信终端产品的融合。在这个过程中,终端设备逐步趋同,最终实现了"三屏合一",也即电话、电视、互联网的合一。比如,现在我们可以在智能移动终端上面同时实现拨打电话、收看电视、上网等原先只能由不同的电信终端才可以实现的功能。

但由此引发了一个问题——三网融合之后我们是否还有必要继续区分不同的电信业务以及如何区分?三网融合只是促进了不同电信网络在信息传输方面的融合。虽然所有的电信业务都可以基于0、1两个数字的不同组合,但不同的电信业务之间依然存在较大的区别。这些区别一方面体现在不同电信业务在供给方面的差异。例如,提供固定通话业务与提供移动通话业务在应用层面就存在巨大差异;又如,视频服务和语音(通话)服务都涉及语音方面的提供,但通话服务在即时性方面的要求就与视频服务存在不同。另一方面,消费者在对不同电信服务的需求方面也存在重大差异。固定通话和移动通话虽然都能实现语音服务,但移动通话相较于固定通话在移动性方面具有很大的优势,而固定通话相较于移动通话在对消费者的信号辐射方便也具有自身的优势,因此消费者不能将二者等同。此外,语音通话与视频通话虽然都可以实现直接的、及时的信息沟通,但二者在消费者的文化、社会等层面都存在差异,因此也不具有完全的可替代性。此外,电视广播的业务强调的是数据的单方面供给,也即主要是消费者接收电视广播运营商的信息。虽然由于互联网技术的流行,电信广播的传输也可以实现信息的双方传输,即消费者也可以同时向运营商发送信息,比如 IPTV 等,但广播电视业务的本质依然是消费者浏览或者聆听运营商发送的内容。这一点与狭义电信业务促进消费者信息的即时交流存在本质上的区别。因此,即便在三网融合的背景下电信还是要按照不同业务类别进行细分。就电信监管来说,电信业务依然要按照固定通话、移动通话、互联网、广播、电视等类别进行分别监管。

因此,根据这一点,电信可以被重新界定为:任何利用有线、无线的电磁系统或者光电系统在不特定主体之间(也即电信的公共性)传送、发射或者接收语音、文字、数据、图像以及其他任何形式信息的活动。但这个定义依然不完备。至少从这个定义,我们无法区分电信通话服务与即时通信软件(比如微信)中的即时通话功能。即时通信软件实现的也是通过电信网络进行语音、文字、数据、图像等信息传输的功能。但在现实中我们并不会将腾讯公司(微信的开发者)当成电信运营商,更不会对之施加相应的义务。因此电信的概念依然需要我们进一步进行界定。

四、基础电信业务与增值电信业务

电信业务按照距离电信网络基础层面的逻辑关系远近，可以分为基础电信业务和增值电信业务。基础电信业务，是指提供公共网络基础设施、公共数据传送和基本话音通信服务的业务。增值电信业务，是指利用公共网络基础设施提供的电信与信息服务的业务。[①] 依据我国《电信分类目录（2015 年版）》，基础电信业务又可以细分为第一类基础电信业务和第二类基础电信业务。增值电信业务也可以分为第一类增值电信业务和第二类增值电信业务，详见表 1－1。

表 1－1　电信分类目录

第一类基础电信业务	第二类基础电信业务	第一类增值电信业务	第二类增值电信业务
固定通信业务	集群通信业务	互联网数据中心业务	在线数据处理与交易处理业务
蜂窝移动通信业务	无线寻呼业务	内容分发网络业务	国内多方通信服务业务
第一类卫星通信业务	第二类卫星通信业务	国内互联网虚拟专用网业务	存储转发类业务
第一类数据通信业务	第二类数据通信业务	互联网接入服务业务	呼叫中心业务
IP 电话业务	网络接入设施服务业务	—	信息服务业务
—	国内通信设施服务业务	—	编码和规程转换业务
—	网络托管业务	—	—

① 参见《电信条例》第 8 条。

应当说基础电信业务与增值电信业务的分类还是非常清晰的。增值类电信业务必须依赖基础电信业务才能提供。例如,我们生活中经常使用的各种大型公司的客户服务电话,就是第二类增值电信业务中的呼叫中心业务。这些业务与基础电信业务(比如客服电话所依赖的基础通话服务)是相互依存的关系,是利用基础电信业务提供基础电信业务无法提供的增值性质的服务。又如,各种互联网服务公司所提供的增值性服务必须依赖于基础电信运营商构建的基础电信网络和互联网服务。传统的电信规制范畴也仅涉及基础电信运营商,增值类电信服务提供者虽然也属于我国《电信条例》规定的范畴,但是和基础电信运营商在进入管制等方面的差别甚远。比如,我国《电信条例》第 10 条对于基础电信运营商存在"公司中国有股权或者股份不少于 51%"的规定,增值类电信运营则无该项资质要求。同时基础电信运营商的审核主体是国务院工业和信息化主管部门,而增值类电信运营商则可以由省级电信管理部门审核。

但传统的电信网络构建在电路交换的逻辑基础之上。简言之,电路交换要求网络运营商在呼叫用户和被叫用户之间建立一条虚拟的或者真实的专线,随后在这条专线上进行各种信息的交换。传统的电路交换构建的是一个高度中心化的体系,网络运营商控制着网络的方方面面,既包括网络可以提供的服务也包括网络可以提供的内容,比如传统的电视网络。在传统的电信网络中,网络本身与网络提供的服务是一个有机的整体。这有点类似于火车的运行。火车与铁轨构成了一套完整的整体,全部都由铁路运输部门控制。铁轨如何铺设,铁轨上面运行何种列车,全都由铁路运输部门来管控。此外,铁路系统从传统绿皮火车升级成为快速火车,又升级成为如今的高速铁路,都是在铁路运输部门的管控下进行的。由于构建在电路交换逻辑基础上,在传统的电信网络中网络本身与网络所承载的服务是密不可分的。火车的增值服务类似于旅行团通过火车交通服务提供旅行服务。简言之,电信业务只能由电信运营商自己来提供,其他人都是电信运营商的顾客,只能接受和享受电信服务,不能对于电信服务的项目、类别、性质、质量等进行修改或者变更。基础电信业务与增值电信业务是相互依存、相互补充的关系,不存在相互竞争的关系。本书的研究也主要针对基础电信网络和服务展开。

但在电信服务数字化运行之后,尤其是在以分组交换作为构建逻辑的互联网兴起之后,基础电信与增值电信的边界开始变得模糊。分组交换强调信息交换主体之间点对点(end-to-end principle)的连接逻辑。这种逻辑大大降低了网络运营商作为网络的核心作用。在分组交换中,网络运营商承担的只是数据包的运输服务,无须管控数据包承载的服务和内容。这种去中心化(decentralization)的技术逻辑意味着互联网上的创新(也被称为应用或 APP)可以独立于网络运营商,可以带来无限的可能。① 这一点类似于高速公路,所有的车辆付费之后都可以在高速公路上行驶,高速公路只是交通通道,其对具体运行什么交通工具不进行任何限制。如此,原先由基础电信运营商垄断经营供给的语音、数据和图像也可以由增值电信运营商提供。比如,即时通信软件(如微信等)可以通过互联网实现短信息发送、语音通话、视频通话等功能;在线视频网站(如优酷、斗鱼等)或者在线语音网站(如喜马拉雅等)也可以通过互联网实现电话、广播的传输功能。欧盟对于基

① See J. Scott Marcus, *Evolving Core Capabilities of the Internet*, Journal on Telecommunications and High Technology Law, Vol. 3, No. 1, p. 123 – 163 (2004).

础电信业务的定义较好地体现了基础电信业务与增值电信业务的区分。欧盟将基础电信业务定义为"在电信网络中传输信号的付费服务,包括电信服务与广播电视传输服务;但不包括利用电信网络和服务提供或者编辑的内容服务,也不包括主要目的不是在电信网络中传输信号的各种互联网服务"。[①]

事实上,随着基础电信业务与增值电信业务边界的模糊,基础运营商传统通信业务的收入开始下降。[②] 基础电信业务与增值电信业务从原来的相互依存、相互补充的关系,又发展出了相互竞争的关系。但现在世界各国尚未将互联网业务纳入电信管制的范畴,这使很多传统电信运营商抱怨这些互联网企业不正当竞争。目前的三网融合还只是讨论不同类别的电信运营商之间的融合,对于电信业务与互联网业务的融合尚未真正展开讨论。本书的主体部分还是探讨三网融合对于电信运营商的冲击,以及传统的电信规制对之所应当采取的转型措施。关于电信运营商与互联网企业之间的竞争与冲突,本书会放在最后一章进行预测性的分析。在此,本书认为基础电信服务提供的是信息传输的通道,而不包括这些信息所承载的内容,后者应当属于增值电信业务的范畴,不属于本书所讨论的主体部分。

综上所述,本书中所讨论的电信为基础电信业务[③](以下简称电信),包括基础电信网络以及基础电信服务,具体而言是指利用

---

① Directive 2002/21/EC of the European Parliament and of the Council of 7 March 2002 on a common regulatory framework for electronic communications networks and services (Framework Directive), as amended by Directive 2009/140/EC and Regulation 544/2009, Article 2.

② 参见陈伟刚:《三网融合模式下的电信运营商竞争策略设计与公共政策选择:基于双边市场理论的研究》,中国社会科学出版社 2015 年版,第 9 ~ 11 页。

③ 若无特别说明,本书所提"电信"均指基础电信业务。

有线、无线的电磁系统或者光电系统在不特定主体之间传送、发射或者接收语音、文字、数据、图像以及其他任何形式信息的活动，且不包括互联网增值业务。基础电信业务具有如下几个特征：第一，公共性，也即基础电信业务向不特定的主体提供。第二，网络性，基础电信业务必须依赖有线或者无线的网络进行传输。第三，信息性，基础电信网络传输或者交换的是携带语音、文字、数据、图像等任何形式的信息。第四，通道性，基础电信业务提供的是信息交换的通道，不包括信息所承载的内容。

第三节　欧盟的电信改革

电信行业的市场化改革是多种举措的有机结合，这种有机结合如何进行需要依据具体法域的相关操作进行分析。为此，本书选取欧盟作为比较研究对象，这主要是基于如下两方面的考虑。第一，电信业的自然垄断属性虽已弱化，但依然具有较强的规模经济效应，其发展与所在经济体的经济体量、人口规模等因素息息相关。在国际层面与我国具有对等经济体量、人口规模的经济体只有欧盟和美国。但美国的电信业有两个特征为我国所无，因此无法与我国直接比较：其一，美国自始至终未对电信业进行国有化运营，因此其市场化改革完全缺乏民营化这个环节。其二，美国具有非常完善的有线电视网络，在自由化之后迅速与传统电信运营商形成了较为全面的和有效的抗衡。[①] 第二，我国的电信业目前主

① See Kevin Werbach, *No Dialtone: The End of the Public Switched Telephone Networks*, Federal Communication Law Journal, Vol. 66:2, p. 203 - 262(2014).

要由国有运营商把控。我国《电信条例》第 10 条明确要求基础电信运营商的国有股份不得低于 51%，这在短期内很难发生变化。就这个方面而言，欧盟与我国具有相似性。欧盟虽然提倡电信行业的民营化，但考虑欧盟成员国的国家垄断历史以及产权改革的敏感性，欧盟始终未在民营化上作过任何刚性要求。时至今日，许多欧盟成员国政府还在原国有电信运营商中或持多数股份或拥有重要事项否决权的黄金股份（golden shares），甚至还有成员国（如卢森堡）的电信运营商以国家独资公司的形式运营。[①] 因此，欧盟的电信改革对我国有较为直接的比较价值。

一、1980 年以前欧洲的行业管制

欧洲在“二战”中饱受战争的摧残，基础设施受到重创，社会可利用资源也处于崩溃的边缘。在美国“马歇尔计划”的帮助之下，绝大部分欧洲国家主要采用产业政策的模式来培育基础工业，从而带动其他行业的发展。[②] 各国政府主要运用的调节方式有两个：第一，国有化基础设施行业（比如交通、电信、电力等公共事务行业），实现政企合一；第二，通过优惠政策有选择性地扶植重点行业（比如电子信息行业、汽车行业、核工业、航天工业等）。第一种调节方式主要流行于战后的一二十年，而第二种调节方式从 20 世纪 60 年代开始在欧洲得到广泛地实施。

---

① See Johannes M. Bauer, *The Evolution of the European Regulatory Framework for Electronic Communications*, SSRN (Oct. 15, 2014), https://papers. ssrn. com/sol3/papers. cfm? abstract_id = 2509899.

② See Ruggero Ranieri, *The Wide Strip Mill in Western Europe after* 1945: *Transferring American Technology*, in Dominique Barjot, ed., Catching up with America: Productivity Missions and the Diffusion of American Economic and Technological Influence after the Second World War, Presse de l'Université de Paris-Sorbonne, 2002, p. 215 – 265.

具体产业政策的运用在欧洲三大国（英国、法国和德国）的表现略有不同。英国在战后大量国有化重点行业（比如飞机行业、计算机行业以及核工业），并进行巨额的政府资金投入，以期降低失业、通货膨胀以及维持政府收支平衡；同时，英国政府也积极推动大型企业（比如汽车工业、飞机产业、计算机产业等）之间的合并，其目的是迅速创造国有大型企业，尽快实现规模效应，从而跟美国的大型企业进行竞争。[①] 而法国则更倾向于利用优惠政策扶植重点行业。跟英国类似的是，法国在“二战”结束之后由于社会资源所限，也在电信、煤、铁、电等行业实施了国有化。[②] 为了资金的有效配置，法国甚至将银行业也收归国有（这一点跟英国有所区别）。[③] 但是，法国的国有化进程在 20 世纪 50 年代中期之后开始放缓，此后的一段时期内法国主要通过政府资本来扶植民营企业在汽车、电子以及飞机等行业中的发展。[④] 与英国显著不同的是，面对国际竞争，法国政府尽量维持着相对封闭的国内市场，以期保护国内企业。而作为欧洲重要国家的德国反而是利用竞争政策来发展经济。当然这主要是政治方面原因。“二战”之后德国长期处于其他国家的控制之下，为了防止德国利用产业政策发展大型

---

① See Martin Chick, *Industrial Policy in Britain* 1945 – 1951, Cambridge University Press, 1998, p. 2.

② See John Zysman, *Political Strategies for Industrial Order: State, Market and Industry in France*, University of California Press, 1977, p. 74 – 77.

③ See John Sheahan, *Promotion and Control of Industry in Post-war France*, Harvard University Press, 1963, p. 117.

④ See Christian Stoffaës, *Industrial Policy in the High-technology Industries*, in William J. Adams & Christian Stoffaës, eds., French Industrial Policy, Brookings Institute Press, 1986, p. 36 – 63.

企业,德国利用政府力量扶植经济发展的措施几乎为零。[①] 事实证明这些通过政府来分配资源的产业政策在“二战”结束之后的20年间大大刺激了欧洲经济的发展。尤其是“二战”刚刚结束后的10年,欧洲主要国家的GDP均保持两位数以上的增长,最高曾经超过30%。

但是利用产业政策刺激经济的弊端在20世纪70年代左右开始出现。进入20世纪70年代之后欧洲经济增速普遍放缓,失业率、通货膨胀率开始提高,社会矛盾开始浮现。比如在英国,由政府主导合并成立并投入大量公共资金的汽车企业劳斯莱斯公司以及航空企业英国雷兰德公司等趋近破产。为了挽救这些行业,英国政府不得不继续投入政府资金,甚至在短时间内允许各种垄断行为,比如价格卡特尔等。[②] 而法国在进入20世纪70年代之后则开始面临消费需求大量降低的局面,这引发了钢铁行业、汽车行业等的崩溃。[③] 此外,在法国这些被扶植的企业受到政府的过度保护,面对国际竞争时抗压能力严重不足。比如,在20世纪70年代后期由法国政府扶植的计算机行业出现了严重危机,重要企业几乎被美国企业收购。[④] 与英法的情况正好相反,缺乏产业政策扶植的德国企业在20世纪70年代的发展反而可圈可点,甚至在汽

---

① See Heidrun Abromeit, *Government-industry Relations in West Germany, in Martin Chick*, ed., Governments, Industries and Markets, Edward Elgar, 1990, p. 61 - 84.

② See Nicholas Crafts, *British Relative Economic Decline Revisited: The Role of Competition*, Explorations in Economic History, Vol. 49(1), p. 17 - 29(2012).

③ See Pierre Sicsic & Charles Wyplosz, *France* 1945 - 1992, in Nicholas Crafts & Gianni Toniolo, eds., Economic Growth in Europe since 1945, Cambridge University Press, 1996, p. 210 - 239.

④ See Nicholas Ziegler, *Governing Ideas: Strategies for Innovation in France and Germany*, Cornell University Press, 1997, p. 153.

车、电子等行业取得了大量的可喜成绩。[①] 比如微型民营企业尼克斯多夫电子公司(后来并入西门子集团)在20世纪70年代发展成为欧洲第四大计算机生产商。[②] 到了1980年左右,严重依赖产业政策的欧洲诸国产生了危机感。鉴于连续多年的高失业率和高通货膨胀率,欧洲主要国家在20世纪70年代末展开了对于产业政策的反思,也正是以这个时期为起点,欧洲开始进入逐步消除产业政策、树立竞争政策的新时期。

二、20世纪80年代英国的试验性改革

英国电信一直以来被认为是欧盟乃至世界电信企业转型发展的先驱。它的成功转型得益于英国政府积极的产业发展政策和融合产业监管架构,成熟而激烈竞争的电信服务市场以及英国发达的产业价值网。英国电信产业的民营化被视为将国有垄断电信体制推向竞争和私有化的成功案例。英国电信业的民营化过程随着政府逐步放权而走过了一条有步骤、有秩序、循序渐进的改革道路,为全世界电信改革提供了参考的样板。

20世纪80年代之前的英国电信产业是国家专营的,并且邮政和电信业务进行统一的国有垄断经营,即邮电合营的体制。邮电合营体制源于电信和邮政发展的渊源关系以及电信和邮政作为通信工具的技术共性。最初的邮政是由国家实行专营的,之后发展的电报和电话业务都需要借助于邮政的基础网络设施来发展,加上邮政、电报、电话都具有很强的公益性和政治性,其发展均离

---

① See Gary Herrigel, *Industrial Constructions, the Sources of German Industrial Power*, Cambridge University Press, 1996, p. 181.

② See Kenneth Flamm, *Creating the Computer*, Brookings Institute Press, 1988, p. 108.

不开国家的大力扶持,因而实行合营是很自然的事情。随着邮政和电信规模的扩大、通信技术的发展、自动化程度的提高,两者在技术手段和经营方式上的差异越来越大,需要根据各自的特点和规律建设网络和开拓业务。邮电合营的综合效益已不明显,邮电合营体制成了束缚邮政和电信进一步发展的制度障碍。

由于国家专营邮电的效率不高和服务不佳等问题逐渐显现,为了解决这些问题,英国曾在1969年采取过政企分开的措施。这一措施使英国邮电在20世纪70年代出现了高速的增长。英国中央集权体制对通信的政治影响因此而减少,属于国营性质的英国邮电有了更大的企业经营权,这促进了邮电经营的灵活性及邮电服务的多样性。

英国电信产业民营化兴起阶段是从1981年至1990年。1981年是英国对邮政和电信业务进行分离和建立独立管制机构的转折点,这标志着英国电信产业从此进入了放松管制的时代。1980年时,国有企业英国邮政局对英国的邮政和电信业务还进行统一的垄断经营,但海外的电信业务主要由英国邮政局的大东电报公司(Cable&Wireless,C&W)来经营。1981年,英国政府颁布了《电信法》,新建立了英国电信公司(British Telecom,BT)和皇家邮政公司(Royal Mail),分别经营英国的电信业务和邮政业务。虽然这时国家仍然控制着英国的电信产业,但英国电信产业的民营化已经初露端倪。

20世纪80年代初,英国的自由市场政策与紧缩财政政策促进了电信企业的民营化进程。为了提高英国电信公司的管理和效益,逐步打破电信市场的独家垄断,英国政府引入了另一家电信公司——莫克瑞通信公司(Mercury Communications)。莫克瑞通信公司是1981年11月由C&W、巴克利商人银行(Barclay's Merchant

Bank）等发起成立的，并由 C&W 控股。1982 年，莫克瑞通信公司获得了英国政府发放的电信运营许可证。莫克瑞通信公司建立了英国的第二个固话网络，在国内的电信市场上同英国电信公司展开竞争。由于莫克瑞通信公司建立了固定电话网络并拥有经营基本电信业务的权利和资格。这样，“双寡头垄断”格局在英国的基本电信业务上得以形成。英国不仅在固定电信业务方面确立了双头垄断格局，而且在 1985 年移动电话业务方面也引入了“双寡头垄断竞争”的格局。

在英国国内电信市场上展开竞争的同时，英国电信公司也开始了私有化的进程。1984 年，英国政府出售了英国电信公司 51% 的股权。之后，政府于 1991 年出售了 27% 的英国电信公司的股份，又在 1993 年出售了 18% 的英国电信公司的股份，最后政府只保留了 4% 的“黄金股”，其余的股份全部实行私有化，但政府持有的这个“黄金股”可以发挥特殊的作用。例如，当电信费用应该下降而不下降时，就损害了公众的利益，这时的英国电信董事会凭借“黄金股”就可以使其价格强制下降。但在正常情况下，“黄金股”不得干预企业的经营。“黄金股”的发明是英国电信产业民营化过程中的一个特色。

同时，由于市场竞争的需要，英国政府于 1984 年颁布了电信产业体制改革的纲领性文件——《1984 年电信法》，并根据该电信法建立了独立的电信管制机构，即电信办公室（Office of Telecommunications，OFTEL）。该电信管制机构由电信总长直接领导，并与贸易和产业国务大臣共同统一管制国内的电信运营商。英国分别设置电信管制政策的制定机构和执行机构，制定机构为贸易和产业部门（Deparoment of Trade and Industry，DTI），执行机构为电信办公室。独立的电信管制机构对于英国电信业竞争的规范性和秩序性起着重要的作用。

1985 年,在固定电话领域的双寡头垄断政策得到稳定和巩固后,英国政府开始在移动通信业务领域引入双寡头垄断,这一政策使英国在移动领域展开了一定程度的竞争。在双寡头垄断政策实施了 8 年后(莫克瑞通信公司于 1982 年获电信运营资格)的 1990 年,英国政府颁布了题为《竞争与选择:20 世纪 90 年代的电信政策》的白皮书,在对双寡头垄断政策的效果作出适当的评价后,英国政府正式终止了双寡头垄断政策,从此英国的国内电信市场开始完全开放。因此,1991 年被视为英国电信产业从双寡头垄断向电信产业完全开放的转折点。此后,即英国电信产业在放松管制之后,在主导运营商的再管制和保护用户利益方面建立了一系列完善的制度。①

英国在电信改革的过程中的贡献在于开创了电信业务价格管制的先河,并制定了一套成熟价格规制体系。这套体系将规制价格和社会零售物价指数、生产效率相联系,形成价格管制模型,这就是世界上著名的最高限价管制模型。这个模型可用公式表示为:PI = RPI - X。其中 PI 表示控制电信业务的价格指数;RPI 表示社会零售价指数,即通货膨胀率;X 表示调整政府预期的生产效率。这个公式的实质是在现行资费基础上,由政府规制部门针对零售物价指数,规定政府调整的企业生产效率(X),电信价格的上调幅度不得超过 RPI - X 的标准。RPI - X 的价格调控体系从本质上来说是一种限定价格上限的价格规制方法。只要 X 大于零,意味着电信价格的上涨幅度应该低于零售物价的上涨幅度,相当

---

① 参见刘戒骄:《英国电信产业的放松管制和对主导运营商 BT 的再管制》,载《中国工业经济》2002 年第 1 期。

于要求企业提高生产效率和降低价格。如果 X 大于 RPI,或者说 RPI - X 为负值,则意味着电信企业应该绝对降低价格。这套体系给企业提供了努力创新的动力。如果电信企业希望取得较多的利润,只能努力降低成本,提高生产效率,使企业实际生产效率高于政府规定的 X 值。最高限价管制适用于竞争性市场。由于竞争性市场上普遍存在的降价竞争,企业不可能再通过高价取得高的资费,这迫使电信企业只能努力提高劳动生产率,降低生产成本。在实际价格上限制管制的过程中,管制者和被管制者谈判的焦点是 X 值的确定。英国电信业价格上限管制有逐渐放松的趋势。X 最初为 3% ,1989 年调整为 4. 5% ,1991 年和 1993 年又进一步调整为 6. 25% 和 7. 5% ,后来又调整为 4. 5% 。①

三、20 世纪 90 年代欧盟对于电信市场的全面开放

随着英国电信改革的成功,以及美国电信改革之后所取得的巨大成果,欧盟开始意识到在欧盟层面推行电信改革的紧迫性。② 事实上,欧盟在 20 世纪 80 年代就开始着手将英国的成功经验引入欧盟法。欧盟在这个时期的电信改革主要集中于电信市场的开放(liberalization)。

欧盟最初对于电信行业改革的动因是电信技术蓬勃发展之后,电信行业的进入门槛被大大降低,这使电信行业可以进行竞争。尤其是在看到美国、英国、日本电信改革的巨大成功后,欧盟委员会

---

① 参见戴双兴:《英国电信业的规制改革及其启示》,载《经济前沿》2004 年第 5 期。

② See Robert Klotz, *The Liberalisation of the EU Telecommunications Markets*, in Christian Koenig, Andreas Bartosch, Jens-Daniel Braun & Marion Romes, eds., EC Competition and Telecommunications Law, 2nd edition, Wolters Kluwer: The Netherlands, USA, and UK, 2009, p. 56.

(European Commission)[1]在1987年发布了《关于建设电信服务和设备统一市场的绿皮书》(以下简称《绿皮书》)。[2] 在《绿皮书》发布之后,欧盟委员会在1988年发布了《电信终端设备指令》[3],要求成员国迅速开放电信终端市场。在1990年,欧盟委员会又进一步发布了《电信服务指令》[4],要求成员国开放增值电信业务(non-reserved services)。但电信基础业务(reserved services),包括固定电话、传真、无线电话、无线寻呼业务、卫星业务还处于国家垄断状态。

---

① 严格意义上讲,此处的"欧盟委员会"应当是"欧共体委员会"。但本书涉及欧盟的多个时期,所以未对不同时期欧盟的不同称谓再作区分。

② Communication from the Commission of July 30, 1987, "Towards a dynamic European economy: Green Paper on the development of the common market for telecommunications services and equipment", COM(87) 290. In the 1987 Green Paper, the Commission proposed a programme to liberalise the markets for terminal equipment and non-reserved services [including in particular value-added services, such as email, voice mail, online information and database services, electronic data interchange ("EDI"), audio-conferencing, traveller services, enhanced facsimile services, code and protocol conversion, online information and data processing services]. Furthermore, the Commission at that time did not want to touch upon the exclusive or special rights granted to basic services (such as voice telephone telex, mobile radiotelephony, paging, satellite services, radio and television broadcasting) and infrastructures. These Commission's policy proposals were to a large extent approved by the Council which adopted a resolution voicing its general support (Council Resolution of 30 June 1988 on the development of the common market for telecommunications services and equipment up to 1992 [1988] OJ C 257/1).

③ Terminal equipment was defined as "equipment directly or indirectly connected to the termination of a public telecommunications network to send, process or receive information. A connection is indirect if equipment is placed between the terminal and the termination of the network. In either case (direct or indirect), the connection may be made by wire, optical fibre or electromagnetically". Commission Directive 88/301/EEC of 16 May 1988 on competition in the markets in telecommunications terminal equipment, OJ L131/73, 27. 05. 1988, Article 1.

④ Commission Directive 90/388/EEC of 28 June 1990 on competition in the markets for telecommunications services, OJ L192/10, 24. 07. 1990, Article 2.

这几个文件拉开了欧盟电信市场完全开放的序幕。随后欧盟层面开始探讨是否将电信市场完全开放的政策也适用到电信基础业务上面。1995 年欧盟首先开放了有线电视市场,[①]并要求所有的成员国最迟在 1996 年 1 月 1 日完全开放有线电视市场。有线电视网络的开放给电信市场的竞争打了一针兴奋剂,至少在长途传输业务里面,大家在传统的电信网络之外还可以选择有线电视网络了。1996 年年初,欧盟制定了《无线电话指令》,[②]要求所有成员国必须在 1996 年 2 月全面开放移动电话市场。最后,欧盟在 1996 年 3 月发布了《完全竞争指令》。至此,欧盟成员国必须完全开放所有的电信业务,包括固定电话业务,并且欧盟将电信业务完全开放的截止日期定为 1998 年 1 月 1 日。除了开放电信市场之外,欧盟还制定了一系列简单的电信规制原则,比如颁发电信运营牌照、普遍服务、互联互通、电话号码管理等。

四、2002 年至今的欧盟电信法

前一阶段欧盟电信改革的主要原因是电信技术的发展导致电信行业的市场进入门槛变低,因此引入竞争不仅具有可能性,也具有必要性。但在 1998 年电信行业完全开放之后,欧盟发现新时期的电信行业又面临两大难题。第一,三网融合的问题。欧盟国家在 20 世纪 90 年代已经展开了电信业务数字传输的转变,但这个转变尚未反映在法律层面。这个时期的电信规制也主要围绕不同

---

① Directive 95/51 of October 18,1995 amending Directive 90/388 with regard to the abolition of the restrictions on the use of cable television networks for the provision of already liberalised telecommunications services,OJ 1995 L256/49.

② Commission Directive 96/2/EC of 16 January 1996 amending Directive 90/388/EEC with regard to mobile and personal communication,OJ L 20/59,26. 01. 1996.

的电信网络展开，比如制定专门的《固定电话指令》《移动电话指令》《有线电视指令》。但随着三网融合的深入发展，不同的电信网络可以提供相同的服务。简言之，三网融合的出现使欧盟法需要重新整合这些单项立法的电信规制体系。[①] 第二，由于电信行业的自然垄断性与网络外部性，即便是在市场完全开放之后，新进入的电信运营商也没有办法真正与既有的电信运营商进行竞争，因此，欧盟发现在新时期有必要通过规制手段进一步扶植新进入的电信运营商，从而促进竞争。

经过多年的讨论之后，欧盟在 2002 年制定了新一代的电信法，一方面应三网融合的技术发展，另一方面为了从垄断向竞争的转变。此外，欧盟也需要重新考虑在新时期如何更好地保护电信消费者的利益。此次电信法的制定基于五大原则：(1)行业规制必须有明确的、既定的政治目标；(2)行业规制必须限定在市场无法自我运行的情形；(3)行业规制必须具有法律明确性(legal certainty)，必须给予投资者足够的信心；(4)行业规制必须尊重技术中立性(technological neutrality)，不能支持或者限制某种特定的电信技术；(5)行业规制应当具有可行性。

新的电信法主要包含四个指令，分别为《框架指令》(Framework Directive)、《接入指令》(Access Directive)、《许可指令》(Authorization Directive)、《普遍服务指令》(Universal Service Directive)。《框架指令》[②]旨在构建电信规制的原则，以及提供电

---

① See 2010 High Level Group, *The Challenges of Convergence*, European Commission (Dec. 12, 2006), http://ec.europa.eu/information_society/eeurope/i2010/docs/high_level_group/i2010_hlg_convergence_paper_final.pdf.

② Directive 2002/21 of March 7, 2002 on a common regulatory framework for electronic communications networks and services ("2002 Framework Directive"), O. J. 2002 L108/33.

信相关的各种定义,《框架指令》所做出的最大改变是设置了“三步分析机制”。当成员国的电信监管部门决定是否要对某种电信业务进行规制的时候,必须首先界定该电信业务的相关市场,然后分析在这个相关市场中是否存在拥有市场支配地位的电信运营商,最后只能针对这个电信运营商制定相应的监管措施。由于电信管制措施只对拥有市场支配地位的电信运营商实施,而不对其他电信运营商适用,因此“三步分析机制”也被称为“不对称管制”(asymmetric regulation),并且开创性地设置了市场审查程序。为了保证欧盟各个成员国在进行三步分析的时候不会出现国家保护的情形,《框架指令》还设置了市场审查机制。当成员国按照三步审查机制制定好电信规制措施之后,他们必须首先向欧盟委员会进行申报;只有欧盟委员会审核批准之后,该管制措施方能生效。

《接入指令》[①]规定电信监管部门可以实施的电信管制措施,包括透明度义务、质量义务、强制接入义务、价格管制等。《许可指令》[②]对于电信运营牌照的办法进行了规定。《许可指令》充分考虑到了三网融合对于不同电信网络的影响,因此要求成员国的电信监管部门必须对所有的电信网络和业务建立统一的许可机制,而不是按照电信传输技术的不同分别制定许可机制。并且,《许可指令》要求成员国必须建立“普遍许可”(general authorization)的许可机制,也即只要企业满足电信监管部门制定的进入要件,无须进一步审查

---

① Directive 2002/19 of March 7,2002 on access to,and interconnection of,electronic communications networks and associated facilities (“2002 Access Directive”),O. J. 2002 L108/7.

② Directive 2002/20 of March 7,2002 on the authorisation of electronic communications networks and services (“2002 Authorisation Directive”),O. J. 2002 L108/21.

即可获得电信运营牌照。《普遍服务指令》[①]主要包含两方面的内容:一是明确了欧盟层面的基本普遍服务的范围以及承担方式;二是对于电信消费者的特殊保护,包括电信合同的格式条款、电信服务的质量标准、携号转网等。同时,新的电信法还包含一个《无线电频率决定书》(Radio Spectrum Decision)[②]。该决定书决定组建欧盟的无线电管理委员会,协调欧盟无线电频率的统一规划和管理工作。

此外,为了避免成员国电信监管部门在执行"三步分析机制"时产生不必要的偏差,欧盟委员会还制定了两个指南:《关于电信业务相关市场的建议》[③]和《关于市场分析和市场支配地位分析的指南》。[④] 在制定之初,欧盟委员会首先建议划分了18个电信相关市场,成员国电信监管部门必须对这18个电信市场进行逐一分析,明确这些市场中是否存在拥有市场支配地位的企业,并对这些企业制定管制措施。

最后,欧盟的新电信法还设置了三年至五年的定期审查机

---

① Directive 2002/22 of March 7,2002 on universal service and users' rights relating to electronic communications networks and services ("2002 Universal Service Directive"), O. J. 2002 L108/51.

② Decision 676/2002 of March 7,2002 on a regulatory framework for radio spectrum policy in the European Community ("Radio Spectrum Decision"), O. J. 2002 L108/1. The scope of this Decision is broader than electronic communications and encompasses other sectors, such as transport and research and development: see para. 1 – 201, below.

③ Recommendation 2003/311 of February 11,2003 on the relevant product and service markets within the electronic communications sector susceptible to ex ante regulation in accordance with Directive 2002/21 on a common regulatory framework for electronic communications networks and services, O. J. 2003 L114/45 ("First Markets Recommendation").

④ Commission Guidelines of July 11,2002 on market analysis and the assessment of significant market power under the Community regulatory framework for electronic communications networks and services, O. J. 2002 C165/6 ("SMP Guidelines").

制。欧盟委员会负责根据欧盟电信行业的发展状况审查电信法中的条款是否需要修改，并向欧盟议会和欧洲委员会递交法律修改意见书。根据这个条款，欧盟委员会首先在2006年对新电信法进行了第一次审查。由于欧盟的立法程序非常复杂，2006年的审查结果直至2009年才被欧盟议会和欧洲委员会批准并修改。这次修改主要有四个重要成果。第一个是制定了《更好管制指令》(Better Regulation Directive)①。该指令修改了2002年的《框架指令》、《接入指令》和《许可指令》。《更好管制指令》主要是修改了市场审查机制，提升了欧盟委员会在审查中的否决权；同时为了支持下一代网络(next generation network)的建设，对于互联互通条款进行了修改。第二个是制定了《公民权利指令》，②其旨在修改2002年《普遍义务指令》，此次修改增加了网络中立性(network neutrality)的条款。笔者在2007~2008年参与了网络中立性的立法讨论，撰写的相关论文③也在欧洲议会的立法讨论会上作为背景材料被宣读。第三个是建立了欧洲电信管理局(Body of European Regulators for Electronic Communications)，负

① Directive 2009/140 of November 25, 2009 amending Directives 2002/21, 2002/19 and 2002/20, O. J. 2009 L337/37 ("Better Regulation Directive"). In the following the directives amended by Better Regulation Directive will be mentioned respectively as "Framework Directive", "Access Directive" and "Authorisation Directive".

② Directive 2009/136 of November 25, 2009 amending Directive 2002/22, Directive 2002/58 and Regulation 2006/2004 on cooperation between national authorities responsible for the enforcement of consumer protection laws, O. J. 2009 L337/11 ("Citizens' Rights Directive"). In the following the 2002 Universal Service Directive amended by Better Regulation Directive will be mentioned as "Universal Service Directive".

③ See Peggy Valcke, Liyang Hou, David Stevens & Eleni Kosta, *Guardian Knight or Hands Off: The European Response to Network Neutrality, Legal Considerations on the Electronic Communications Reform*, Communications & Strategies, Vol. 72(4), p. 89 – 112 (2008).

责协调成员国电信监管部门与欧盟委员会之间的各种联系。[①] 第四个是制定了新的《关于电信业务相关市场的建议》,[②]并将原先的 18 个电信市场减少为 7 个。但这次修改并非从根本上改变 2002 年制定的电信法,其中的很多原则都得到了有效的延续,比如放松规制(deregulation)、法治一体化(harmonization)、消费者保护等。[③]

2012 年开始,欧盟委员会又开始了对电信法的第二次定期审查。这次审查的时间非常长,到本书写作之时尚未最终完成。当前,欧盟委员会已经完成了自己的审查,并形成了《关于建立欧盟电信法的立法建议书》。[④] 但该立法建议书没有被通过,欧盟委员会正在准备新的立法建议书。[⑤] 作为此次定期审查的阶段性成果,欧盟委员会又一次修订了《关于电信业务相关市场的建议》

---

① Regulation (EC) No. 1211/2009 of the European Parliament and of the Council of 25 November 2009 establishing the Body of European Regulators for Electronic Communications (BEREC) and the Office, OJ L 337/1, 18. 12. 2009.

② Recommendation 2007/879 of December 17, 2007 on relevant product and service markets within the electronic communications sector susceptible to ex ante regulation in accordance with Directive 2002/21 on a common regulatory framework for electronic communications networks and services, O. J. 2007 L344/65 ("Second Markets Recommendation").

③ See Commission Press Release, *EU Telecoms Reform: 12 Reforms to Pave Way for Stronger Consumer Rights, an Open Internet, a Single European Telecoms Market and High-Speed Internet Connections for All Citizens* (*Nov.* 20, 2009), https://ec.europa.eu/commission/presscorner/detail/it/MEMO 09 568.

④ Proposal for a Directive of the European Parliament and of the Council establishing the European Electronic Communications Code (Recast), COM/2016/0590 final – 2016/0288 (COD).

⑤ See *Proposed Directive Establishing the European Electronic Communications Code*, European Commission (Sept. 14, 2016), https://ec.europa.eu/digital-single-market/en/news/proposed-directive-establishing-european-electronic-communications-code.

(该文件的历次修改内容对比见表1－2),[①]将相关市场的数量继续减少为5个。笔者在2013年作为法律组负责人接受欧盟委员会委托参与课题“Future Electronic Communications Markets Subject to Ex-ante Regulation”(Nr. SMART 2012/0007),研究2007年《关于电信业务相关市场的建议》的修改事宜,相关成果也有论文发表。[②]

表1－2 《关于电信业务相关市场的建议》的三次调整

顺序	第一次(2003年)	第二次(2007年)	第三次(2014年)
1	民用固定电话零售接入	固定电话零售接入	—
2	商用固定电话零售接入		
3	民用固定电话国内零售业务	—	—
4	民用固定电话国际零售业务	—	—
5	商用固定电话国内零售业务	—	—
6	商用固定电话国际零售业务	—	—
7	专线零售业务	—	—

① Commission Recommendation of 9.10.2014 on relevant product and service markets within the electronic communications sector susceptible to ex ante regulation in accordance with Directive 2002/21/EC of the European Parliament and of the Council on a common regulatory framework for electronic communications networks and services, Brussels, 9.10.2014, C(2014) 7174 final.

② See Liyang Hou, *A Review of Telecom Markets in the EU: What Did the European Commission Learn or Not from the Past?*, Computer Law & Security Review, Vol. 30:6, p.710－719 (2014).

续表

顺序	第一次(2003年)	第二次(2007年)	第三次(2014年)
8	固定电话呼叫批发业务	固定电话呼叫批发业务	—
9	固定电话接听批发业务	固定电话接听批发业务	固定电话接听批发业务
10	固定电话转接业务	—	—
11	宽带本地环路开放	宽带本地环路开放	宽带本地接入批发业务
			宽带中央接入批发业务
12	宽带接入批发业务	宽带接入批发业务	高速宽带接入批发业务
13	专线终端环节批发业务	专线终端环节批发业务	—
14	专线转接环节批发业务	—	—
15	移动电话接入与拨打业务	—	—
16	移动电话接听批发业务	移动电话接听批发业务	移动电话接听批发业务
17	国际漫游批发业务	—	—
18	广播电视传输业务	—	—

第四节　我国的电信改革历程

我国1949年设立邮电部,1980年邮电部成立中国邮电工业总公司,负责通信设备生产。1983年,邮电部与贝尔公司合作,引入中国第一条程控电话交换机生产线,并成立了上海贝尔电话设备制造有限公司。[1] 直至1993年我国电信行业均采取邮电部独家垄断经营的模式,实行政企合一的计划经济的管制制度。在此期间,邮电部作为唯一的电信业务经营者,以及政策制定者和监管者进行运行。[2] 由于体制改革的滞后和缺乏有效的行业监管,我国电信行业始终无法开展有效的市场竞争,从而也带来了效率低下等问题。从20世纪90年代开始我国掀起了电信行业现代化改革的浪潮,并持续至今。

一、初步引入竞争时期(1994~1998年)

1992年,原电子部、原电力部和原铁道部三个部门联合向国务院提请设立中国联合通信有限公司(中国联通公司),以引入竞争机制。经过多轮协商,1993年国务院正式印发《关于同意组建中国联合通信有限公司的批复》(国函〔1993〕178号),同意批准三部门共同组建中国联通公司。1994年,联通公司正式挂牌成立。同年3月,国务院将邮电部拆分为邮政总局和电信总局两个单独核算的企业局。邮电部是国务院主管全国通信行业的职能部门,负责全国通信行业的宏观管理,统一管理国家公用通信网和通信业务市场,维护通信秩序,搞好协调、服务和监督工作。[3] 其中电信总局于1995年登记成立"中国电信"这一企业法人。自此我国市场上并存中国联通与中国电信两家公司,这是我国对电信体制

---

① 参见王鸥:《中国电信业的历史发展与体制变迁》,天津古籍出版社2011年版,第136页。

② 参见苏金生:《电信业管制模式与发展研究》,人民邮电出版社2007年版,第61页。

③ 参见《国务院办公厅关于印发邮电部职能配置、内设机构和人员编制方案的通知》,载中央人民政府网,http://www.gov.cn/zhengce/content/2010-11/12/content_7911.htm。

引入竞争的初探，也在形式上解决了政企不分的现状。

中国联通按有限责任公司形式组建，是一个自主经营、独立核算、自负盈亏，具有法人资格的经济实体，接受原邮电部的行业管理。但是，中国联通不得在各地区成立经营电信基本业务的公司或者其他经济实体。中国联通依照《公司法》规定可以在各地设立分支机构作为办事机构，但不具有企业法人资格，同时也不能申请经营电信基本业务。1994 年 4 月 14 日，邮电部发出《关于对中国联合通信有限公司经营电信业务有关问题的批复》，批准联通公司经营下列电信业务：对原铁道部、原电力部的专用通信网进行改造、完善，在保证铁道、电力专用通信需要的前提下，将富余能力向社会提供长话业务；在公用市话网覆盖不到或公用市话能力严重不足的地区可开展市话业务；经营无线通信业务（包括移动通信业务）；经营电信增值业务。在中国联通获得的各项业务中，由于中国联通没有自己的基础网络，发展长途和固定电话业务需要接入和租用中国电信的基础信息网，在接入和租用费用上受到价格歧视，因此实际上中国联通在此类业务上对中国电信毫无竞争可言。①

当时，国际上已经进入第二代移动通信（2G）时代，相较于第一代移动通信（1G）而言，开始从模拟调制向数字调制转变。联通公司自成立后，开始大量引入全球行动通信系统（Global System for Mobile Communications，GSM）。中国电信紧随中国联通之后开始引入 GSM，但是由于部门利益之争，两家机构间并未实现互联互通，造成了大量经济损失。为协调两家机构利益关系，国务院

---

① 参见陈亮：《中国电信业体制演进轨迹：1949～2009》，载《改革》2010 年第 11 期。

充当了“反垄断法官”的角色。[①] 在此期间，中国联通在诸多方面未与中国电信展开有效的竞争，形成了不对称的竞争格局。在联通公司进入的移动通信市场，邮电部门大幅降低了入网费和资费，但电信市场并没有形成规模竞争。[②]

在此期间，除了设立中国联通公司作为引入竞争的初步尝试外，我国还于 1994 年 1 月，由彩虹集团公司、中国电子信息产业集团公司、国投电子公司等多家大型国企参股成立吉通通信有限公司，以此作为电信行业改革发展的契机。此时，在外资准入方面，国务院明确规定：“我国境内的公用通信网、专用通信网的有线电、无线电通信业务，一律不允许境外各类团体、企业、个人以及在我国境内已兴办的外商独资、中外合资和合作企业经营或参与经营，也不得以任何形式吸引外资参股经营。”[③]

二、扩大竞争时期（1998 ~ 2008 年）

面对国际电信行业竞争一体化的快速进程以及自身的不足，我国于 1998 年在第九届全国人民代表大会第一次会议上，在邮电部和电子部的基础上组建信息产业部[④]。信息产业部将原邮电部的“国家电信主干网建设与经营管理的企业”等职能进行下放，同时新增“管理公众通信业务资费、制订基本通信业务收费标准”等

---

① 参见张维迎、盛洪：《从电信业看中国的反垄断问题》，载《改革》1998 年第 2 期。

② 参见周光斌：《对中国电信业改革的思考》，载《通信信息报》2002 年 7 月 3 日，第 A3 版。

③ 《世界电信》编辑部：《邮电部对联通公司经营电信基本业务的审批原则》，载《世界电信》1994 年第 5 期。

④ 信息产业部的职责，现已整合划入工业和信息化部。——编者注

职能。最终依据“三定方案”，被赋予 17 项职能。[①] 依据该规定，中国电信从信息产业部脱离，成为独立经营、自负盈亏的经营主体。信息产业部对电信与信息服务市场进行监管，不再直接经营。自此，中国电信彻底实现政企分离。

但是中国电信作为原邮电部的直属企业仍然占据着 99% 的市场份额，[②]与之相对的中国联通市场竞争力不大。成立 4 年后，截至 1998 年年底，联通的净资产只有 23 亿元(4 年前注册资金 10 亿元)，资产负债率却高达 87%，苦心经营的移动电话业务仅占移动通信市场份额的 7%，而数据、长途通话等业务基本上还是几张空牌照。具体而言，中国联通的净资产只有中国电信的 1/261；业务收入为中国电信的 1/112，不足 16 亿元；移动通信用户只有 100 多万户，为中国电信的 1/20。为了实现更大范围的竞争，在信息产业部的主导下，对中国电信开展了两次分拆重组改革。

(一)纵向分拆

对于中国电信的第一次分拆以电信业务专业化发展为导向。1999 年 2 月，国务院批准第一次中国电信改革方案。在随后的两年间，中国电信的寻呼、卫星和移动业务被剥离出去。其中，寻呼业务几经周折最终并入中国联通，卫星业务并入中国卫通，移动业务并入中国移动。之后，中国电信又被拆分为新中国电信、中国移动和中国卫通三家公司。其中，中国电信依然垄断着当时更为重要的固话业务，中国移动则主要承担移动通话业务，中国联通主要承担寻呼业务，中国卫通主要负责卫星业务。

---

① 参见国务院《关于印发信息产业部职能配置内设机构和人员编制规定的通知》(国办发〔1998〕100 号)。

② 参见史际春、肖竹：《反公用事业垄断若干问题研究——以电信业和电力业的改革为例》，载《法商研究》2005 年第 3 期。

在重组这四家公司的同时，1999 年 8 月中国网通公司建立，主要业务为建立第二代高速互联网工程，在取得经营许可后其立即启动“中国高速互联网络示范工程项目”，并于同年在北京推出 IP 电话业务。2000 年中国铁通公司成立，主要业务是提供固定电话基础服务。加上 1994 年成立的以固话、宽带等为主要业务的中国吉通公司，自此中国电信市场“七雄逐鹿”的“4 + 3”局面初步形成。同时为强化竞争，网通、铁通、吉通三家公司分别被颁发电信运营许可证。在七家公司中，中国电信、中国移动、中国联通、中国网通是主要的运营商，而中国卫通、中国铁通、中国吉通的市场占有率则很低。

此次分拆初步形成了电信市场分层竞争的格局，不同的公司负责不同主营的业务范围，所以此次分拆也被称为纵向分切。这种分拆方式避免了电信不同业务间的交叉补贴，但没有解决单一业务中的垄断问题。[①]

（二）横向分拆

2001 年 11 月，我国正式加入 WTO。面对开放电信市场的入世承诺，国务院批准第二次《电信体制改革方案》，提出了“打破垄断、公平竞争、优化配置、加强监管”的指导方针，对中国电信进行南北分拆，形成北网通、南电信的局面。不同于上一次分拆促使电信业务专业化发展，本次分拆意在每一业务领域引入竞争。

在此次改革中，中国电信的资源以南北为界分为两个部分。其中华北地区（北京、天津、河北、山西和内蒙古自治区）、东北地区（辽宁、吉林和黑龙江）和河南、山东共 10 省自治区、直辖市的电

① 参见史际春、肖竹：《反公用事业垄断若干问题研究——以电信业和电力业的改革为例》，载《法商研究》2005 年第 3 期。

信公司归属中国电信北方地区。中国电信北方地区与中国网通、中国吉通合并重组为新中国网通。而其余南方地区 20 省的中国电信,保留和继承中国电信的名称和品牌,成立新中国电信。拆分后的网络资源和其他资产分配如下:南北两公司按照光纤数和信道容量分别拥有中国电信全国干线传输网 70% 和 30% 的产权,以及所属辖区内的全部本地电话网络。①

重组整合后的中国电信和中国网通,是中国电信业两家实力相当的固定电信主体运营企业,双方在全国均拥有完整的长途干线传输网和所属地区完整的本地电话网,具备平等接入、相互竞争的基础条件,并具有本地电话、长途电话、国际电话和国际互联网业务经营权。同时,南北之间可以竞争又可以渗透。新中国网通既有北方 10 省的电信资产,又有全国先进的 IP 骨干网,在挂牌前几个月就已在南方大城市“网进”了 1000 座顶级写字楼的电信业务,有力地进入了新中国电信的核心地区。同时,新中国电信占有全国 70% 的电信资源,也可以利用资源优势向北方扩张。② 至此,在同一业务领域,相互竞争的局面初步形成。

除了新组合的中国网通和中国电信,加之市场上原有的中国移动、中国联通、中国卫通和中国铁通公司,最终形成了我国电信市场上“5 + 1”(电信、网通、移动、联通、卫通 + 铁通)的基础电信企业产业格局,以及在各种电信增值业务领域 4000 多家企业相互竞争的局面。

这次重组整合后,我国电信市场份额也随之发生变化。中国

---

① 参见王鸥:《中国电信业的历史发展与体制变迁》,天津古籍出版社 2011 年版,第 220 页。

② 参见周光斌:《对中国电信业改革的思考》,载《通信信息报》2002 年 7 月 3 日,第 A3 版。

移动首次成为我国最大的电信运营商,新中国网通跃居第三,中国联通下降至第四位,余下的市场份额则由中国卫通和中国铁通分享。而且,各电信企业的市场占有率均低于50%,不再有一家独大的局面。按各公司现有的市场份额进行排列,中国移动位居榜首,业务收入占比36.6%;新中国电信次之,占比33.8%;新中国网通跃居第三,占比17.2%;中国联通下降至第四位,占比11.3%;中国卫通和中国铁通只占1.1%。虽然不再出现一家独大的局面,但中国卫通与中国铁通的市场份额较之前四名运营商差距巨大,其运营实力和竞争能力也远在其后,所以,也有的专家认为国内电信市场将逐步形成以四大势力接近的大型电信集团公司为核心、一大批专业化的各类中小型企业为外围的基本竞争形式。① 此次分拆奠定了中国移动在我国电信市场上的龙头地位,自此中国移动发展迅猛,市场份额不断攀升。而以往占据大量市场份额的中国电信则急剧下降。与此同时,中国联通略微上升,基本不变。

虽然此次分拆致力于在各个业务领域实现竞争,但其效果却备受争议。相对于第一次改革,南北分拆的重要背景是面对入世谈判的压力,我国通信业急需提升竞争力。但是,此次分拆缺乏对电信市场的整体判断,没有达到预期效果。此次分拆后,电信市场上不正当竞争的问题开始暴露。由于基础设施(如线路)在分拆前由中国电信独家享有,分拆后在多家共享的情况下,设备维护无人管理。为了“不为他人做嫁衣”,各家公司开始重新建立自己的网络,为此支付大量的重复建设成本,最终也体现在消费者的高昂

---

① 参见周光斌:《对中国电信业改革的思考》,载《通信信息报》2002年7月3日,第A3版。

资费上。据统计,截至 2005 年年底,建设光缆总长度达 360 万公里,总投资近 1300 亿元,但利用率仅为 10% 。[①]

面对这种局面,2008 年 2 月信息产业部对六家基础电信运营商发布《关于规范电信资费方案管理的指导意见》(信部清〔2008〕81 号),提出加强资费研究,科学制定资费方案,通过技术、服务和管理创新逐步降低成本,努力促进电信资费总体水平稳步下降的倡导。同时,为方便用户比较和选择,应适当控制资费方案的种类,在同一本地网营业区(或业务区)内,可供用户选择的同一网络的资费方案原则上不超过 10 种。资费方案结构应简单清晰,鼓励电信企业推出按实际使用量给予不同优惠幅度的资费方案。同时,信息产业部也开始鼓励各个基础运营商之间实现互联互通。互联互通义务在《电信条例》和信息产业部 2001 年发布的《公用电信网间互联管理规定》中已有规定。

此外,在外资准入方面。2001 年 11 月 30 日,信息产业部宣布将从 2001 年 12 月 11 日起废止两项禁止外资进入电信业的法规。2004 年,国家发改委公布"移动通信系统及终端投资项目核准的若干规定",手机牌照发放由审批制改核准制。2005 年,中国移动收购香港华润万众电话有限公司全部股份。2006 年,信息产业"十一五"规划出台,大力发展第三代移动通信(3G)产业。2007 年,中国移动收购巴科泰尔有限公司 88.86% 的股份,启动了 267 亿元的 TD-SCDMA 试商用网设备、手机公开招标。[②]

经过了以上这两次的电信重组改革,我国电信市场实现了

---

① 参见牟清:《全业务竞争形势下中国电信业规制研究》,上海财经大学出版社 2011 年版,第 111 页。

② 参见林润辉等:《公司治理环境、治理行为与治理绩效的关系研究——基于中国电信产业演进的证据》,载《南开管理评论》2010 年第 13 期。

打破垄断经营和政企不分的局面，形成了国有企业内部竞争和监管相对独立的制度框架，[①]但是依旧没有形成全业务竞争的格局。

三、全业务竞争时期（2008～2012 年）

2008 年 3 月，根据第十一届全国人民代表大会第一次会议批准的国务院机构改革方案和《国务院关于机构设置的通知》（国发〔2008〕11 号），我国在原信息产业部邮电信息中心的基础上更名组建工业和信息化部。2008 年 5 月 24 日，工信部、国家发改委、财政部联合发布《关于深化电信体制改革的通告》，启动电信业重组的第三次改革方案。此次改革的指导思想是：以发展 3G 为契机，合理配置现有电信网络资源，实现全业务经营，形成适度、健康的市场竞争格局，既防止垄断，又避免过度竞争和重复建设。具体改革方案是：鼓励中国电信收购中国联通 CDMA 网（包括资产和用户），中国联通与中国网通合并，中国卫通的基础电信业务并入中国电信，中国铁通并入中国移动。

根据该改革方案，中国铁通与中国移动合并成新中国移动；中国卫通、中国电信以及中国联通 CDMA 业务合并形成新中国电信；中国联通 GSM 业务和中国网通结合成新中国联通。自此，我国电信市场仅存在中国移动、中国电信、中国联通三家电信运营商。三大运营商都演变为具有全业务经营权的运营企业。所谓全业务，简言之，就是原来的固网运营商可以经营移动业务，而原来的移动运营商可以提供固网业务，从而导致电信企业从原来的产

---

① 参见《1994 年联通成立：电信改革肇始和深入》，载央视网，http://news.cctv.com/science/20081008/110382.shtml。

品分业经营转变为业务相互融合的混业经营。① 电信重组后，三大电信运营商的竞争将比以往任何时候都更加激烈。

为支持三大运营商拥有全国性网络资源，形成实力相近的竞争主体，我国启动 3G 牌照发放工作。2009 年 1 月 7 日，工业和信息化部批准中国移动增加基于 TD-SCDMA 技术制式的 3G 业务经营许可，中国电信增加基于 CDMA2000 技术制式的 3G 业务经营许可，中国联通增加基于 WCDMA 技术制式的 3G 业务经营许可。其中，中国移动获准的 TD-SCDMA 技术制式为中国自主研发的 3G 标准，于 2000 年被国际电信联盟（ITU）批准，与欧洲主导的 WCDMA 技术制式和美国主导的 CDMA2000 技术制式并称为三大通信技术国际标准。工业和信息化部、国家发改委、财政部、国资委、科技部等相关部门研究制定了一系列扶持 TD-SCDMA 的发展政策。包括将 TD-SCDMA 技术研发和产业链完善纳入电子发展基金和集成电路专项资金支持范围，TD-SCDMA 产品和应用纳入政府采购扶持范围，从事 TD-SCDMA 等移动通信软件开发的企业及相关软件产品可以享受《鼓励软件产业和集成电路产业发展的若干政策》的政策优惠等。② 3G 牌照发放后，三家运营商在数据、多媒体等信息服务方面能实现更大范围的全业务竞争。同时，也可促进资源优化配置，减少重复建设，实现国有资产保值增值。③

---

① 参见廖红伟：《国有电信垄断行业寡占竞争策略分析》，载《经济体制改革》2009 年第 6 期。

② 参见《工业和信息化部为移动、电信、联通发放 3G 牌照》，载中国政府网，http://www.gov.cn/jrzg/2009-01/07/content_1198562.htm。

③ 参见袁正、高伟：《中国电信业改革回顾、经验与问题》，载《宏观经济研究》2009 年第 9 期。

四、民营资本进入时期(2012年至今)

2010年5月13日国务院发布《关于鼓励和引导民间投资健康发展的若干意见》(国发〔2010〕13号),该方案中初次提到了鼓励民资进入电信行业。该意见具体指出:“鼓励民间资本参与电信建设。鼓励民间资本以参股方式进入基础电信运营市场。支持民间资本开展增值电信业务。加强对电信领域垄断和不正当竞争行为的监管,促进公平竞争,推动资源共享。”

随后,2012年工业和信息化部发布《关于鼓励和引导民间资本进一步进入电信业的实施意见》(工信部通〔2012〕293号),决定开展移动通信转售业务试点工作。明确了电信行业引入民资的重点领域,包括:移动通信转售业务;接入网业务、用户驻地网业务;网络托管业务;增值电信业务;通信工程建设;基站机房、通信塔等基础设施的投资、建设和运营维护;以参股的方式进入基础电信运营市场;鼓励民营电信企业“走出去”,积极参与国际竞争。在此八项重点领域中,我国电信行业引入民资呈逐步开放之势。

(一)移动通信转售业务

2013年5月工业和信息化部发布了《关于开展移动通信转售业务试点工作的通告》,自此正式拉开了民资进入电信行业的帷幕。此次通告主要针对2012年实施意见中重点引入民资领域的移动通信转售业务领域。该通告发布了附件《移动通信转售业务试点方案》,对移动通信转售业务进行了定义,明确了试点业务的审批条件和程序。同时为保障试点顺利进行,该方案对基础电信业务经营者和参与移动通信转售业务试点的转售企业提出了服务质量、号码资源、批发价格、长期服务保障措施、退出机制等多项试点保障要求。

移动通信转售业务也叫虚拟运营商，是从拥有移动通信网络的基础电信运营商处购买通信服务，重新包装成自有品牌并销售给用户的电信服务。市场上的170、171号段就是虚拟运营商号码。试点期间，工信部根据市场情况调整优化政策，前期积极协调解决互联互通、码号资源、批发价格等转售企业的发展问题，后期规范治理实名制落实不到位、通信信息诈骗和垃圾短信严重等突出问题。

工业和信息化部于2013年至2014年分五批向民营企业发放移动通信转售业务试点批文，此后，各转售企业加速推进业务规划、开发和布局等准备工作。2013年，工业和信息化部在12月26日向天音通信有限公司、浙江连连科技有限公司等11家民营企业发放首批移动通信转售业务试点批文，这些企业当日即获得虚拟运营商牌照，可以开展移动通信业务。① 2014年3月21日，深圳市爱施德股份有限公司率先完成系统建设以及与基础电信企业的对接工作，并首次实现虚拟运营商170号码通话。②

2016年4月，工业和信息化部发布《关于加强规范管理促进移动通信转售业务健康发展的通知》(工信部通信〔2016〕160号)，规范实名登记、网络运营主体责任、协调监管等事项。截至2017年底，参加试点的42家民营企业在29个省份近200个本地网范围内开展试点，移动转售业务用户总数突破6000万户，占全国移动用户总数的比重超过4%。其中，有17家转售企业用户规模超

① 参见新华社：《工信部向11家民营企业发放虚拟运营商牌照》，载中国政府网，http://www.gov.cn/jrzg/2013-12/26/content_2555090.htm。

② 参见《移动通信转售业务试点取得新进展》，载中华人民共和国工业和信息化部网2014年3月21日，https://www.miit.gov.cn/jgsj/txs/zcbz/sckf/art/2020/art_5c6b55d27c7c416ba5e03009afadfd4b.html。

过 100 万户,3 家企业的用户数已超过 500 万户,用户规模最大的企业已突破 1000 万户。[1] 2018 年 4 月,工业和信息化部发布《关于移动通信转售业务正式商用的通告》(工信部通信〔2018〕70 号),标志着移动通信转售业务试点结束,进入正式商用;并于 2018 年 7 月 23 日,正式向 15 家企业颁发移动通信转售业务经营许可。[2]

(二)固定宽带转售业务

2014 年 12 月 25 日,工业和信息化部发布了《关于向民间资本开放宽带接入市场的通告》。首批开放宽带接入市场的 16 个试点城市是:太原、沈阳、哈尔滨、上海、南京、杭州、宁波、厦门、青岛、郑州、武汉、长沙、广州、深圳、重庆、成都,试点时间 3 年。同时对基础电信企业附加三项限制性条件:(1)不得与试点企业签订含有排他性的协议;(2)应向试点企业提供不低于自身业务质量的接入网上联城域网带宽资源;(3)与试点企业依据公平合理、平等协商的原则确定上联宽带资源的接入价格。对试点企业附加四项限制性条件:(1)遵守基础设施共建共享、通信设施保护等规定,禁止和第三方签署排他性协议,保障用户的自由选择权;(2)向用户提供服务时,应严格遵守行业标准和管理要求,并与用户签订服务协议;(3)试点企业上联互联网骨干网必须经由基础电信企业的城域网接入,不同地市的业务节点不得直连,租用的接入网络资源严禁再次转租转售;(4)与用户之间的服务质量问题,由省(自治区、直辖市)通信管理局所属申诉受理中心

---

① 参见《虚拟运营商有望获正式牌照》,载中国政府网,http://www.gov.cn/xinwen/2018-01/25/content_5260303.htm。

② 参见《向 15 家企业颁发移动通信转售业务经营许可》,载中国政府网,http://www.gov.cn/xinwen/2018-07/24/content_5308734.html。

处理。

2017 年，在前期开放试点基础上，工业和信息化部继续扩大试点范围。将吉林省、贵州省全部城市纳入宽带接入网业务试点范围，将保定、张家口、兰州、张掖、酒泉、武威、天水 7 个城市也纳入试点范围。[①] 2018 年，为进一步深化供给侧结构性改革，将宽带接入网业务试点时间延长至 2020 年 12 月 31 日，并在前期开放试点基础上，将黑龙江、浙江、江西、山东、海南 5 个省全部城市和廊坊、秦皇岛、包头、鄂尔多斯、曲靖、玉溪、楚雄、红河 8 个城市（自治州）纳入试点范围。[②]

（三）电信基础共享共建

我国自 2008 年开始推进电信基础设施的共建共享。2008 年 9 月工业和信息化部等发布《关于推进电信基础设施共建共享的紧急通知》（工信部联通〔2008〕235 号），提出已有铁塔、杆路必须共享，新建铁塔、杆路必须共建，其他基站设施和传输线路具备条件的应共建共享，禁止租用第三方设施时签订排他性协议这四项要求。2008 年 12 月 10 日，中国电信、中国移动、中国联通信共同签署了《中国电信集团公司、中国移动通信集团公司和中国联合网络通信有限公司电信基础设施共建共享合作框架协议》。

2009 年 11 月 20 日至 21 日，全国电信基础设施共建共享现场推进会在广州召开。会议中提到，截至 2009 年 9 月底，一年内全国电信基础设施共建率（新增设施中共建的比例）和共享率（企业

---

① 参见《关于进一步扩大宽带接入网业务开放试点范围的通告》，载中华人民共和国工业和信息化部网 2017 年 9 月 27 日，https://wap.miit.gov.cn/igsj/txs/zcbz/sckf/art/2020/art_b85019ed6b4e486a 8b04b40e669df843.html。

② 参见《关于深化宽带接入网业务开放试点的通告》，载中国政府网，http://www.gov.cn/xinwen/2018-06/28/content_5301817.htm。

提出的共享需求的满足率)，铁塔为42%和47%，杆路为14%和65%，基站为27%和51%，传输线路为14%和63%。通过共建共享，一年内共减少新建铁塔3.7万个、杆路6.4万公里、基站站址(及其配套环境，含铁塔)4.6万个、传输线路(含杆路)8.8万公里，预计节约投资超过100亿元。①

2010年工信部、国资委联合印发了《关于2010年推进电信基础设施共建共享的实施意见》。2011年3月20日，工业和信息化部、国资委联合印发了《关于2011年推进电信基础设施共建共享的实施意见》，在原有4项考核设施(铁塔、杆路、基站和传输线路)基础上，将管道和室内分布系统也纳入考核。2013年4月3日工业和信息化部、国资委联合印发了《关于2013年推进电信基础设施共建共享的实施意见》，提出了2013年共建共享考核的各项要求和具体考核指标。

2014年7月18日，中国移动、中国联通和中国电信共同出资设立中国铁塔股份有限公司(以下简称中国铁塔)，作为我国既有电信基础设施共建共享的延伸。中国铁塔注册资本为100亿元人民币，中国电信、中国联通、中国移动持股比例分别为29.9%、30.1%及40%。中国铁塔成立后，致力于在铁塔、杆路、基站和传输线路四类重点领域实现共享，原则上由中国铁塔统筹考虑三家基础电信运营企业的需求，若两家以上在某一站点有共同建设需求，则由中国铁塔进行统一建设，其他几家基础运营企业通过租用的方式使用站点资源。②

---

① 参见《全国电信基础设施共建共享现场推进会在广州召开》，载中国政府网，http://www.gov.cn/gzdt/2009-11/23/content_1471270.htm。

② 参见王永春：《创新模式与技术　推进共建共享》，载《信息通信》2017年第3期。

中国铁塔以“共享竞合”为核心，实现了资本合作，深化了资源共享，达到了多方共赢的初步效果，引领了国企改革的共享经济新模式——“铁塔模式”。[①] 通过专业化运营来维护基础设施，不但可以促进电信行业的专业化分工与合作，也可以避免基础设施建设中的恶性竞争。此外，我国也有意将中国铁塔打造成为发展混合所有制经济的试验田。在这样的改革思路引领之下，中国铁塔于 2018 年在香港上市，并于 2019 年入选福布斯全球数字经济百强企业，为其他行业基础设施的改革工作提供了新方向。

① 参见吕继兵：《中国铁塔商务定价研究》，载《移动通信》2017 年第 17 期。

第二章　我国的电信规制法律体系

虽然我国的电信改革可以追溯到1994年，但直至2000年我国才制定了《电信条例》。[①] 在《电信条例》出台之前我国的电信改革处于政府主导、政策指挥的状态。《电信条例》的出台让此后的电信改革做到了有法可依。《电信条例》在出台之后的很长一段时间内并未得到修订，直到2014年才进行了第一次修订，2016年进行了第二次修订。这两次修订基本维持了2000年《电信条例》的基本框架。2014年的修订主要是删除了政府对于电信业务自费的控制，完全实施市场定价。2016年的修订则是为了简政放权，[②]取消了电信运营商向企业登记机关办理登记手续的

---

① 《电信条例》2016年2月6日进行了第二次修订。

② 参见国务院《关于修改部分行政法规的决定》（中华人民共和国国务院令2014年第653号）。

要求。[①] 我国虽然多年以来提倡三网融合，但是三网融合尚未在电信业务许可证颁发层面实现。《电信条例》管理的依然只是传统的电信业务，主要有固定电话、移动电话、宽带等；而广播电视业务的管理目前由《广播电视条例》管辖。本章的主要研究内容是梳理我国广义的电信规制方面的法律法规，为后文的分析进行铺垫。此外，《电信条例》的基本框架形成于2000年，带有很强的为了应对进入世界贸易组织的情况而制定的痕迹，其中大量吸纳了世界贸易组织《服务贸易总协定》（General Agreement on Trade in Services，GATS）、《关于电信服务的附件》（Annex on Telecommunications，以下简称《电信附件》）以及我国就电信业务向世界贸易组织所作出的承诺。鉴于《电信条例》与世界贸易组织规定之间的密切联系，因此有必要在讨论我国的规定之前首先分析一下世界贸易组织对于电信方面的规定。

第一节　世界贸易组织关于电信的规定

一、关于电信服务的附件

《服务贸易总协定》是世界贸易组织的前身关贸总协定（GATT）在乌拉圭回合谈判通过的管理全球服务贸易的多边协议，约束着包括金融、电信、航空、会计等诸多领域的GATS的法律文本由1个序言、6个部分（共29条）和8个附件组成。《电信附件》是GATS的8个附件之一，它主要就保证成员方使用他国公共

① 参见国务院《关于修改部分行政法规的决定》（中华人民共和国国务院令2016年第666号）。

电信传输网络及服务的权利作了补充规定。我国加入WTO关于开放电信市场的承诺中，电信运营业只允许以中方控股合资的方式进入，因此《服务贸易总协定》有关电信服务的规则除了是规范国际电信服务贸易的国际贸易法规，更大的意义在于它将成为监管国内（合资）运营商的国内电信法规。我国在《电信附件》约束下所承担的义务，将使国内（合资）网络运营商原则上获得平等接入使用公共电信传输网络和服务的权利。

《电信附件》是专门针对公共电信传输网和规范公共电信传输服务运营者行为的，共有6个条款，涵盖了目标、范围、定义、透明度、公共电信传输网及其服务的接入使用、技术合作以及与国际组织和协议的关系等方面，核心内容是要求每一成员应保证任何其他成员的任何服务提供者可按照合理和非歧视的条款和条件接入使用其公共电信传输网络和服务，以提供其电信开放承诺减让表中包括的服务。《电信附件》的具体原则和内容包括以下方面。

（一）目标

该条款主要解释了制定《电信附件》的目的：电信服务部门不仅是社会经济活动中的一个独立部门，而且还为其他经济部门提供基本的信息传输手段。公共电信传输网不仅是运营基础电信服务和增值电信服务所需的基础网络设施，也是支持其他部门如银行业和计算机业服务的基本信息传输手段。一旦公共电信传输网络和服务的接入达不成协议，其他服务种类的市场准入承诺就会因缺少传输信息手段而无法兑现。

（二）范围

该条款规定了《电信附件》适用范围是所有影响接入使用公共电信传输网络和服务的措施，并且适用于影响电台或电视节目的电缆或广播播送的措施，也不得解释为要求成员在其减让表规定之外授权其他成员的服务提供者建立、建设、收购、租赁、经营或提供电信传输网络或服务,不得解释为要求成员(或要求成员责成其管辖范围内的服务提供者)建立、建设、收购、租赁、经营或提供未对公众普遍提供的电信传输网络或服务。《电信附件》制定于1994年,当时三网融合尚未成为主流,因此相关内容也没有反映在世界贸易组织的立法之中。

(三)定义

该条款对电信、公共电信传输网络、公共电信传输服务、公司内部通信进行了定义。电信被定义为:"任何通过电磁方式对于信号的传输和接收。"接着,世界贸易组织明确《电信附件》仅管辖公共电信,并将电信分为公共电信传输服务(public telecommunications transport service)和公共电信网络(public telecommunications transport network)两种。公共电信传输服务是指:"成员方明确规定或者根据效果界定的向公众提供的任何电信传输服务。这些服务包括但不限于电报、电话、传真和数据传输;这些服务往往涉及两点或者多点之间对于客户提供信息的及时传输,并且运营商在点对点传输中既不改变客户数据的形式也不改变客户数据的内容。"公共电信传输网络指的是"允许电信在既定的网络终端点之间进行电信活动的公共电信设施"。

这三个基本上维持了电信的通用定义。同时,《电信附件》又增加了"公司内部通信"(intra-corporate communications)这个概念。公司内部通信是指,"公司内部或与其子公司、分支机构、附属公司进行的通信"。该条款指出,"子公司"、"分支机构"和适用的"附属公司"应由成员自行定义。我国在入世服务贸易水平承诺中专门就此作了说明:"由于国内法规未有明确的外国企业分支机构法律定义,除非在具体分部门中另有说明,对于外国企业在中国设立分支机构不作承诺。”与此对应，我国在电信服务部门承诺表中并没有对电信服务的外企分支机构作出额外说明，同时我国电信服务的市场准入必须以中方控股的合资方式进行。因此，在我国电信服务部门中不存在涉及外国运营商分支机构的跨国公司内部通信问题。

（四）透明度

该条款指出，每一成员应保证可公开获得影响接入使用公共电信传输网络和服务条件的有关信息，包括：服务的收费及其他条款和条件，此类网络和服务的技术接口规范，负责制定和采用影响接入使用标准的机构的信息，适用于终端连接或其他设备的条件及可能的通知、注册或许可要求。对于移动通信运营商，可能使用的电信传输网络和服务包括传输电路（各种类型的有线电缆、无线、卫星）设施或传输容量，话音、信令传输服务和数据传输服务，影响接入使用这些基础设施和服务的透明度信息。这些透明度信息包括：传输电路收费，话音传输和数据传输服务收费，传输电路接口规范，话音和数据传输服务质量标准，有关的国际标准化机构信息，终端连接细则、维护界面，使用这些传输设施、容量和服务的许可要求等。根据透明度条款，电信传输网络和服务运营商应保证以上信息被提供和可公开获得。

（五）公共电信传输网络和服务的接入和使用

保证公共电信传输网络和服务的接入和使用有以下五方面含义：

第一，每一成员应保证其他成员的服务提供者可按照合理的和非歧视（最惠国待遇和国民待遇）的条款和条件接入使用其公共电信传输网络和服务，以提供其减让表中包括的服务。从这个意义上，国内（合资）运营商原则上享有平等接入使用公共电信传输网络和服务的权利。

第二,每一成员应保证任何其他成员的服务提供者可接入使用其境内或跨境提供的任何公共电信传输网络或服务,包括专门租用电路。具体到移动通信,应允许移动运营商购买、租用和使用接入公共电信传输网络和服务所必需的网络接口设备作连接终端或提供服务用途,允许将自建或租用的传输电路与公网(PSTN)或其他运营商网络互联互通。除了保证公众可普遍使用电信传输网络和服务所必需的情况外,允许其在提供任何移动通信服务时使用自己规定的操作规程。

第三,各成员方应确保其他成员方的服务提供者可使用公共电信传输网络和服务,在其境内和跨境进行信息交流,包括该服务提供者的企业内部通信,以及获得任何成员方境内的数据库或其他机器可读形式储存的信息。成员方如要出台对此有重大影响的新措施,需要通知其他成员方并按《服务贸易总协定》规定的程序进行磋商,但这不影响成员方采取对服务贸易不构成不合理歧视或潜在限制的必要措施,以确保信息的安全和保密。

我国通信运营不存在跨境公司的内部通信问题。在移动通信中,境内或跨境传送的信息除了基础的端对端话音和数据信息外,还有移动通信独有的控制信令信息。移动通信因为具有通信终端移动性、用户识别代码(SIM卡)和终端分离的特点,网络结构中存在一些专门用于管理通信终端(手机)移动漫游、用户设备识别的数据库,包括归属位置寄存器(HLR)、登记位置寄存器(VLR)、鉴权中心(AUC)、设备识别寄存器(EIR)等,这些数据库在组网结构中可灵活地分散或集中放置,甚至可以由多个运营商共享或跨境放置,传送这些数据库之间的交互信令就属于条款要求保证的传送内容。另外,移动通信增值业务所涉及的数据库访问或以机器可读形式存储的数据，在确保电信管理部门要求的信息安全和保密的前提下，也在该条款保证传送的信息之列。

第四，虽然各成员方应无条件地允许其他成员方服务提供者接入使用公共电信传输网络和服务，但在保障公共电信传输网络和服务提供者的普遍服务责任，保护公共电信传输网络或服务的技术完整性，或保证任何其他成员的服务提供者不提供该成员减让表中承诺所允许之外的服务等情况下，一成员方可以对接入使用公共电信传输网及其服务规定一定的条件，包括：限制服务的转售或共享使用，要求使用特定的技术接口、接口协议进行互联，服务互操作性达到国际电信服务标准化的目标要求，对终端和其他网络接口设备的选型许可和对网络连接的技术要求，限制与此类网络或服务互联，限制与另一服务提供者互联，等等。

根据该条款，公共电信传输网络运营者可以出于保障普遍服务责任、保护传输网技术完整性和保证服务提供范围等原因，实施上述限制措施。这就要求国内移动运营商一方面注意在公共电信传输网的接入使用中不要超出以上保护的范围，另一方面需要熟悉限制的使用条件，避免公共传输网络运营者滥用条款对公共电信传输网络的接入使用作出限制。

第五，发展中国家成员方可根据其发展水平，在接入使用公共电信传输网络及服务方面维持合理的条件，以提高其国内通信设施水平和服务能力，从而增强其对国际电信服务贸易的参与，这些条件应在其承诺表中详细说明。我国在电信服务贸易承诺表中并未开列接入使用公共电信传输网络及服务的额外条件，因此国内移动运营商无须考虑本条款对国内电信服务的适用。

（六）技术合作

该条款的宗旨是通过加强技术合作，包括各成员方及其网络、服务提供者参与国际和区域组织的发展计划，支持各成员方尤其是发展中国家成员方发展高效和先进的电信基础设施，增强其国内电信服务能力，促进发展中国家成员方在国际、区域和次区域的各级电信合作和与国际组织的合作，使发展中国家成员方获得有关电信服务以及电信和信息技术发展情况的信息。该条款还指出，应该向最不发达国家成员方提供机会，鼓励外国电信服务提供者在技术转让、培训和其他活动方面为其提供帮助。

该条款实质上是《服务贸易总协定》第 4 条“发展中国家进一步参与”在电信服务领域的具体实现。国内电信管理者、运营商都应该充分利用该条款的原则，通过加强电信技术方面的合作，发展本国电信服务。

（七）与国际组织和协定的关系

该条款实际上是各成员在电信网络和服务的全球兼容性和互操作性方面达成国际标准重要性的一种共识，承诺通过有关国际机构的工作，包括国际电信联盟和国际标准化组织，促进此类标准。条款还明确了政府和非政府组织、协定，特别是国际电信联盟在保证国内和全球电信服务的有效运营方面所起的作用。各成员应作出适当安排，就《电信附件》实施过程中产生的事项与此类组织进行磋商。

二、关于编制基础电信服务承诺减让表的说明

我国对于电信业务的所有承诺都是基于《关于编制基础电信服务承诺减让表的说明》①（以下简称《说明》）作出的。《说明》的

① Notes for Scheduling Basic Telecom Services Commitments, S/GBT/W/2/REV/1, 16 January 1997.

目的在于明确承诺减让表中的概念和假设,从而让成员方能够更加清晰无误地执行承诺减让表中的内容。但是《说明》本身并没有任何法律效力。除了《说明》本身之外,该说明也附带了一个《参考文件》对《电信附件》中的相关内容进行了详细的解释。因此,在讨论承诺减让表之前有必要对这两个文件的内容进行论述。《说明》主要从三个方面对于《电信附件》中的内容进行了补充,分别为市场开放、竞争促进、消费者保护。

(一)市场开放

《说明》要求各成员方的电信监管部门与电信运营商必须进行结构性分离(structural separation)。这既包括二者之间在职能和部门方面的分离,也包括二者之间经济利益的分离。结构性分离主要是为了应对电信改革之前电信监管部门与电信运营商之间政企不分的情形,其目的是保证电信监管部门所指定的监管措施与监管程序对所有的市场参与主体(既包括电信运营商也包括电信消费者)都是公正的。

《说明》并未直接规定电信运营牌照的发放必须是审批制的或是审核制的。不过,基于《服务贸易总协定》中关于透明度的要求,《说明》规定在颁发电信运营牌照的时候,下列内容必须是可以公开获取的:(1)所有许可标准和作出有关许可申请的决定通常需要的时间;(2)审批制许可的条款和条件。并且,《说明》明确要求:当成员方的电信监管部门拒绝颁发电信运营牌照的时候,应当向申请人告知理由。

电信网络的建设和服务的建设与其他自然垄断行业存在很大区别,电信行业会经常涉及稀缺资源的使用,比如无线电频率、电话号码以及网络建设中所涉及的土地使用权。《说明》并不要求各成员方以何种方式分配稀缺资源,但是必须公开稀缺资源使用时制定的限制性条件,并保证稀缺资源的分配必须以客观、及时、透明和非歧视的方式进行。《说明》没有要求各国政府事先明确非民用的无线电频率的频段。但是很多成员方在其减让表中的市场准入栏中均列有条目,标明承诺“取决于频谱/频率的可获性”,或类似措辞。考虑到频率的物理特性及其使用中固有的局限性,《说明》虽然认可各成员方可能已寻求依赖这些文字以充分地保护合法的频率管理政策;但是对于使用列入许多成员方减让表中市场准入栏的诸如“取决于频谱/频率的可获性”的措辞能否实现这一目标存在疑虑。因此,《说明》要求诸如“取决于频谱/频率的可获性”的措辞是不必要的,应从各成员方的减让表中删除。

此外,《说明》也提供了基础电信服务的定义。基础电信服务的实质是:(1)任何以公共或者非公共目的的本地通话、长途通话以及国际通话;(2)可以用自己的设施提供,也可以通过转售提供;(3)可以通过任何技术手段提供[如有线(包括任何有线方式)、无线或者卫星]。《说明》也界定了专线业务,是指“电信运营商向其他任何基础电信服务提供、出售或出租为了提供电信业务的任何类型的网络传输能力,包括有线、卫星和无线”。

(二)竞争促进

保障市场竞争是《服务贸易总协定》的基本原则之一,《说明》主要也是针对促进竞争展开。并且,《说明》确立了不对称管制的基本原则,也即电信行业中的管制措施并不是针对所有的电信运营商,而是专门针对主导的电信业务经营者展开,以防止主导的电信业务经营者(major supplier)单独或者联合从事限制竞争的行为。

首先,《说明》给出了主导的电信业务经营者的定义,也即“控制必要的基础电信设施(essential facilities)并且在电信业务市场中占有较大份额，能够对其他电信业务经营者进入电信业务市场构成实质性影响的经营者”。我国《电信条例》第 17 条关于主导的电信业务经营者的定义与之一模一样。“必要的基础电信设施”是指“只被或者主要被一个或者有限几个电信经营者提供的公共电信传输网络或服务中的设施，并且在提供该服务的时候不具有经济上或者技术上的替代性”。

其次，被确定为限制竞争的行为包括：(1)实施限制竞争的交叉补贴；(2)利用竞争者提供的信息实施限制竞争的目的；(3)拒绝及时提供必需设施的技术信息和相关商业信息，而这些信息对于其他经营者来说是必要的。

再次，鉴于其他电信运营商对于主导的电信业务经营者的依赖性，《说明》对和主导的电信业务经营者的互联互通作出了详细的规定，并且要求成员方保证主导的电信业务经营者必须通过合适的技术承担下述的互联互通义务：

(1)主导的电信业务经营者应当以非歧视的条款、条件(包括技术标准和规格)、费率及质量提供互联互通。互联互通的质量应不低于提供给自己或者自己的分支企业的同类服务或者同种设施。

(2)主导的电信业务经营者应当及时提供互联互通。互联互通的条款、条件(包括技术标准和技术细节)以及以成本为导向的价格必须透明、合理，具有经济上的合理性，充分分拆并使得其他电信经营者不必购买与提供服务无关的网络要素或者设施。

(3)根据相对方的请求，主导的电信业务经营者也必须在给大部分用户提供网络终结点之外的地方提供互联互通。主导的电信业务经营者对此可以另行收费，但该费用须按照建造必需的额外设施的成本进行计算。

最后,成员方必须规定与主导的电信业务经营者就互联互通进行谈判的程序,并且必须对之进行公开。同时,主导的电信业务经营者也必须公开互联互通协议的文本,或者互联互通的参考收费标准。成员方应当设置一个独立的国内机构,来处理其他电信运营商与主导的电信业务经营者因为互联互通产生的纠纷。其他电信运营商可以随时或者在纠纷产生之后的一段合理时间内向该机构提起纠纷解决的请求。该独立机构有权在一段合理的期限内就涉及互联互通的条款、条件、价格等尚未解决的纠纷进行裁决。

(三)消费者保护

消费者保护的内容主要是对于电信普遍服务的规定。普遍服务是为了保证电信消费者能够以可承担的价格在任何地点、任何时间享受到最基础的电信服务。《说明》并未对于普遍服务的具体内容以及提供方式进行规定,而是将明确普遍服务的权力留给了各成员方,成员方可以根据自己的国情制定适合的普遍义务。对于电信运营商施加普遍服务义务不会被世界贸易组织认定为本身违法的限制竞争行为。但是,普遍服务的制定必须满足如下几个要求:(1)公开透明;(2)非歧视性并且完全中立;(3)不应当对于某一项具体的普遍服务设置超过必要的限制。

三、我国的具体承诺减让表

(一)增值电信服务

增值电信服务,包括电子邮件、语音邮件、在线信息和数据检索、电子数据交换、增值传真服务(包括储存和发送、储存和检索)、编码和规程转换、在线信息和/或数据处理(包括交易处理)。

我国承诺:(1)将允许外国服务提供者在上海、广州和北京设立合资增值电信企业,并在这些城市内提供服务,无数量限制。合资企业中的外资不得超过30%。(2)中国加入后1年内,服务地域将扩大至包括成都、重庆、大连、福州、杭州、南京、宁波、青岛、沈阳、深圳、厦门、西安、太原和武汉在内的城市,外资不得超过49%。(3)中国加入后2年内,将取消地域限制,外资不得超过50%。

(二)基础电信服务:寻呼服务

我国承诺:(1)允许外国服务提供者在上海、广州和北京设立合资企业,并在这些城市内及其之间提供服务,无数量限制。合资企业中的外资不得超过30%。(2)中国加入后1年内,地域将扩大至包括成都、重庆、大连、福州、杭州、南京、宁波、青岛、沈阳、深圳、厦门、西安、太原和武汉等城市内及这些城市之间的服务,外资不得超过49%。(3)中国加入后2年内,将取消地域限制,外资不得超过50%。

(三)移动语音和数据服务

移动语音和数据服务包括模拟/数据/蜂窝服务、个人通信服务。我国承诺:(1)允许外国服务提供者在上海、广州和北京设立合资企业,并在这些城市内及其之间提供服务,无数量限制。合资企业中的外资不得超过25%。(2)中国加入后1年内,地域将扩大至包括成都、重庆、大连、福州、杭州、南京、宁波、青岛、沈阳、深圳、厦门、西安、太原和武汉等城市内及这些城市之间的服务,外资不得超过35%。(3)中国加入后2年内,将取消地域限制,外资不得超过49%。

(四)国内业务

国内业务包括话音服务、分组交换数据传输业务、电路交换数据传输业务、传真服务、国内专线电路租用服务。我国承诺:

(1)中国加入后3年内,允许外国服务提供者在上海、广州和北京设立合资企业,并在这些城市内及其之间提供服务,无数量限制。合资企业中的外资不得超过25%。(2)中国加入后5年内,地域将扩大至包括在成都、重庆、大连、福州、杭州、南京、宁波、青岛、沈阳、深圳、厦门、西安、太原和武汉等城市内及这些城市之间的服务,外资不得超过35%。(3)中国加入后6年内,将取消地域限制,外资不得超过49%。

(五)国际业务

国际业务包括话音服务、分组交换数据传输业务、电路交换数据传输业务、传真服务、国际闭合用户群话音和数据服务(允许使用专线电路租用服务)。我国承诺:(1)中国加入后3年内,允许外国服务提供者在上海、广州和北京设立合资企业,并在这些城市内及其之间提供服务,无数量限制。合资企业中的外资不得超过25%。(2)中国加入后5年内,地域将扩大至包括在成都、重庆、大连、福州、杭州、南京、宁波、青岛、沈阳、深圳、厦门、西安、太原和武汉等城市内及这些城市之间的服务,外资不得超过35%。(3)中国加入后6年内,将取消地域限制,外资不得超过49%。

第二节　传统电信业务的规制

我国《电信条例》从2000年9月20日颁布实施至今,分别在2014年和2016年经历了两次修订,但基本框架从未发生过变化。《电信条例》具有很强的承接世界贸易组织相关法律法规的特征,基本上是按照《电信附件》中的三大原则(市场开放、竞争促进、消费者保护)再加上我国的具体国情进行构建的。与《电信附件》相比,《电信条例》增加了“网络安全”的内容。本节对于《电信条例》及其附属文件进行简要介绍。

一、市场开放原则

(一)电信运营牌照许可

我国的电信业务许可实行“双层机制、分类许可”的原则。“双层机制”是指我国的电信业务许可机构为国务院工业和信息化主管部门和省、自治区、直辖市电信管理机构。“分类许可”则是说《电信条例》将传统的电信业务划分为基础电信业务和增值电信业务,不同的电信业务适用不同的许可机制。

1. 电信业务分类目录

依据《电信条例》第8条,基础电信业务,是指提供公共网络基础设施、公共数据传送和基本话音通信服务的业务。增值电信业务,是指利用公共网络基础设施提供的电信与信息服务的业务。依据《电信分类目录》,基础电信业务又被细分为第一类基础电信业务和第二基础电信业务。

(1)第一类基础电信业务

第一类基础电信业务包括固定通信业务、蜂窝移动通信、第一类卫星通信业务、第一类数据通信业务、IP电话业务。

固定通信(固话)是指通信终端设备与网络设备之间主要通过有线或无线方式固定连接起来,向用户提供话音、数据、多媒体通信等服务,进而实现的用户间相互通信,其主要特征是终端的不可移动性或有限移动性。根据我国现行的电话网编号标准,全国固定通信网分成若干个长途编号区,每个长途编号区为一个本地通信网(本地网)。固定通信业务包括:固定网本地通信业务、固定网国内长途通信业务、固定网国际长途通信业务、国际通信设施服务业务。

蜂窝移动通信(手机通话或者移动通话)是采用蜂窝无线组网方式,在终端和网络设备之间通过无线通道连接起来,进而实现用户在活动中可相互通信。其主要特征是终端的移动性,并具有越区切换和跨本地网自动漫游功能。蜂窝移动通信业务可以实现话音、数据、多媒体通信等业务。移动通话与固话类似,也具有电话号码,我国的移动电话号码一般为 11 位。

固定通信业务与蜂窝移动通信业务与即时通信软件的最大区别在于前者受制于电话网编号标准的约束。简言之,前两者有电话号码,即时通信没有电话号码。

卫星通信业务是指经通信卫星和地球站组成的卫星通信网提供的话音、数据、多媒体通信等业务。第一类卫星通信业务包括卫星移动通信业务和卫星固定通信业务。我国民用的卫星通信业务量不大,目前仅由中国电信来提供。

第一类数据通信业务包括:互联网数据传送业务、国际数据通信业务。互联网数据传送业务是指利用 IP(互联网协议)技术,将用户产生的 IP 数据包从源网络或主机向目标网络或主机传送的业务。

IP 电话业务在此特指由固定网或移动网和互联网共同提供的电话业务,包括国内 IP 电话业务和国际 IP 电话业务。

(2)第二类基础电信业务

第二类基础电信业务包括集群通信业务,无线寻呼业务,第二类卫星通信业务,第二类数据通信业务,网络接入设施服务业务,国内通信设施,网络托管业务。

集群通信业务是指利用具有信道共用和动态分配等技术特点的集群通信系统组成的集群通信共网,为多个部门、单位等集团用户提供的专用指挥调度等通信业务。集群通信业务又可以分为数字业务和模拟业务。其中模拟业务已经萎缩,现在不再发放新的牌照。

无线寻呼业务是指利用大区制无线寻呼系统,在无线寻呼频点上,系统中心(包括寻呼中心和基站)以广播方式向终端单向传递信息的业务。无线寻呼业务可采用人工或自动接续方式。无线寻呼业务在我国已经终止。

第二类卫星通信业务包括:卫星转发器出租、出售业务,国内甚小口径终端地球站通信业务。

第二类数据通信业务是指互联网数据传送业务以外的,在固定网中以有线方式提供的国内端到端数据传送业务。

网络接入设施服务业务是指以有线或无线方式提供的、与网络业务节点接口(SNI)或用户网络接口(UNI)相连接的接入设施服务业务。

国内通信设施是指用于实现国内通信业务所需的地面传输网络和网络元素。国内通信设施服务业务是指建设并出租、出售国内通信设施的业务。国内通信设施主要包括光缆、电缆、光纤、金属线、节点设备、线路设备、微波站、国内卫星地球站等物理资源和带宽(包括通道、电路)、波长等功能资源组成的国内通信传输设施。国内专线电路租用服务业务属国内通信设施服务业务。

网络托管业务是指受用户委托,代管用户自有或租用的国内网络、网络元素或设备,包括为用户提供设备放置、网络管理、运行和维护服务,以及为用户提供互联互通和其他网络应用的管理和维护服务。

(3)第一类增值电信业务

第一类增值电信业务包括互联网数据中心(IDC)业务、内容分发网络(CDN)业务、国内互联网虚拟专用网(IP-VPN)业务、互联网接入服务业务。

互联网数据中心业务是指利用相应的机房设施,以外包出租的方式为用户的服务器等互联网或其他网络相关设备提供放置、代理维护、系统配置及管理服务,以及提供数据库系统或服务器等设备的出租及其存储空间的出租、通信线路和出口带宽的代理租用和其他应用服务。

内容分发网络业务是指利用分布在不同区域的节点服务器群组成流量分配管理网络平台,为用户提供内容的分散存储和高速缓存,并根据网络动态流量和负载状况,将内容分发到快速、稳定的缓存服务器上,提高用户内容的访问响应速度和服务的可用性服务。

国内互联网虚拟专用网业务是指经营者利用自有或租用的互联网网络资源,采用 TCP/IP 协议,为国内用户定制互联网闭合用户群网络的服务。互联网虚拟专用网主要采用 IP 隧道等基于 TCP/IP 的技术组建,并提供一定的安全性和保密性,专网内可实现加密的透明分组传送。

互联网接入服务业务是指利用接入服务器和相应的软硬件资源建立业务节点,并利用公用通信基础设施将业务节点与互联网骨干网相连接,为各类用户提供接入互联网的服务。用户可以利用公用通信网或其他接入手段连接到其业务节点,并通过该节点接入互联网。

(4)第二类增值电信业务

第二类增值电信业务包括在线数据处理与交易处理业务、国内多方通信服务业务、存储转发类业务、呼叫中心业务、信息服务业务、编码和规程转换业务。

在线数据处理与交易处理业务是指利用各种与公用通信网或互联网相连的数据与交易/事务处理应用平台,通过公用通信网或互联网为用户提供在线数据处理与交易/事务处理的业务。在线数据处理与交易处理业务包括交易处理业务、电子数据交换业务和网络/电子设备数据处理业务。

国内多方通信服务业务是指通过多方通信平台和公用通信网或互联网实现国内两点或多点之间实时交互式或点播式的话音、图像通信服务。国内多方通信服务业务包括国内多方电话会议服务业务、国内可视电话会议服务业务和国内互联网会议电视及图像服务业务等。

存储转发类业务是指利用存储转发机制为用户提供信息发送的业务。存储转发类业务包括语音信箱、电子邮件、传真存储转发等业务。

呼叫中心业务是指受企事业等相关单位委托,利用与公用通信网或互联网连接的呼叫中心系统和数据库技术,经过信息采集、加工、存储等建立信息库,通过公用通信网向用户提供有关该单位的业务咨询、信息咨询和数据查询等服务。

信息服务业务是指通过信息采集、开发、处理和信息平台的建设,通过公用通信网或互联网向用户提供信息服务的业务。信息服务的类型按照信息组织、传递等技术服务方式,主要包括信息发布平台和递送服务、信息搜索查询服务、信息社区平台服务、信息即时交互服务、信息保护和处理服务等。

编码和规程转换业务是指为用户提供公用通信网与互联网之间或在互联网上的电话号码、互联网域名资源、互联网业务标识

(ID)号之间的用户身份转换服务。编码和规程转换业务在此特指互联网域名解析服务业务。

(5)比照增值业务处理的基础电信业务

无线寻呼业务、国内甚小口径终端地球站通信业务、固定网国内数据传送业务、用户驻地网业务、网络托管业务以及通过转售方式提供的蜂窝移动通信业务比照增值电信业务管理。

2. 电信业务许可

(1)基础电信业务许可

基础电信业务的许可由国家信息产业主管部门颁发基础电信业务经营许可证。

经营基础电信业务,应当具备下列条件:①经营者为依法设立的专门从事基础电信业务的公司,且公司中国有股权或者股份不少于51%;②有可行性研究报告和组网技术方案;③有与从事经营活动相适应的资金和专业人员;④有从事经营活动的场地及相应的资源;⑤有为用户提供长期服务的信誉或者能力;⑥国家规定的其他条件。申请经营基础电信业务,应当向国务院工业和信息化主管部门提出申请。国务院工业和信息化主管部门审查经营基础电信业务的申请时,应综合考虑国家安全、电信网络安全、电信资源可持续利用、环境保护和电信市场的竞争状况等因素。此外,颁发基础电信业务经营许可证,应当按照国家有关规定采用招标方式。

工信部于2017年颁布了《电信业务经营许可管理办法》,对上述规定进行了进一步的细化。其中,要求经营基础电信业务的经营者国有股权或者股份不少于51%;在省、自治区、直辖市范围内经营的,注册资本最低限额为1亿元人民币;在全国或者跨省、自治区、直辖市范围经营的,注册资本最低限额为10亿元人民币。

我国目前提供第一类基础电信业务的仅限三大国有电信运营商,即中国电信、中国移动、中国联通。IP 电话业务虽然从技术上来说可以由其他运营商来提供,但根据《电信分类目录》的要求只能由已经拥有固定通信业务的电信运营商来承担,因此实际上也只能由三大国有电信运营商提供。同时,三大国有电信运营商也是目前国内仅有的三家拥有所有电信业务经营资质的电信公司。在此必须明确的是,利用即时通信软件所实现的 IP 通话功能并非 IP 电话业务。即时通信软件完全是通过互联网所实现的语音传输,而 IP 电话业务要求通话传输至少有一部分是通过传统的电话网进行传输。

此外,2016 年 5 月 5 日,工信部根据法定程序向中国广电颁发了基础电信业务经营许可证,批准中国广电在全国范围内经营互联网国内数据传送业务、国内通信设施服务业务。获颁基础电信业务经营许可证,意味着中国广电成为国内第四个基础电信业务运营商,而中国广电此前在国内开展的固网宽带运营业务也正式进入合理合法的轨道。①

第一类基础电信业务中通过转售方式提供的蜂窝移动通信业务比照增值电信业务管理。为了鼓励和引导民间资本进入电信领域,我国自 2013 年开始试行颁发移动通信转售业务的牌照。② 移动通信转售业务,是指从拥有移动网络的基础电信业务经营者处购买移动通信服务,重新包装成自有品牌并销售给最终用户的移

① 参见钟涛:《第四家基础电信业务运营商? 中国广电入局容易破局难》,载《微型计算机》2016 年第 18 期。

② 参见《发放移动通信转售业务试点批文解读》,载中华人民共和国工业和信息化部网 2014 年 2 月 20 日,https://www.miit.gov.cn/ztzl/lszt/ydtxzsywzq/zcfb/art/2020/art_a4b929ddbdd74dbf97f119e7ce1c3b36.html。

动通信服务。经过五年的试行阶段之后,工信部于2018年颁布了《关于移动通信转售业务正式商用的通告》(工信部通信〔2018〕70号),自此移动通信业务开始正式商业化运行。

第二类基础电信业务包括集群通信业务,无线寻呼业务,第二类卫星通信业务,第二类数据通信业务,网络接入设施服务业务,国内通信设施,网络托管业务。第二类基础通信业务里面有一些市场萎缩得已经非常厉害,比如模拟集群通信业务、无线寻呼业务,有些已经被市场完全淘汰。另外,还有一些业务比照增值电信业务进行管理,比如国内甚小口径终端地球站通信业务、固定网国内数据传送业务、用户驻地网业务、网络托管业务。这些领域已经有非常多的民营企业进入。不过用户驻地网业务目前只有三大国有电信运营商,以及几家有线电视网络可以运营,尚未真正实现民营化。另外,网络接入设施服务也正在向民营资本开放。这些服务主要涉及工信部颁发的入网许可证,已经不再是严格意义上的电信业务。

真正由国内企业垄断的第二类基础电信业务主要包括第二类卫星通信业务、第二类数据通信业务、国内通信设施服务。前两类主要还是由三大国有电信运营商垄断经营。国内通信设施服务现在已经从三大国有电信运营商剥离,由新成立的中国铁塔来运营。中国铁塔由中国移动、中国联通、中国电信和中国国新控股有限责任公司出资设立,属于大型的国有通信铁塔基础设施服务企业,主要从事通信铁塔等基站配套设施和高铁地铁公网覆盖,大型室内分布系统的建设、维护和运营。

(2)增值电信业务许可

增值电信业务包括《电信业务目录》中的增值电信业务与比照增值电信业务管理的基础电信业务。增值电信业务覆盖范围在两个以上省、自治区、直辖市的，须经国务院工业和信息化主管部门审查批准，取得跨地区增值电信业务经营许可证；业务覆盖范围在一个省、自治区、直辖市行政区域内的，须经省、自治区、直辖市电信管理机构审查批准，取得增值电信业务经营许可证。此外，《电信条例》也规定运用新技术试办《电信业务分类目录》未列出的新型电信业务，应当向省、自治区、直辖市电信管理机构备案。

经营增值电信业务，应当具备下列条件：①经营者为依法设立的公司；②有与开展经营活动相适应的资金和专业人员；③有为用户提供长期服务的信誉或者能力；④国家规定的其他条件。关于互联网信息服务，工信部专门发布了《互联网信息服务管理办法》，对互联网信息服务经营牌照的取得进行了一系列地细化。其中，对经营基础电信业务经营者的国有股权或者股份没有要求，但是在省、自治区、直辖市范围内经营的，注册资本最低限额为100万元人民币；在全国或者跨省、自治区、直辖市范围经营的，注册资本最低限额为1000万元人民币。

第一类增值电信业务包括互联网数据中心业务、内容分发网络业务、国内互联网虚拟专用网业务、互联网接入服务业务。第二类增值电信业务包括在线数据处理与交易处理业务、国内多方通信服务业务、存储转发类业务、呼叫中心业务、信息服务业务、编码和规程转换业务。增值电信业务主要涉及我国的各种互联网公司。三大互联网巨头（腾讯公司、百度公司、阿里巴巴公司）几乎获得了所有增值电信业务的牌照，详见表2-1。

表 2-1　三大互联网公司增值电信业务比较

类别	业务	腾讯	百度	阿里巴巴
第一类	互联网数据中心业务	√	√	√
	内容分发网络业务	√	√	—
	国内互联网虚拟专用网业务	√	√	√
	互联网接入服务业务	√	√	√
第二类	在线数据处理与交易处理业务	√	√	√
	国内多方通信服务业务	√	—	√
	存储转发类业务	—	—	√
	呼叫中心业务	√	√	√
	信息服务业务	√	√	√
	编码和规程转换业务	√	√	√

为了满足对世界贸易组织的承诺,我国特别制定了《外商投资电信企业管理规定》。该规定对《电信条例》中的相关规定进行了细化。外商投资电信企业的注册资本应当符合下列规定:①经营全国的或者跨省、自治区、直辖市范围的基础电信业务的,其注册资本最低限额为 10 亿元人民币;经营增值电信业务的,其注册资本最低限额为 1000 万元人民币。②经营省、自治区、直辖市范围内的基础电信业务的,其注册资本最低限额为 1 亿元人民币;经营增值电信业务的,其注册资本最低限额为 100 万元人民币。经营基础电信业务的外商投资电信企业的外方投资者在企业中的出资比例,最终不得超过 49%。经营增值电信业务的外商投资电信企业的外方投资者在企业中的出资比例,最终不得超过 50%。

(二)电信资源分配

根据《电信条例》第 26 条,电信资源指的是"无线电频率、卫星轨道位置、电信网码号等用于实现电信功能且有限的资源”。电信资源由国家统一规划、集中管理、合理分配,实行有偿使用制度。电信资源主要包括无线电频率、电话号码、卫星网络等。

1. 无线电

无线电频谱资源属于国家所有。国家对无线电频谱资源实行统一规划、合理开发、有偿使用的原则。无线电的具体管理规则由《无线电管理条例》来规定。无线电的管理机构目前为工信部和省、自治区、直辖市无线电管理机构。因为无线电的使用可能会涉及军事目的,因此由中央军事委员会负责军事系统的无线电管理工作,并参与拟订国家有关无线电管理的方针、政策。国家无线电管理机构负责制定无线电频率划分规定。根据《业余无线电台管理办法》的规定,无线电频率除了商业性用途和军事性用途之外,国家也预留了一些频率给民用消费者无偿使用。

原则上使用无线电频率应当取得许可,但下列频率除外:(1)业余无线电台、公众对讲机、制式无线电台使用的频率;(2)国际安全与遇险系统,用于航空、水上移动业务和无线电导航业务的国际固定频率;(3)国家无线电管理机构规定的微功率短距离无线电发射设备使用的频率(如 WIFI、蓝牙等)。

取得无线电频率使用许可,应当符合下列条件:(1)所申请的无线电频率符合无线电频率划分和使用规定,有明确具体的用途;(2)使用无线电频率的技术方案可行;(3)有相应的专业技术人员;(4)对依法使用的其他无线电频率不会产生有害干扰。

无线电频率的许可主要分为四种方式:指配、招标、拍卖、转让。通过转让方式取得无线电频率的话,需要报请无线电管理机构批准。无线电频率使用许可的期限不得超过 10 年,并且必须缴纳无线电频率占用费。期限届满后可以向相应的无线电管理部门提出延续申请。除因不可抗力外,取得无线电频率使用许可后超过 2 年不使用或者使用率达不到许可证规定要求的,作出许可决定的无线电管理机构有权撤销无线电频率使用许可,收回无线电频率。

2. 电信网码号

电信网码号由《电信条例》第 29 条规定,并由《电信网码号资源管理办法》具体指导。电信网码号是指“由数字、符号组成的用于实现电信功能的用户编号和网络编号”。码号资源属于国家所有。国家对码号资源实行有偿使用制度。工业和信息化部负责全国码号资源的统一管理工作。省、自治区、直辖市通信管理局在工业和信息化部授权范围内,依照《电信网码号资源管理办法》的规定,对本行政区域内的码号资源实施管理。

码号资源范围包括:固定电话网码号、移动通信网码号、数据通信网码号、信令点编码。固定电话网码号包括:(1)长途区号、网号、过网号和国际来话路由码;(2)国际、国内长途字冠;(3)本地网号码中的短号码、接入码、局号等;(4)智能网业务等新业务号码。移动通信网码号包括:(1)数字蜂窝移动通信网的网号、归属位置识别码、短号码、接入码等;(2)卫星移动通信网网号、归属位置识别码、短号码;(3)标识不同运营者的代码。数据通信网码号包括:(1)数据网网号;(2)网内紧急业务号码、网间互通号码;(3)国际、国内呼叫前缀。信令点编码包括:(1)国际 No. 7 信令点编码;(2)国内 No. 7 信令点编码。不同种类电信网码号的编排方式由《电信网码号资源分类管理目录》[①]规定。

申请跨省、自治区、直辖市行政区域范围使用的码号,应当向

---

① 《电信网码号资源分类管理目录》为《电信网码号资源管理办法》附件。

工业和信息化部提出申请。申请在省、自治区、直辖市行政区域范围内使用的码号，应当向当地省、自治区、直辖市通信管理局提出申请。码号申请人获准使用码号资源后，电信主管部门可以采用指配、随机选择和拍卖等方式分配码号。电信业务经营者取得码号使用权后，不得向用户收取选号费或占用费。码号使用者应当在规定的时限内启用所分配的码号。有最低使用规模要求的，应达到规定的最低使用规模；无最低使用规模要求的，应达到预期的服务能力。

专用电信网单位需要使用千层号、百层号码号资源的，可与当地基础电信业务经营者协商，基础电信业务经营者无正当理由不得拒绝。基础电信业务经营者与专用电信网单位就码号资源的使用达成一致的，应将有关情况向当地省、自治区、直辖市通信管理局备案。码号使用者不得转让或出租码号，不得超范围或跨本地网使用码号，不得将码号作为商标进行注册；未经工业和信息化部或省、自治区、直辖市通信管理局批准，码号使用者不得擅自改变码号用途。

码号使用者对于电信码号拥有的是租用权还是使用权一直处于争议之中，这也是我国之前很长一段时间没有实施携号转网的主要原因。直到2014年，我国出台了《移动电话用户号码携带试验管理办法》，使得移动手机的用户可以携号转网。携号转网实际上使得移动电话号码的使用权产生了一种新的变更方式。移动用户申请变更之后，该电信资源的使用权就从“携出方”（用户号码发生携带之前签约的基础电信运营企业）转入“携入方”（用户号码发生携带之后新签约的基础电信运营企业）。该资源的转移只是临时性的；申言之，携入用户退网的，携入方应当自携入用户退网之日起10日内将该号码归还给携出方，不得继续使用该携入号码。《移动电话用户号码携带试验管理办法》规定申请携号转网的移动号码必须是电信管理机构批准携带的号段。另外，用户必须在携出方占有使用该号码超过 120 天（自然日）。携出方不得以任何方式拒绝为符合条件的申请人办理号码携带。此外，从申请审核通过到号码携带完成的时限为 48 小时。

3. 卫星网络

卫星网络的建设目前由《卫星网络申报协调与登记维护管理办法（试行）》（工信部无〔2017〕3 号）进行规定。卫星网络，是指由卫星（包括人造卫星、飞船、空间站、深空探测器等航天器）及相应地球站组成的卫星无线电系统或卫星无线电系统的一部分。卫星网络资料是指卫星网络正常工作所涉及的无线电频率和空间轨道等相关信息的技术文件。卫星网络属于国际事务，由国际电联统一管理，我国并不具备最终的审批权，只能代表申请者向国际无线电管理机构提出申请。国际电联将全世界分为三个区域：区域一（欧洲、非洲、中东地区、蒙古）、区域二（南北美洲、格陵兰岛）、区域三（亚洲、澳大利亚、西南太平洋地区）。在这些区域内，卫星频率被分配给不同卫星业务，所以同一业务在不同的区域可能会被分配到不同的频率。卫星业务包括：固定卫星业务、广播卫星业务、移动通话卫星业务、卫星导航业务、气象卫星业务。

根据《无线电管理条例》，组建卫星通信网需要使用卫星无线电频率的，除应当符合基础条件外，还应当提供拟使用的空间无线电台、卫星轨道位置和卫星覆盖范围等信息，以及完成国内协调并开展必要国际协调的证明材料等。申报材料受理后，由工信部组织召开国内协调会议，就频率兼容等问题征求国内其他相关卫星操作单位的意见。必要时，工信部可组织相关单位进行技术论证、专家咨询。经国内协调会议研究，工信部综合考虑相关卫星网络的申报顺序、卫星项目的立项论证情况以及我国卫星频率和轨道资源申报总体工作需要等因素,形成申报意见。

卫星操作单位在卫星网络提前公布资料、协调资料或 PART A 资料等报送国际电联后,应根据国际电联在国际频率信息通报(IFIC)中公布的协调清单和《无线电规则》有关要求,通过信函、电子邮件、电话会议、会谈等方式与相关国家的卫星网络和地面无线电业务开展协调。卫星网络协调可以通过主管部门开展,也可由卫星操作单位自主开展。主管部门间的协调会谈优先考虑涉及静止轨道卫星网络、实际在轨卫星、已批复工程计划、开展国际合作或者历次卫星操作单位间协调中遇有突出困难等的相关卫星网络的协调。我国卫星操作单位与国外卫星操作单位间达成的协调协议应当符合我国无线电管理相关规定,有利于国家卫星频率和轨道资源整体利益,并不得损害国内第三方合法权益。

卫星操作单位在卫星网络投入使用前,应当向工信部提交使用国际电联指定软件填报的《无线电规则》附录 4 所列通知资料,并提供与国内国际其他卫星网络及相关地面无线电业务协调完成情况的说明。同时,卫星操作单位应按有关要求通过工信部向国际电联报送相关信息,并提供卫星网络标识、航天器制造商、发射服务提供商等有关信息说明。卫星网络投入使用后,卫星操作单位应在规定期限内通过工信部向国际电联报送卫星网络投入使用信息,并说明卫星实际发射和接收频段与卫星网络资料的对应情况。

已投入使用的卫星网络拟暂停使用的,卫星操作单位应按规定时限通过工信部向国际电联申请暂停使用。恢复使用后,卫星操作单位应按规定时限报告工信部,并提供对相关卫星的发射接收能力的描述,由工信部向国际电联报送重新投入使用信息。对于已投入使用的卫星网络拟延长使用的，卫星操作单位应按规定时限在卫星网络使用期限届满前通过工信部向国际电联办理延期手续。

(三)电信网络建设

三网融合在《电信条例》中集中表现在电信设施建设方面。《电信条例》中的电信设施建设包括公用电信网、专用电信网、广播电视传输网的建设，主管部门均为国务院信息产业(目前为工信部)主管部门。电信基础设施并非电信网络或者服务本身，而是承载电信网络的建设，比如铁塔、杆路、管道、机房、室内分布系统等。目前，我国存在无线通信基站、宽带网络设施等规划不完善，选址难、建设难等问题，“光纤到户”还面临诸多困难，这制约了城市信息通信网络快速发展。[①] 同时，电信基础设施的建设也涉及与其他部门之间的协调，这要求其他部门在建设其他设施的过程中，应充分考虑电信基础设施建设，预留各种电信网络的管道、接口等。

基础电信的建设除了要向工信部申请之外，还应当纳入地方各级人民政府城市建设总体规划和村镇、集镇建设总体规划。电信网络建设除了街道上的建设工作之外，也包括建筑物内的电信管线和配线设施以及建设项目用地范围内的电信管道。此外，当规划、建设道路、桥梁、隧道或者地下铁道等时，应当事先通知省、自治区、直辖市电信管理机构和电信业务经营者，协商预留电信管线等事宜。基础电信业务经营者可以在民用建筑物上附挂电信线路或者设置小型天线、移动通信基站等公用电信设施，但是应当事

① 参见住房和城乡建设部、工业和信息化部《关于加强城市通信基础设施规划的通知》(建规〔2015〕132 号)。

先通知建筑物产权人或者使用人，并按照省、自治区、直辖市人民政府规定的标准向该建筑物的产权人或者其他权利人支付使用费。

建设地下、水底等隐蔽电信设施和高空电信设施，应当按照国家有关规定设置标志。基础电信业务经营者建设海底电信缆线，应当征得国务院工业和信息化主管部门同意，并征求有关部门意见后，依法办理有关手续。海底电信缆线由国务院有关部门在海图上标出。任何单位或者个人不得擅自改动或者迁移他人的电信线路及其他电信设施；遇有特殊情况必须改动或者迁移的，应当征得该电信设施产权人同意，由提出改动或者迁移要求的单位或者个人承担改动或者迁移所需费用，并赔偿由此造成的经济损失。从事施工、生产、种植树木等活动，不得危及电信线路或者其他电信设施的安全或者妨碍线路畅通；可能危及电信安全时，应当事先通知有关电信业务经营者，并由从事该活动的单位或者个人负责采取必要的安全防护措施。损害电信线路或其他电信设施，或者妨碍线路畅通的，应当恢复原状或者予以修复，并赔偿由此造成的经济损失。

另外，为了防止电信网络的重复建设工作，我国也在大力推行电信基础设施的共享共建工作，工信部和国务院国有资产监督管理委员会每年都会发布相关实施意见。尤其是在 2018 年，工信部等部门发布了《关于 2018 年推进电信基础设施共建共享的实施意见》（工信部联通信〔2018〕82 号，以下简称《实施意见》）。《实施意见》将中国广播电视网络有限公司纳入全国电信基础设施共建共享领导小组及其办公室，这标志着三网融合工作的实质性执行。目前该项工作主要由新成立的中国铁塔执行，但也存在其他独立的铁塔运营企业。这些公司的设施建设要以共享需求为导向，利用存量设施进行有线改造，能够共享的原则上不再新建。所有的电信基础设施具备共享条件的必须开放共享，资源所有方应当为共享方提供便利条件；暂时不具备共享条件的，应当协商由共享需求方出资对相关设施进行改造后实现资源共享。此外，《实施意见》也对电信基础设施的共建共享提出了具体的考核指标，比如，要求共享率不得低于以下水平：杆路70%、管道45%、室内分布系统45%。电信基础设置企业不得仅承接一家基础电信企业的铁塔建设需求，且不得以非书面形式告知其他基础电信企业，也不得与第三方签订排他性协议，还不得使用不正当竞争以及垄断手段。

(四)电信设备进网

整个电信传输按照使用目的的不同可以划分为电信基础设施、电网网络以及电信终端设备。电信基础设施以及电信网络的建设目前受到电信主管部门的严格管控，这既表现在审查层面也表现在牌照许可层面，基本上都严格控制在国有企业运营的层面。但电信终端设置目前已经完全开放，由终端设备生产商进行生产。国家对于终端设备的控制仅仅表现在进网许可制度。[①] 为此，工信部专门发布了《电信设备进网管理办法》。

所有接入公用电信网的电信设备必须符合国家规定的标准并取得进网许可证。电信设备是指电信终端设备、无线电通信设备和涉及网间互联的设备。电信终端设备是指连接在公用电信网末端，为用户提供发送和接收信息功能的电信设备。无线电通信设备是指连接在公用电信网上，以无线电为通信手段的电信设备。涉及网间互联的设备是指涉及不同电信业务经营者的网络之间或者不同电信业务的网络之间互联互通的电信设备。实行进网许可

① 参见《电信条例》第53条。

制度的电信设备目录由工业和信息化部会同国务院市场监督管理部门制定和公布。

办理电信设备进网许可证的,应当向国务院工业和信息化主管部门提出申请,并附送经国务院市场监督管理部门认可的电信设备检测机构出具的检测报告或者认证机构出具的产品质量认证证书。申请进网许可的无线电通信设备、涉及网间互联的设备或者新产品,应当在中国境内的电信网上或者工业和信息化部指定的模拟实验网上进行至少 3 个月的试验,并由试验单位出具试验报告。工业和信息化部电信管理局组织专家对前述电信设备总体技术方案、试验报告、检测报告等进行评审,根据专家评审意见,经审查符合条件的,颁发进网许可证。

生产企业应当在其获得进网许可的电信设备上粘贴进网许可标志。进网许可标志由工业和信息化部统一印制和核发。进网许可标志属于质量标志。进网许可证的有效期为 3 年。生产企业需要继续生产和销售已获得进网许可的电信设备的,在进网许可证有效期届满前 3 个月,应当重新申请办理进网许可证,并附送 1 年内的送样检测报告或产品质量监督抽查报告,原证交回。

二、消费者保护原则

(一)普遍服务

1. 普遍服务(universal service)的国际发展

电信普遍服务指的是任何人可以在任何时间、任何地点以合理价格享受到的最初级的一些电信业务。“普遍服务”这个术语最早由美国电话电报公司(AT&T)总裁威尔在 1907 年提出,当时他提出了公司的口号:“One network, one policy, universal service。”(一个网络,一个政策,普遍服务。)这是电信行业第一次出现普遍服务的提法。1934 年的美国《电信法》承认了 AT&T 对电信业的垄断,虽然美国通信委员会(FCC)提出了普遍服务的概念,但没有对它确切地定义,其具体内容留给 FCC 和 AT&T 去磋商解决。在 AT&T 垄断时期,为了提供普遍服务,AT&T 采用了大规模的交叉补贴来提供资金,包括长话补贴市话、国际电话补贴国内电话、低成本地区补贴高成本地区、办公用户补贴居民用户等。AT&T 在 1984 年解体后,长途和本地业务的分离使美国的长途电话市场完全放开,而本地业务在没有长途电话补贴的情况下,出现巨额亏损。因此,FCC 进行了接入费改革,规定所有的长途电话公司都应向电信管制部门缴纳接入费,再由电信管制部门将资金补贴给本地电话公司。接入费包括长途电话接入本地网的接入成本,这将以前 AT&T 企业内部的"暗补"变为由电信管制部门监管的电信公司之间的"明补"。FCC 以接入费为资金来源,建立专门的普遍服务基金,对高成本地区的本地电话公司进行额外的补贴。1996 年的美国《电信法》出台后,FCC 在 1997 年 5 月宣布了普遍服务新法令,规定任何一个合格的、能提供普遍服务的公司,包括无线业务提供者,无论他们使用的技术如何,只要提供政府规定的普遍服务项目,就都有资格接收普遍服务的补贴。FCC 为此建立了一个专门的普遍服务基金管理部门(USAC),负责从所有的电信服务公司以业务收入为基数征收普遍服务基金,对提供普遍服务的电信公司进行补偿。①

2. 我国普遍服务的历史发展

在 1994 年以前,我国的电信市场由原中国电信一家垄断经

---

① 参见何宁:《当前国际电信普遍服务特征对比分析》,载《通信世界》2006 年第 16 期。

营,普遍服务义务也由其一家企业承担,此时的中国电信也采用了内部交叉补贴的做法。此外,政府还对电信产业给予了一系列优惠政策来实行电信普遍服务,主要包括:(1)收取市话初装费政策;(2)加速折旧政策,即允许电信经营企业通过提高固定资产的折旧费积累资金。在20世纪90年代初期,中国电信发起了一项大规模的工程,即"村村通"工程,其目的是让农村地区的每一个行政村都通上电话。当时,这项工程的主要资金来源是电话初装费和对长途电话的附加费。

自20世纪90年代以来,随着中国电信管理体制改革的不断深入,政府原来给予电信经营企业的一系列优惠政策先后取消。同时,继1994年中国联通成立以来,在电信产业已出现了多家竞争企业,例如,在原来利润率较高的长途电话业务领域,已有中国电信、中国联通、中国移动、中国网通和中国铁通等电信企业共同竞争,而且,还有多家IP电话运营商经营长途电话业务。特别是中国加入WTO后,根据市场开放原则,中国的电信服务领域必须逐渐对外开放,新的电信经营企业进入中国电信产业后,按照利润最大化的商业原则,将首先选择业务量大、利润率高的业务和地区作为其经营领域。由于市场竞争的不断加剧,原来利润水平较高的业务和地区被多家企业瓜分,竞争导致价格下降,最终趋向于按包括正常利润在内的平均成本定价。以上种种因素都使中国原来支持电信普遍服务的传统方式失效。中国已没有一个电信经营企业能通过其内部业务间的交叉补贴向全社会提供电信普遍服务。各电信企业都不愿意经营利润少甚至亏损的业务,更不愿意到贫穷落后的农村和边远地区发展电信业务。但是,从政策层面来看,提供电信普遍服务是我国政府推行的一项重要电信政策,也是缩小贫富差距的重要政策措施。

1999 年,原中国电信解体,移动电话、寻呼、卫星通信业务被分离出去并组成了独立的公司。这样,整个电信产业包括 6 家运营商——中国电信、中国联通、中国网通、中国吉通、中国铁通和中国卫通。但是,普遍服务义务仍由中国电信承担。同时,取消了电话初装费,交叉补贴也不再可行,资金的短缺阻碍了普遍服务的继续开展。所以,最初所设定的目标(到 2000 年每一个村庄都能通电话)没有实现。到 2000 年年底,在所有的行政村中能够通电话的占比 82.9%,而几乎所有不通电话的乡村都分布在中西部地区。到 2003 年年底,中国 74 万个行政村中有大约 89% 能够通上电话,这距离原信息产业部的“十五”计划还有大约 6 个百分点(4 万多个行政村)。为此,原信息产业部在 2004 年年初以“分片包干”的方式对六大运营商进行了任务分摊,到 2005 年年底,已有 4 万个行政村开通电话。①

3. 法律规定与政策支持

《电信条例》第 43 条规定,电信业务经营者必须按照国家有关规定履行相应的电信普遍服务义务。国务院工业和信息化主管部门可以采取指定的或者以招标的方式确定电信业务经营者具体承担电信普遍服务的义务。电信普遍服务成本补偿管理办法,由国务院工业和信息化主管部门会同国务院财政部门、价格主管部门制定,报国务院批准后公布施行。但实际上,迄今为止我国并没有对电信普遍服务义务制定任何专门的法律文件,在很长一段时间内主要是依赖指派和摊派的方式来实现电信普遍服务义务。

在 2014 年的全国工业和信息化工作会上,苗圩同志作了题为

---

① 参见白明:《电信普遍服务的由来、现状与问题》,载《中国信息界》2007 年第 11 期。

《推进两化深度融合　促进结构优化升级　实现新常态下工业通信业平稳健康发展》的工作报告。苗圩表示,要加快建设宽带网络基础设施,强化互联网行业管理和网络信息安全保障,实施“宽带中国”2015 专项行动,创建“宽带中国”示范城市。苗圩还特别提到了落实电信普遍服务补偿机制。在此之前,虽然我国将“宽带中国”上升为国家战略,但一直没有多少实际投入,这也使得电信和联通在固网宽带投入上面临很大压力。在某些农村和偏远地区,甚至用 30 年的时间都难以收回投资。从企业经营角度看不值得投入,但运营商却又承担着普遍服务的义务。自此之后,我国开始通过设置试点地市来推进电信普遍服务的发展,并于 2018 年出台了《关于深入推进电信普遍服务试点工作的通知》(财建〔2018〕226 号),用于指导该方面的工作。

实施电信普遍服务试点工作的目的是加快农村及偏远地区 4G 网络建设,进一步解决电信服务领域发展不平衡、不充分问题,为乡村振兴、脱贫攻坚等提供重要基础支撑,为社会主义经济建设奠定良好的电信服务基础,其工作思路为“中央资金引导、地方协调支持、企业为主推进”。该项政策的本质是通过国家财政支出来支持电信普遍服务义务的发展。该项工作按照如下程序进行:

(1)试点申报。地市人民政府根据工信部、财政部发布的申报指南,编制并上报实施方案,对区域内试点项目进行充分统筹整合和优化布局,明确地方投入机制和支持政策,有效制定工作路线图和绩效目标。省(区、市)通信管理局对实施方案进行初步审核,经工业和信息化主管部门、财政厅(局)确认后择优向工信部推荐上报。

(2)确定试点地区和实施企业。工信部结合省级及地市人民政府承诺支持政策、试点项目统筹整合等情况,对实施方案和绩效目标组织评审，审核确定试点范围。属于偏远行政村的试点，具备条件的地区应通过公开招标等竞争性方式，按照规定程序确定实施企业；确实无法采取竞争性方式确定实施企业的，报工信部批准同意，可指定实施企业。属于重点边疆和海岛的试点，由工信部在各地申报的基础上，结合战略因素和电信企业情况，在全国范围内合理统筹试点任务，指定实施企业。

(3)中央财政补助资金的确定、下达和使用。财政部根据工信部核定的试点项目综合成本，结合年度预算规模安排支持资金。对于偏远行政村试点，补贴规模按建设成本和6年运营成本的30%确定；对于重点边疆地区试点，补贴规模按建设成本和10年运营成本的30%确定；对于海岛试点，适当加大支持力度，由工信部结合地方申报的工作方案，向财政部提出建议，财政部根据实际情况确定。

(4)组织实施。各省(区、市)通信管理局应会同工业和信息化主管部门、财政厅(局)督促指导试点地市政府有序推进试点工作，监督实施企业按照合同承担电信普遍服务任务，开展绩效执行监控和绩效自评，及时向工信部、财政部报告工作进展、资金使用情况及绩效结果。

(5)考核验收和检查。各省(区、市)通信管理局会同工业和信息化主管部门、财政厅(局)对当地试点工作组织验收，向社会公示验收情况及试点成效。工信部适时组织专项检查，加强项目监管。财政部会同工信部适时组织绩效评价，有效强化激励约束。将检查和评价结果与中央对有关地区试点工作支持措施相挂钩，切实提高财政资金配置和使用效益。如发现重大问题，取消试点资格，后续不得申报试点。

（二）保护消费者的特殊要求

电信业务具有很强的专业性，不为一般的消费者所熟悉。为了平衡电信运营商与电信消费者之间的信息不对称，以及二者之间市场对抗力量的不对等，《电信条例》对于电信服务并不是严格按照当事人双方协议的方式执行，而是对于电信服务提出了特别的要求。综合而言，我国的《电信条例》对于电信运营商的要求主要有四个方面：(1)服务的持续性；(2)资费的透明性；(3)质量的可靠性；(4)携号转网。

1. 电信服务的持续性

电信用户申请安装、移装电信终端设备的，电信业务经营者应当在其公布的时限内保证装机开通；由于电信业务经营者的过错逾期未能装机开通的，应当每日按照收取的安装费、移装费或者其他费用数额1%的比例，向电信用户支付违约金。

电信用户申告电信服务障碍的，电信业务经营者应当自接到申告之日起，城镇48小时、农村72小时内修复或者调通；不能按期修复或者调通的，应当及时通知电信用户，并免收障碍期间的月租费用。但是，属于电信终端设备造成电信服务障碍的除外。

电信业务经营者因工程施工、网络建设等，影响或者可能影响正常电信服务的，必须按照规定及时告知用户，并向省、自治区、直辖市电信管理机构报告。基于前述原因中断电信服务的，电信业务经营者应当相应减免用户在电信服务中断期间的相关费用。出现前述规定的情形，电信业务经营者未及时告知用户的，应当赔偿由此给用户造成的损失。

经营本地电话业务和移动电话业务的电信业务经营者，应当免费向用户提供火警、匪警、医疗急救、交通事故报警等公益性电信服务并保障通信线路畅通。电信业务经营者应当及时为需要通过中继线接入其电信网的集团用户，提供平等、合理的接入服务。未经批准，电信业务经营者不得擅自中断接入服务。

为了保护电信消费者的权益，工信部专门制定了《电信用户申诉处理办法》。根据该办法，电信用户应当首先向电信业务经营者投诉，电信业务经营者应当在接到用户投诉之日起15日内答复用户。用户对电信业务经营者的处理结果不满意或者电信业务经营者在接到投诉后15日内未答复的，可以向申诉受理机构提出申诉。申诉受理机构为工业和信息化部电信用户申诉受理中心和省、自治区、直辖市电信用户申诉受理机构。申诉受理机构对有下列情形之一的申诉事项不予受理：(1)属于收费争议的申诉，申诉事项发生时距提起申诉时超过5个月的，其他申诉，申诉事项发生时距提起申诉时超过2年的；(2)申诉人与被申诉人已经达成和解协议并执行的；(3)申诉受理机构已经受理或者处理的；(4)人民法院、仲裁机构、消费者组织或者其他行政机关已经受理或者处理的；(5)不符合申诉条件的申诉人；(6)国家法律、行政法规及部门规章另有规定的。申诉受理机构应当自收到申诉材料之日起5个工作日内，作出受理或者不予受理的决定，并通知申诉人；对于不予受理的申诉，应当告知不予受理的理由。

2. 电信资费

电信业务经营者应当为电信用户交费和查询提供方便。电信用户要求提供国内长途通信、国际通信、移动通信和信息服务等收费清单的，电信业务经营者应当免费提供。电信用户出现异常的巨额电信费用时，电信业务经营者一经发现，应当尽可能迅速告知电信用户，并采取相应的措施。《电信条例》所指的巨额电信费用，是指突然出现超过电信用户此前3个月平均电信费用5倍的费用。电信用户对交纳本地电话费用有异议的，电信业务经营者还应当应电信用户的要求免费提供本地电话收费依据，并有义务采取必要措施协助电信用户查找原因。

电信用户应当按照约定的时间和方式及时、足额地向电信业务经营者交纳电信费用；电信用户逾期不交纳电信费用的，电信业务经营者有权要求补交电信费用，并可以按照所欠费用每日加收3‰的违约金。对超过收费约定期限30日仍不交纳电信费用的电信用户，电信业务经营者可以暂停向其提供电信服务。电信用户在电信业务经营者暂停服务60日内仍未补交电信费用和违约金的，电信业务经营者可以终止提供服务，并可以依法追缴欠费和违约金。经营移动电信业务的经营者可以与电信用户约定交纳电信费用的期限、方式，不受前述规定期限的限制。电信业务经营者应当在迟延交纳电信费用的电信用户补足电信费用、违约金后的48小时内，恢复暂停的电信服务。

3. 电信服务质量

电信业务经营者应当建立健全内部服务质量管理制度，并可以制定并公布施行高于国家规定的电信服务标准的企业标准。电信业务经营者应当采取各种形式广泛听取电信用户意见，接受社会监督，不断提高电信服务质量。

电信业务经营者提供的电信服务达不到国家规定的电信服务标准或者其公布的企业标准的，或者电信用户对交纳电信费用持有异议的，电信用户有权要求电信业务经营者予以解决；电信业务经营者拒不解决或者电信用户对解决结果不满意的，电信用户有权向国务院工业和信息化主管部门或者省、自治区、直辖市电信管理机构或者其他有关部门申诉。此外，国务院工业和信息化主管部门或者省、自治区、直辖市电信管理机构应当依据职权对电信业务经营者的电信服务质量和经营活动进行监督检查，并向社会公布监督抽查结果。为此,工信部专门制定了《电信服务质量监督管理暂行办法》,细化电信业务质量监督的各项内容。

4. 携号转网

携号转网(number portability)是指电信消费者在转换电信运营商的时候可以携带自己原先的电话号码进行转换。随着社会的发展,电话号码已经成为电信消费者身份的象征。如果不能携号转网的话,消费者在转换电信运营商的时候就会面临比较大的转换成本。这种较大的转换成本也会使消费者面对运营商的时候不具有较强的谈判力量,从而会加强电信运营商的垄断力量。携号转网一方面可以保证电信消费者对于电信运营商的选择权,另一方面也会加强电信运营商之间的竞争。因此,世界各国均允许电信消费者携号转网。我国的携号转网发展进程较为缓慢,在很长的一段时间内消费者并没有携号转网的权利。因此,在选择新的电信运营商的时候,电信消费者必须放弃自己原来的电话号码。这使得很多电信消费者(尤其是移动电话业务的消费者)往往持有两个以上的电话号码。早在 2010 年,携号转网开始在天津和海南试点推行;4 年后,江西、湖北和云南成为第二批试点省份。我国在 2014 年制定了《移动电话用户号码携带试验管理办法》,用于促进移动电话用户的携号转网,但执行效果未达到预期。为此,李克强同志在 2019 年政府工作报告中提出将在全国实行携号转网,随后工信部宣布携号转网将在 2019 年年底之前完全落地。但值得注意的是,固定电话的用户尚没有这方面的权利。

申请办理号码携带应当满足下列条件:(1)申请号码携带的号码属于电信管理机构批准携带的号段;(2)申请号码携带的号码已在携出方办理真实身份信息登记;(3)申请号码携带的号码处于正常使用状态(非挂失、停机等);(4)申请人与携出方已结清除申请日当月账单外的费用;(5)申请人与携出方签订有在网约定期限限制的协议的,申请人应当事先与携出方解除在网约定期限限制;(6)号码携带可能影响与携出号码相关联的号码付费或资费套餐使用的,申请人应当事先在携出方办理相关业务变更;(7)两次号码携带时间间隔至少为120日。

携出方不得以任何方式拒绝为符合条件的申请人办理号码携带。携入方应当与携入用户签订电信服务协议,并按照新入网用户同等资费和标准提供服务。携出方应当按照网内用户离网时余额处理规定处理携出用户账户余额。从申请审核通过到号码携带完成的时限为48小时。携入用户退网的,携入方应当自携入用户退网之日起10日内将该号码归还号码占用方,不得继续使用该携入号码。

三、网络安全原则

从世界范围看,网络安全已经成为影响全球经济安全运行、政治稳定发展的重要因素,国际社会和各国都普遍在探索如何加强对网络安全问题的治理。《电信条例》从两个方面规定了电信网络安全的基本原则:一为网络传输的安全,二为网络传输内容的安全。

(一)网络传输安全

关于电信网络传输的安全,《电信条例》要求任何组织或者个人不得有下列危害电信网络安全和信息安全的行为:(1)对电信网的功能或者存储、处理、传输的数据和应用程序进行删除或者修改;(2)利用电信网从事窃取或者破坏他人信息、损害他人合法权益的活动;(3)故意制作、复制、传播计算机病毒或者以其他方式攻击他人电信网络等电信设施;(4)危害电信网络安全和信息安全的其他行为。任何组织或者个人不得有下列扰乱电信市场秩序的行为:(1)采取租用电信国际专线、私设转接设备或者其他方法,擅自经营国际或者我国香港特别行政区、澳门特别行政区和台湾地区电信业务;(2)盗接他人电信线路,复制他人电信码号,使用明知是盗接、复制的电信设施或者码号;(3)伪造、变造电话卡及其他各种电信服务有价凭证;(4)以虚假、冒用的身份证件办理入网手续并使用移动电话。此外,电信业务经营者应当按照国家有关电信安全的规定,建立健全内部安全保障制度,实行安全保障责任制。在发生重大自然灾害等紧急情况下,经国务院批准,国务院工业和信息化主管部门可以调用各种电信设施,确保重要通信畅通。

同时,我国在2016年制定了《网络安全法》。《网络安全法》最大的亮点是确立了六大法律制度,即网络空间主权法律制度、关键信息基础设施安全保护法律制度、重要数据本地化储存法律制度、个人信息保护法律制度、网络安全人才培养法律制度以及惩治新型网络违法犯罪法律制度。①

第一,《网络安全法》在法律制度层面细化了"网络空间主权"在法律上的适用。随着全球进入互联网时代,人类活动空间正在逐步拓展到网络空间,因此国家主权也逐渐从陆地、海洋、天空向网络空间延伸,形成了基于国家领土主权"领陆、领空、领海"三维空间延伸出的网络空间主权——"领网权"。"领网权"作为国家主权的第四维空间,将与领土权、领空权、领海权并列成为国际法框架下国家主权的重要组成部分。

---

① 参见王春晖:《〈网络安全法〉六大法律制度解析》,载《南京邮电大学学报(自然科学版)》2017年第1期。

第二，关键信息基础设施（critical information infrastructure）是保障国家的军事、电力、通信、能源、金融、水利以及国家机关等国家重要领域基础设施正常、稳定及连续运营的信息通信网络信息系统。保障关键信息基础设施的安全，对于保障国家网络安全，乃至整个国家安全都至关重要。《网络安全法》第 31 条第 1 款规定："国家对公共通信和信息服务、能源、交通、水利、金融、公共服务、电子政务等重要行业和领域，以及其他一旦遭到破坏、丧失功能或者数据泄露，可能严重危害国家安全、国计民生、公共利益的关键信息基础设施，在网络安全等级保护制度的基础上，实行重点保护。关键信息基础设施的具体范围和安全保护办法由国务院制定。"

第三，《网络安全法》第 37 条规定，关键信息基础设施的运营者在中华人民共和国境内运营中收集和产生的个人信息和重要数据应当在境内存储。关键信息基础设施重要数据的储存、利用、控制和管辖是国家主权框架下"数据主权"行使的重要内容。如果没有数据主权保护和跨境流动的法律机制，将有可能直接影响个人的隐私和自由乃至一个国家的经济运行，最终危及国家安全。

第四，随着信息时代的来临，我国侵犯个人信息的违法犯罪案件逐年增加，个人信息的保护被迅速提上日程。《网络安全法》第 41 条规定："网络运营者收集、使用个人信息，应当遵循合法、正当、必要的原则，公开收集、使用规则，明示收集、使用信息的目的、方式和范围，并经被收集者同意。网络运营者不得收集与其提供的服务无关的个人信息，不得违反法律、行政法规的规定和双方的约定收集、使用个人信息，并应当依照法律、行政法规的规定和与用户的约定，处理其保存的个人信息。"同时，网络运营者不得泄露、篡改、毁损其收集的个人信息；未经被收集者同意，不得向他人提供其个人信息。网络运营者应当采取技术措施和其他必要措施,确保其收集的个人信息安全,防止信息泄露、毁损、丢失。在发生或者可能发生个人信息泄露、毁损、丢失的情况时,应当立即采取补救措施,按照规定及时告知用户并向有关主管部门报告。依法负有网络安全监督管理职责的部门及其工作人员,必须对在履行职责中知悉的个人信息、隐私和商业秘密严格保密,不得泄露、出售或者非法向他人提供。

第五,网络强国战略,实质上是网络人才强国战略,培养一大批政治过硬、道德高尚、技术扎实的网络人才是实现我国网络强国战略必备的基础性条件,也是建设我国网络强国的关键所在。《网络安全法》从教育、宣传等多个层面确保网络安全人才的建设工作。

第六,互联网时代,侵犯个人信息和实施通信网络诈骗是两大主要新型网络违法犯罪类型,其中违法犯罪活动的网站和通讯群组以及利用网络发布与实施诈骗是上述两大犯罪的两个终端。《网络安全法》第46条有针对性地设定了两项禁止性规定,一是任何个人和组织应当对其使用网络的行为负责,不得设立用于实施诈骗,传授犯罪方法,制作或者销售违禁物品、管制物品等违法犯罪活动的网站、通讯群组;二是不得利用网络发布涉及实施诈骗,制作或者销售违禁物品、管制物品以及其他违法犯罪活动的信息。这两项禁止性规定对于保护公民网络空间的合法权益,维护网络空间的安宁显得十分必要和紧迫,充分体现了我国网络安全立法以民为本、立法为民的核心理念,符合当前网络安全工作的实际和需要。

(二)网络传输内容的安全

关于电信传输内容的安全,《电信条例》规定使用电信网络传输信息的内容及其后果由电信用户负责。电信用户使用电信网络传输的信息属于国家秘密信息的,必须依照《保守国家秘密法》的规定采取保密措施。《电信条例》要求任何组织或者个人不得利用电信网络制作、复制、发布、传播含有下列内容的信息:(1)反对宪法所确定的基本原则的;(2)危害国家安全,泄露国家秘密,颠覆国家政权,破坏国家统一的;(3)损害国家荣誉和利益的;(4)煽动民族仇恨、民族歧视,破坏民族团结的;(5)破坏国家宗教政策,宣扬邪教和封建迷信的;(6)散布谣言,扰乱社会秩序,破坏社会稳定的;(7)散布淫秽、色情、赌博、暴力、凶杀、恐怖或者教唆犯罪的;(8)侮辱或者诽谤他人,侵害他人合法权益的;(9)含有法律、行政法规禁止的其他内容的。同时,《电信条例》也认可电信用户依法使用电信的自由和通信秘密受法律保护。除因国家安全或者追查刑事犯罪的需要,由公安机关、国家安全机关或者检察机关依照法律规定的程序对电信内容进行检查外,任何组织或者个人不得以任何理由对电信内容进行检查。电信业务经营者及其工作人员不得擅自向他人提供电信用户使用电信网络所传输信息的内容。

与电信传输内容安全相关的法律文件有《互联网电子邮件服务管理办法》、《电话用户真实身份信息登记规定》、《网络出版服务管理规定》和《通信短消息服务管理规定》等。《互联网电子邮件服务管理办法》规定任何人不得利用电子邮件传播危害国家的言论。

《电话用户真实身份信息登记规定》则以电话用户真实身份信息的登记作为传输内容安全的保障。电信业务经营者为用户办理固定电话、移动电话(含无线上网卡)等入网手续,在与用户签订协议或者确认提供服务时,应当如实登记用户提供的真实身份信息。在办理电信业务的时候,个人用户需要出示个人有效证件,单位用户需要出具组织机构代码证[①]、营业执照、事业单位法人证书或者社会团体法人登记证书等有效证件。

《网络出版服务管理规定》增加了未成年人保护的内容,要求网络出版物不得含有诱发未成年人模仿违反社会公德和违法犯罪行为的内容,不得含有恐怖、残酷等妨害未成年人身心健康的内容,不得含有披露未成年人个人隐私的内容。同时,也鼓励如下内容的传播和出版:(1)对阐述、传播宪法确定的基本原则有重大作用的;(2)对弘扬社会主义核心价值观,进行爱国主义、集体主义、社会主义和民族团结教育以及弘扬社会公德、职业道德、家庭美德、个人品德有重要意义的;(3)对弘扬民族优秀文化,促进国际文化交流有重大作用的;(4)具有自主知识产权和优秀文化内涵的;(5)对推进文化创新,及时反映国内外新的科学文化成果有重大贡献的;(6)对促进公共文化服务有重大作用的;(7)专门以未成年人为对象、内容健康的或者其他有利于未成年人健康成长的;(8)其他具有重要思想价值、科学价值或者文化艺术价值的。

《通信短消息服务管理规定》规定了公益性短消息的发送要求。同时,对于商业性短消息,要求短信息服务提供者、短信息内容提供者未经用户同意或者请求,不得向其发送商业性短信息;用户同意后又明确表示拒绝接收商业性短信息的,应当停止向其发送。用户未回复的,视为不同意接收。

① 现已取消发放,改由在市场监督管理部门核发的营业执照中加载统一社会信用代码。——编者注

第三节　广播电视业务的规制

广播电视业务与狭义的电信业务至今存在较大的区别。总体而言，二者的区别主要有二：一是传输逻辑的区别。狭义的电信业务是点对点的信息交换，而广播电视则是一点对多点的信息交换。二是传输内容的区别。狭义的电信业务主要是为了给消费者提供信息交换的渠道，消费者之间信息交换的内容原则上不属于狭义电信业务的主要规制目的。而广播电视业务除了提供信息交换的渠道之外，传输的内容也是该业务的主要目的之一。由于这两个方面的区别，再加上原先狭义的电信业务与广播电视业务均由不同的电信网络进行传输，因此二者在三网融合之前均由不同的法律部门进行规制。

三网融合之后，狭义的电信业务与广播电视业务开始融合。但在我国，三网融合尚未真正在法律层面实现，目前在我国狭义的电信业务由《电信条例》及其附属法规管理，而广播电视则由《广播电视条例》及其配套法规管理。我国的广播电视法律法规体系大致包含三个方面的内容：(1)广播电视许可；(2)广播电视传输网络的建设；(3)广播电视传输内容的规制。本节将从这三个方面对我国广播电视的规制进行简要介绍。

一、广播电视许可

(一)总体规定

我国的广播电台、电视台是指采编、制作并通过有线或者无线的方式播放广播电视节目的机构。与狭义的电信业务许可类似，我国的广播电视业务许可也实行多级政府共同许可的方式。但是狭义的电信业务的主管机构只有工信部与省级电信管理机构。广播电视业务的许可则是首先由国务院广播电视行政部门负责全国的广播电视管理工作,其次所有县级以上地方人民政府负责广播电视行政管理工作的部门或者机构均有权处理本行政区域内的广播电视管理工作。

设立广播电台、电视台,应当具备下列条件:(1)有符合国家规定的广播电视专业人员;(2)有符合国家规定的广播电视技术设备;(3)有必要的基本建设资金和稳定的资金保障;(4)有必要的场所。此外,还应当符合国家的广播电视建设规划和技术发展规划。广播电台、电视台由县、不设区的市以上人民政府广播电视行政部门设立,其中教育电视台可以由设区的市、自治州以上人民政府教育行政部门设立。中央的广播电台、电视台由国务院广播电视行政部门设立。地方设立广播电台、电视台的,由县、不设区的市以上地方人民政府广播电视行政部门提出申请,本级人民政府审查同意后,逐级上报,经国务院广播电视行政部门审查批准后,方可筹建。中央的教育电视台由国务院教育行政部门设立,报国务院广播电视行政部门审查批准。地方设立教育电视台的,由设区的市、自治州以上地方人民政府教育行政部门提出申请,征得同级广播电视行政部门同意并经本级人民政府审查同意后,逐级上报,经国务院教育行政部门审核,由国务院广播电视行政部门审查批准后,方可筹建。

《广播电台电视台审批管理办法》和《广播电视站审批管理暂行规定》对于《广播电视管理条例》中的许可内容进行了更为具体的规定。另外,我国也对一些特殊的广播电视业务进行了特别的规定,《有线广播电视运营服务管理暂行规定》具体规定了有线广播电台和电视台的许可工作。

（二）点播业务

随着数字电视的兴起，电视的传输不再是线性的，即按照固定的电视节目表进行；而是可以通过用户点播的方式进行提供，也就是我们平常所说的视频点播。为此，原国家广播电影电视总局发布了《广播电视视频点播业务管理办法》进行广播电视视频点播业务许可的管理。广播电视视频点播业务许可证分为甲、乙两种。持有广播电视视频点播业务许可证（甲种）的机构，可在许可证载明的行政区域内从事视频点播业务。申请广播电视视频点播业务许可证（甲种）的，应向当地广播电视行政部门提出申请，并提交符合《广播电视视频点播业务管理办法》第10条规定的申报材料。经逐级审核后，报广电总局审批。持有广播电视视频点播业务许可证（乙种）的机构，可在许可证载明的宾馆饭店内从事视频点播业务。申请广播电视视频点播业务许可证（乙种），应向当地县级以上广播电视行政部门提出申请，并提交符合《广播电视视频点播业务管理办法》第10条规定的申报材料。经逐级审核后，报省级广播电视行政部门审批。

（三）传送业务

广播电视业务的许可除了设置广播电台和电视台的许可之外，还存在广播电视节目传送业务。该项业务的许可由《广播电视节目传送业务管理办法》进行管理。广播电视节目传送业务，是指利用有线方式从事广播电视节目传输和接入服务的活动。从事该项业务的电信经营者并不提供广播电视的传输内容，也即不是广播电台或者电视台，只是专门负责建设广播电视业务的传输网络帮助用户获得广播电视的内容。由于世界贸易组织《关于电信业务的附件》中并不涉及电视的规定，因此我国禁止外商投资的机构从事广播电视节目传送业务。只有经广电总局批准设立的广播电视播出机构、广播影视集团(总台)及所属机构、拥有有线广播电视网络经营权的国有或国有控股机构才可以申请广播电视节目传送业务经营许可证。申请利用有线方式在省级行政区域内或跨省(市)从事广播电视节目传送业务的,应向地(市)级以上广播电视行政部门提出申请,经逐级审核,报广电总局审批。

(四)专网及定向传播业务

随着数字经济的兴起,广播电视业务不再只是使用传统的收听设备(广播设备和电视机)进行收听或者收看,而是可以通过更为多样的设备和技术进行。为了应对新型广播电视技术和设备的冲击,原国家新闻出版广电总局制定了《专网及定向传播视听节目服务管理规定》。

专网及定向传播视听节目服务,是指以电视机、各类手持电子设备等为接收终端,通过局域网络,利用互联网架设虚拟专网,或者以互联网等信息网络为定向传输通道,向公众定向提供广播电视节目等视听节目服务活动,包括以交互式网络电视(IPTV)、专网手机电视、互联网电视(OTT)等形式从事内容提供、集成播控、传输分发等活动。应当说专网及定向传播视听节目服务是一种特殊的广播电视节目传送业务,《专网及定向传播视听节目服务管理规定》属于前述《广播电视节目传送业务管理办法》的特别法;同时传统运营商自身也可以提供广播电视的内容。

从事内容提供、集成播控、传输分发等专网及定向传播视听节目服务,应当取得信息网络传播视听节目许可证。申请从事专网及定向传播视听节目服务,应当向省、自治区、直辖市人民政府广播电影电视主管部门提出申请,中央直属单位可直接向国务院广播电影电视主管部门提出申请。

（五）互联网电视业务

随着互联网经济的发展，越来越多的互联网公司开始介入广播电视业务。为了规范互联网广播电视业务的发展，同时也为了支持三网融合，原国家广播电影电视总局与工信部联合制定了《互联网视听节目服务管理规定》。互联网视听节目服务，是指制作、编辑、集成并通过互联网向公众提供视音频节目，以及为他人提供上载传播视听节目服务的活动。

国务院广播电影电视主管部门作为互联网视听节目服务的行业主管部门，负责对互联网视听节目服务实施监督管理，统筹互联网视听节目服务的产业发展、行业管理、内容建设和安全监管。国务院工业和信息化主管部门作为互联网行业主管部门，依据电信行业管理职责对互联网视听节目服务实施相应的监督管理。地方人民政府广播电影电视主管部门和地方电信管理机构依据各自职责对本行政区域内的互联网视听节目服务单位及接入服务实施相应的监督管理。

从事互联网视听节目服务，应当取得广播电影电视主管部门颁发的信息网络传播视听节目许可证或履行备案手续。申请许可证，应当通过省、自治区、直辖市人民政府广播电影电视主管部门向国务院广播电影电视主管部门提出申请，中央直属单位可以直接向国务院广播电影电视主管部门提出申请。此外，从事广播电台、电视台形态服务和时政类视听新闻服务的，还应当持有广播电视播出机构许可证或互联网新闻信息服务许可证。其中，以自办频道方式播放视听节目的，由地（市）级以上广播电台、电视台、中央新闻单位提出申请。从事主持、访谈、报道类视听服务的，还应当持有广播电视节目制作经营许可证和互联网新闻信息服务许可证；从事自办网络剧（片）类服务的，还应当持有广播电视节目制作经营许可证。未经批准,任何组织和个人不得在互联网上使用广播电视专有名称开展业务。

(六)三网融合的发展

广播电视领域的业务按照形式可以分为广播电视传输和广播电视内容制作与发行。广播电视内容的制作与发行原来都由各地的广播电台和电视台进行。现在很多互联网公司(比如优酷、爱奇艺等)也获得了信息网络传播视听节目许可证,从而拥有内容制作与发行的许可。此外,很多广播电视运营商同时具有两种牌照,这使得这两种业务的区分变得非常复杂。但从本质上来说这两种业务存在较大的区别。广播电视内容制作与发行只是负责内容的制作,这些内容的发布则必须通过相应的网络才能够传输到用户。前者的规制涉及内容的审批以及不当言论的禁止,后者则仅仅是将合法的内容通过各种信息传输方式传导给用户,并不涉及言论控制的内容。长期以来,我国尚未将内容的制作与内容的传输进行区分,主要是通过广播电视的传输许可来管制广播电视的内容制作,所以所有涉及广播电视业务的法律法规同时管制这两方面的内容。但是专网及定向传播业务的出现打破了这两个方面混合处理的局面。现在也有一些只负责内容传输而不负责内容制作的广播电视运营商。而从实际情况来看,关于广播电视内容的制作已经拥有较为完善的竞争机制,不太需要从促进竞争的角度对之进行规制,对于内容的规制主要涉及言论方面的要求,也即不得传输与公共利益相悖的言论。但是,对于广播电视内容传输来说,即便我国经过多年的发展,依然存在寡头垄断的情形。为了促进广播电视业务传输市场的竞争,我们在现阶段有必要区分广播电视的内容制作与发行以及广播电视内容的传输,将两者分割开来进行规制。

广播电视业务的传输则大致存在四种牌照:(1)传统的有线无线电视牌照;(2)IPTV 牌照;(3)OTT 牌照;(4)纯粹的信息网络传播牌照。传统的有线无线电视牌照由传统的有线或者无线电视台提供。这些业务因为技术所限只能由传统的无线或者有线电视运营商来经营。但是由于广播电视业务数字化的发展,这方面的业务已经开始萎缩,广播电视业务的传输已经开始逐渐向数字化方向发展。可以预见在未来,电视业务发展的方向主要是数字广播电视业务的传输,也就是 IPTV 牌照、OTT 牌照、纯粹的信息网络传播牌照。这三种牌照目前的主要区别是是否可以通过电视进行播放。纯粹的信息网络传播牌照是通过互联网进行传输的广播电视内容,用户通过非电视的方式(计算机、手机以及其他移动智能终端)等进行收听或者观看。OTT 业务从某种意义上来说是纯粹的信息网络传播的升级产品,通过接入机顶盒的方式将互联网上面的内容直接在电视屏幕上面播放。传统的信息网络传输与 OTT 都是通过公用的互联网进行传输的。IPTV 是传统数字电视的升级产品。数字电视只是将古老的模拟信号数字化之后进行传输。IPTV 除了具有数字电视的特征之外,还将传统的电视网络打造成为完整的电信网络。传统的电视网络只具有单方面信息传输的功能,也即用户只能被动地接收运营商发送的广播电视信号。IPTV 实现了信息双向传输的功能,经过这样的升级之后,IPTV 网络可以同时实现传统的广播电视传输以及其他电信业务(电话、互联网等)功能。但从广播电视业务而言,IPTV 与 OTT 可谓是直接竞争用户客厅中的电视机。IPTV 与 OTT 虽然存在较大的技术差异,并且具有各自的传输优势,[①]但

① 参见施唯佳、蒋力、贾立鼎:《OTTTV 和 IPTV 的技术比较分析》,载《电信科学》2014 年第 5 期。

目前二者的主要区别在于传输内容与传输技术的不同。IPTV 的视频内容来自广电，质量较高且稳定，一般采用固定码率编码；OTT 的视频内容来自多个地方，包括互联网视频网站等，一般采用动态码率编码。由于这些业务的开展，三网融合在业务竞争层面开始逐步实现。

截至 2018 年，IPTV 的全国性牌照颁发了五张，分别为上海文广新闻传媒集团、中央电视台、广东南方广播影视传媒集团（以下简称南方传媒）、中国国际广播电台、爱上电视传媒有限公司。2005 年 5 月，广电总局颁发了第一张 IPTV 牌照给上海文广新闻传媒集团。为了更好地促进 IPTV 的发展，上海文广新闻传媒集团于 2005 年 11 月成立了上海百视通电视传媒有限公司和百视通网络电视技术发展有限公司（以下简称百视通技术公司），作为运营 IPTV 业务的新媒体公司。2006 年 5 月 9 日，中央电视台获得第二张 IPTV 牌照，由央视下属公司央视国际网络有限公司来运营 IPTV 业务。2006 年 8 月，南方传媒对外宣布其获得国家广播电影电视总局颁发的第三张全国性 IPTV 业务牌照，随后南方传媒专门成立了南方传媒互动电视有限公司，负责南方传媒互动电视平台的建设和运营，面向广东省和全国开展有线互动电视和 IPTV 等业务。2006 年，中国国际广播电台申请 IPTV 全国运营牌照，2007 年开始正式对外开展相关业务。中国国际广播电台 IPTV 业务对外的运营主体是国广东方网络有限公司。2013 年，中国网络电视台与上海广播电视台（出资方为百视通技术公司）联合投资设立 IPTV 合资公司“爱上电视传媒有限公司”。

截至 2018 年，IPTV 地方性牌照颁发了两张：浙江广电、江苏电视台。2007 年，广电总局给浙江广电颁发了一张区域性的 IPTV 牌照，允许其在浙江省范围内进行相关业务的开展，运营主体是华数。2009 年年底,广电总局对于江苏电视台要求开办 IP 电视业务的申请给予了许可回复。

截至 2018 年,IPTV 省级播控平台牌照一共颁发了三张,分别为辽宁省广播电视台、广东广播电视台、湖南广播电视台。2015 年 12 月 9 日,辽宁省广播电视台的 IPTV 业务得到国家新闻出版广电总局正式验收,获得 IPTV 省级的播控平台牌照。辽宁省 IPTV 播控地方平台将授权广联视通新媒体有限公司运营,该公司是由辽宁广播电视台和中国联通集团公司共同出资设立的有限责任公司。2016 年 2 月 2 日国家新闻出版广电总局批复广东广播电视台正式获得 IPTV 省级播控平台牌照。随后,国家新闻出版广电总局向湖南广播电视台颁发了具有相应许可项目的信息网络传播视听节目许可证(AVSP),湖南广播电视台正式获得 IPTV 省级播控平台牌照。

中国电信、中国联通、中国移动已经先后获得 IPTV 的传输牌照,①也即只能传输 IPTV,没有内容制作的权利。北京华夏安业科技有限公司获得的 IPTV 牌照其实是国家广播电影电视总局颁发的信息网络传播视听许可证内容的一个业务增项,只被允许在电视机终端上运营教育行业内容。②

二、广播电视传输网络的建设

(一)许可机制

广播电视网络,也即广播电视传输覆盖网,主要分为广播电视

---

① 参见贾敬华:《拿到 IPTV 牌照 中国移动能否改写市场格局》,载百度网百家号 2018 年 6 月 15 日,http://baijiahao.baidu.com/s?id=1603297137933698945&wfr=spider&for=pc。

② 参见方珍:《细说 12 大 IPTV 牌照现状》,载头条资讯网 2017 年 2 月 11 日,https://n.znds.com/article/19525.html?from=singlemessage。

发射台、转播台(包括差转台、收转台,下同)、广播电视卫星、卫星上行站、卫星收转站、微波站、监测台(站)及有线广播电视传输覆盖网等。各种广播电视网络设施受到国家的严格保护,我国国务院专门制定了《广播电视设施保护条例》规定各种广播电视网络的维护要求,以及不得在广播电视网络周边进行各种可能会危及广播电视网络的行为。

国务院广播电视行政部门应当对全国广播电视传输覆盖网按照国家的统一标准实行统一规划,并实行分级建设和开发。县级以上地方人民政府广播电视行政部门应当按照国家有关规定,组建和管理本行政区域内的广播电视传输覆盖网。此外,国务院广播电视行政部门负责指配广播电视专用频段的频率,并核发频率专用指配证明。广播电视发射台、转播台经核准使用的频率、频段不得出租、转让。

依据《广播电视无线传输覆盖网管理办法》,利用地面无线、微波、卫星等方式从事广播电视节目传输覆盖业务的,须领取广播电视节目传送业务经营许可证(无线)。可以申请的机构包括:经广电总局批准设立的广播电视播出机构、经广电总局批准设立的广播电视影视集团(总台)及所属机构、无线广播电视传输覆盖能力的国有或国有控股机构。

(二)广播电视设备器材入网认定

广播电视网络的规制除了网络建设本身之外,还涉及广播电视设备器材入网认定。为此,原国家广播电视总局发布了《广播电视设备器材入网认定管理办法》。国务院广播电视主管部门对拟进入广播电视播出机构、广播电视传输覆盖网和监测监管网的有关设备器材颁发入网认定证书。未获得入网认定证书的,不得在广播电视播出机构、广播电视传输覆盖网和监测监管网使用。国务院广播电视主管部门负责全国广播电视设备器材入网认定管理工作。县级以上地方人民政府广播电视主管部门负责本行政区域内的入网认定管理工作。

必须申请入网认定的广播电视设备器材包括：(1)广播电视网络安全设备器材；(2)广播电视中心节目制作与播出设备器材；(3)有线广播电视系统前端设备器材；(4)有线广播电视传输与接入设备器材；(5)无线广播电视发射与传输设备器材；(6)卫星广播电视设备器材；(7)广播电视信号条件接收、用户管理等业务集成与支撑设备器材；(8)广播电视监测监管设备器材；(9)广播电视系统专用电源等设备器材；(10)其他应当进行入网认定的设备器材。

(三)卫星电视

用户通过卫星电视可以接收国外卫星传送的电视节目，因此卫星电视相对于其他电视业务具有一定的特殊性，我国对于卫星电视也专门出台了两个规定：《卫星地面接收设施接收外国卫星传送电视节目管理办法》《卫星电视广播地面接收设施管理规定》。

卫星地面接收设施接收外国卫星传送的电视节目，是指单位利用已有的卫星地面接收设施或者设置专门的卫星地面接收设施接收与本单位业务工作有直接关系的外国卫星传送的电视节目。广电总局负责全国卫星地面接收设施接收外国卫星传送的电视节目的管理工作。省、自治区、直辖市广电局(厅)负责本行政区内卫星地面接收设施接收外国卫星传送的电视节目的管理工作。

教育、科研、新闻、金融、经贸以及其他确因业务工作需要的单位，可以申请利用已有的卫星地面接收设施或者设置专门的卫星地面接收设施接收外国卫星传送的电视节目。常住外国人的涉外宾馆(饭店)、公寓确需提供国际金融、商情等经济信息服务的，可以申请设置专门接收外国卫星传送的电视节目的卫星地面接收设施。接收外国卫星传送的电视节目的卫星地面接收设施,由广电部门组织提供安装和维修服务。

利用已有的或者设置专门的卫星地面接收设施接收外国卫星传送的电视节目的单位,应当向省级以上主管部门提出书面申请,经审查同意的,由申请单位报所在省、自治区、直辖市广电局(厅)。广电局(厅)批准的,发给卫星地面接收设施接收外国卫星传送的电视节目许可证(以下简称许可证),并由审批机关报广电总局、公安部、国家安全部备案。

持有许可证的单位,接收外国卫星传送的电视节目,只允许在本单位业务工作中使用,且不得将所接收的外国卫星传送的电视节目在国内电视台、有线电视台、录像放映点播放或者以其他方式进行传播。经批准录制的音像资料目录,必须定期报所在地的广电局(厅)、公安和国家安全部门备案。

卫星电视广播地面接收设施是指接收卫星传送的电视节目的天线、高频头、接收机及编码、解码器等设施。国家对卫星地面接收设施的生产、进口、销售、安装和使用实行许可制度。进口卫星地面接收设施必须持广电总局开具的证明,进口卫星地面接收设施的专用元部件必须持工信部开具的证明,到国务院机电产品进出口行政部门办理审批手续,海关凭审查批准文件放行。卫星地面接收设施安装完毕,由审批机关发给接收卫星传送的电视节目许可证。

三、广播电视传输内容的规制

广播电视规制与传统电信业务规制的最大区别在于前者存在大量对于制作内容方面的规制。这些内容规制大致可以分为三个方面:禁止性内容规定、关于广告的限制、对未成年人的特殊保护。

（一）禁止性内容规定

《广播电视管理条例》第32条规定，禁止制作、播放载有下列内容的节目：(1)危害国家的统一、主权和领土完整的；(2)危害国家的安全、荣誉和利益的；(3)煽动民族分裂，破坏民族团结的；(4)泄露国家秘密的；(5)诽谤、侮辱他人的；(6)宣扬淫秽、迷信或者渲染暴力的；(7)法律、行政法规规定禁止的其他内容。广播电视节目的播放和使用必须遵守《著作权法》和《信息网络传播权保护条例》的相关规定。此外，广播电视新闻应当真实、公正。这些内容同样适用于互联网视听节目的传输。

（二）关于广告的限制

广播电视中广告的播出除了要符合《广告法》的规定之外，还应当遵循《广播电视广告播出管理办法》。广播电视广告包括公益广告和商业广告（含资讯服务、广播购物和电视购物短片广告等）。关于广告的限制主要分为两个方面：一是广告内容的特殊限制，二是广告时长的限制。

1. 广告内容的特殊限制

下列广播电视广告禁止播出：(1)以新闻报道形式发布的广告；(2)烟草制品广告；(3)处方药品广告；(4)治疗恶性肿瘤、肝病、性病或者提高性功能的药品、食品、医疗器械、医疗广告；(5)姓名解析、运程分析、缘分测试、交友聊天等声讯服务广告；(6)出现"母乳代用品"用语的乳制品广告；(7)法律、行政法规和国家有关规定禁止播出的其他广告。

此外，时政新闻类节（栏）目不得以企业或者产品名称等冠名。有关人物专访、企业专题报道等节目中不得含有地址和联系方式等内容。投资咨询、金融理财和连锁加盟等具有投资性质的广告，应当含有"投资有风险"等警示内容。除福利彩票、体育彩票等依法批准的广告外，不得播出其他具有博彩性质的广告。

除电影、电视剧剧场或者节（栏）目冠名标识外，禁止播出任何形式的挂角广告。电影、电视剧剧场或者节（栏）目冠名标识不得含有下列情形：（1）单独出现企业、产品名称，或者剧场、节（栏）目名称难以辨认的；（2）标识尺寸大于台标，或者企业、产品名称的字体尺寸大于剧场、节（栏）目名称的；（3）翻滚变化，每次显示时长超过5分钟，或者每段冠名标识显示间隔少于10分钟的；（4）出现经营服务范围、项目、功能、联系方式、形象代言人等文字、图像的。电影、电视剧剧场或者节（栏）目不得以治疗皮肤病、癫痫、痔疮、脚气、妇科、生殖泌尿系统等疾病的药品或者医疗机构作冠名。播出电视商业广告时不得隐匿台标和频道标识。

2. 广告时长的限制

广播电视广告播出应当合理编排。其中，商业广告应当控制总量、均衡配置。广播电视广告播出不得影响广播电视节目的完整性。除在节目自然段的间歇外，不得随意插播广告。播出机构每套节目每小时商业广告播出时长不得超过12分钟。

广播电台在11:00至13:00、电视台在19:00至21:00，商业广告播出总时长不得超过18分钟。播出电视剧时，不得在每集（以45分钟计）中间以任何形式插播广告。播出机构每套节目每日公益广告播出时长不得少于商业广告时长的3%。此外，在这个时间段内公益广告播出数量不得少于4条（次）。

播出商业广告应当尊重公众生活习惯。在6:30至7:30、11:30至12:30以及18:30至20:00的公众用餐时间，不得播出治疗皮肤病、痔疮、脚气、妇科、生殖泌尿系统等疾病的药品、医疗器械、医疗和妇女卫生用品广告。播出机构应当严格控制酒类商业广告，不得在以未成年人为主要传播对象的频率、频道、节（栏）目中播出。广播电台每套节目每小时播出的烈性酒类商业广告，不得超过2条；电视台每套节目每日播出的烈性酒类商业广告不得超过12条，其中19:00至21:00不得超过2条。

在中小学生假期和未成年人相对集中的收听、收视时段，或者以未成年人为主要传播对象的频率、频道、节(栏)目中，不得播出不适宜未成年人收听、收视的商业广告。

在执行转播、直播任务等特殊情况下，商业广告可以顺延播出。转播、传输广播电视节目时，必须保证被转播、传输节目的完整性。不得替换、遮盖所转播、传输节目中的广告；不得以游动字幕、叠加字幕、挂角广告等任何形式插播自行组织的广告。

(三)对未成年人的特殊保护

从事未成年人节目的制作、传播活动必须遵守《未成年人节目管理规定》的相关规定。未成年人节目，包括未成年人作为主要参与者或者以未成年人为主要接收对象的广播电视节目和网络视听节目。

未成年人节目不得含有下列内容：(1)渲染暴力、血腥、恐怖，教唆犯罪或者传授犯罪方法；(2)除健康、科学的性教育之外的涉性话题、画面；(3)肯定、赞许未成年人早恋；(4)诋毁、歪曲或者以不当方式表现中华优秀传统文化、革命文化、社会主义先进文化；(5)歪曲民族历史或者民族历史人物，歪曲、丑化、亵渎、否定英雄烈士事迹和精神；(6)宣扬、美化、崇拜曾经对我国发动侵略战争和实施殖民统治的国家、事件、人物；(7)宣扬邪教、迷信或者消极颓废的思想观念；(8)宣扬或者肯定不良的家庭观、婚恋观、利益观；(9)过分强调或者过度表现财富、家庭背景、社会地位；(10)介绍或者展示自杀、自残和其他易被未成年人模仿的危险行为及游戏项目等；(11)表现吸毒、滥用麻醉药品、精神药品和其他违禁药物;(12)表现吸烟、售烟和酗酒;(13)表现违反社会公共道德、扰乱社会秩序等不良举止行为;(14)渲染帮会、黑社会组织的各类仪式;(15)宣传、介绍不利于未成年人身心健康的网络游戏;(16)法律、行政法规禁止的其他内容。

未成年人节目应当严格设置竞赛排名,不得设置过高物质奖励,不得诱导未成年人现场拉票或者询问未成年人失败退出的感受。情感故事类、矛盾调解类等节目应当尊重和保护未成年人情感,不得就家庭矛盾纠纷采访未成年人,不得要求未成年人参与节目录制和现场调解,避免未成年人目睹家庭矛盾冲突和情感纠纷。未成年人节目不得以任何方式对未成年人进行品行、道德方面的测试,放大不良现象和非理性情绪。

未成年人节目前后播出广告或者播出过程中插播广告,应当遵守以下规定:(1)未成年人专门频率、频道、专区、链接、页面不得播出医疗、药品、保健食品、医疗器械、化妆品、酒类、美容广告、不利于未成年人身心健康的网络游戏广告,以及其他不适宜未成年人观看的广告,其他未成年人节目前后不得播出上述广告;(2)针对不满 14 周岁的未成年人的商品或者服务的广告,不得含有劝诱其要求家长购买广告商品或者服务、可能引发其模仿不安全行为的内容;(3)不得利用不满 10 周岁的未成年人作为广告代言人;(4)未成年人广播电视节目每小时播放广告不得超过 12 分钟;(5)未成年人网络视听节目播出或者暂停播出过程中,不得插播、展示广告,内容切换过程中的广告时长不得超过 30 秒。

第三章　我国电信规制中的问题及解决思路

电信规制是一个领域法的概念,从第二章的论述中我们可以看到电信规制涉及多个层面的部门法内容:电信市场开放涉及行政许可的内容;电信行业的经营者涉及合同法、消费者权益保护法、竞争法等方面的内容;电信普遍义务和电信网络传输内容的管制涉及公民的基本权利等方面的内容。电信规制并非某一个部门法能够独立解决的问题。但是,任何问题的解决都涉及主要矛盾和次要矛盾的问题。在进行电信改革的过程中,我们既要争取同时解决所有的问题,但是也不可能同时解决所有的问题。因此,在每一个发展阶段,我们都必须有所侧重,将主要精力放在主要矛盾的解决上。本书将我国电信行业的主要矛盾界定为促进竞争,并随之提出相应的解决方案。

第一节　行业规制的演变

一、行业规制的社会学基础

近代社会是在打破古代农业社会的血缘关系的基础上建立的。当以家庭或者行会为主体的中介机制(身份)消失之后,契约成为人们社会交往的"普遍性的中介因素"。[①] 由于契约这种普遍性社会关系的存在,17、18 世纪的社会先贤也都普遍使用契约来解释所有的社会关系,此即社会契约论。[②] 社会契约论在纵向上解读国家和个体之间的政治关系,在横向上构建个体之间的社会经济关系,该理论的出发点是"假定存在一个人人平等和自由的自然状态"。[③] 这一点与古代农业社会的制度存在本质的区别。现实中的个体总是不平等的,这种事实上的不平等被熟人社会所认可,并可以得到人情的特殊照顾。但由于社会中介性机构的缺失,这种特殊照顾在信息不对称的陌生人社会无法通过国家在个案层面进行衡量。因此近代社会不得不将个体在政治上拟制化,从而形成只具有契约关系的抽象平等人格。这种政治上的抽象人格推动了现代经济学中"理性经济人"基本假设的形成;申言之,每个

---

① 参见张康之:《基于契约的社会治理及其超越》,载《江苏社会科学》2006 年第 3 期。

② 在西方思想史上社会契约论并不是唯一的。亚里士多德的国家自然发生论、柏拉图的国家社会分工论以及中世纪的神权理论都在社会契约论占统治地位之前有很大影响。参见苏力:《从契约理论到社会契约理论——一种国家学说的知识考古学》,载《中国社会科学》1996 年第 3 期。

③ 苏力:《从契约理论到社会契约理论——一种国家学说的知识考古学》,载《中国社会科学》1996 年第 3 期。

个体都是利益最大化主体,同时也都能对自己的行为作出准确的判断。[①] 既然每个人可以就如何进行个体利益最大化作出准确的判断,那么每个人也可以对自己的行为负完全的、独立的责任。只有通过政府干预将每个个体都设定为平等的理性经济人之后,契约的社会合理性才能得到保障。

因此,对于刚刚脱离农业社会的近代社会来说,建立民商法体系确实体现了政府干预经济的色彩。在通过民商法构建起一系列的社会体制之后,政府就只需充当守夜人(watchdog)的角色来保障契约的顺利履行即可,其余则交由所谓的市场机制这个"看不见的手"(invisible hand)来处理。如此,近代工业社会中的政府成功地在家庭和行会消失之后构建了市场机制这个非实体的中介性社会机制来调整社会个体之间的各种关系。因此,在近代社会这种社会关系的基础之上是不会形成行业规制思想的。

但近代社会这种抽象的、绝对的社会体系在产生之初就饱受争议。比如,马克思就认为近代社会"扯断人的一切类联系,代之以利己主义和自私自利的需要,使人的世界分解为原子式的相互敌对的个人的世界"。[②] 但这种机制在个体间的实质性差异不大的近代社会初期是具有时代性意义的,在旧有的家庭体系被打破而新型的社会力量尚未形成的近代社会之初尤为重要。相关文献显示这种机制与近代社会之初的社会现状非常契合。18 世纪末开始的第一次工业革命虽然大大提升了生产力,但并未改变社会的生产结构,直到 19 世纪 70 年代小规模的、家庭式的手工作坊依

---

① 参见许华安、李建伟:《"理性经济人":一个批判性考察》,载《哲学动态》2007 年第 6 期。

② 中共中央编译局编译:《马克思恩格斯选集》(第 1 卷),人民出版社 2012 年版,第 54 页。

然是社会的主要生产单位。[①] 这种非集中化的市场结构客观上保证了市场机制可以不受任何社会主体的干预。但这些绝对性的原则在19世纪中叶开始遭受第二次工业革命的挑战。第二次工业革命使得社会迅速完成了从自由资本主义向垄断资本主义的转变。在这个过程中,企业(尤其是大型企业)作为一种新型的社会力量开始登上历史舞台。

企业是理性经济人假设的终极产物。理性经济人假设认为每个个体存在的目的是实现个体利益的最大化。利益最大化原则决定了个体最终必然选择联合其他个体形成企业来组织生产活动,此即企业的本质。[②] 申言之,企业是降低生产成本而最大化利润的产物。因此,企业不仅不被近代社会禁止,反而是这种制度运行到极致的必然结果。这也表现在后续民商法中法人制度的产生。我们传统上认为法人制度的设立"使构成财产集合体的资本与投资人的其他财产相分离,通过一种抽象的拟制方法,赋予具备特定条件(包括拥有界限分明的独立财产、能够产生其成员的共同意志亦即独立意志)的团体以一种与投资人相区分的法律地位,使之成为财产权利、义务和责任的独立承担者,借以限制投资人风险,鼓励投资积极性"。[③] 因此,企业在民商法体系中也被认可为具有与其他自然人同等的享受权利和承担义务的市场主体资格。但企业的出现打破了近代社会建设之初的种种假设,并使得近代社会面临破产的危机。总体而言,企业对于近代社会的破坏主要表现在

---

① See Jeremy Atack, *Firm Size and Industrial Structure in the United States During the Nineteenth Century*, Journal of Economic History, Vol. 46:2, p. 463-475(1986).

② See Ronald Coase, *The Nature of the Firm*, Economica, Vol. 4:16, p. 386-405(1937).

③ 尹田:《论法人人格权》,载《法学研究》2004年第4期。

如下三个方面：

第一，在政治组织层面，企业的出现破坏了近代社会国家与个体的二元社会体制。近代社会构建了政府通过市场机制直接管理社会个体的制度。但企业的出现却将市场机制中的外部交易关系转变为企业内部的管理关系。企业作为法人，被假定与自然人（社会个体）具有同等的权利和义务，因此国家无法干预企业的内部组织管理关系。随着企业市场力量的爆炸性提升，其不但通过垄断的市场力量获得了可以对抗市场机制的能力，甚至通过政府寻租的方式获得了对抗国家的能力。同时，随着企业力量的增大，社会个体也失去了与企业抗衡的能力，只能以劳务合同的形式成为企业的附庸，也即成为劳动者。[①] 劳动关系属于企业的内部管理关系；如此，蜕变为劳动者的社会个体在企业出现之后也失去了平等人格。此外，企业是个体利益最大化的组织，因此近代社会中无法真正禁止企业剥削劳动者的行为，甚至从某种意义上来说还持一种鼓励的态度。事实证明企业对于现代社会二元体制的破坏是非常剧烈的，并在19世纪下半叶逐渐转变为社会的主要矛盾，甚至诱发了政治革命。

第二，在市场组织层面企业的出现破坏了社会个体在经济上的抽象平等人格。近代社会中的平等人格也体现在契约身份的互换性上，或者说生产者与消费者身份的互换；简言之，一契约中的生产者可以是它契约中的消费者。如此，即便某社会个体在甲契约中遭遇生产者与消费者力量的不平等，也可以在身份互换后在乙契约中得到补偿。这种生产者和消费者身份的互换性至少在哲学层面保证了社会个体在所有的交易中能够整体性地获益，而不

---

① 参见常凯：《论不当劳动行为立法》，载《中国社会科学》2000年第5期。

是一直受损。因此抽象的平等个人虽然在形式上不考虑个体之间的实质不平等,但在逻辑上也具有一定的自洽性。然而,在具有市场力量的企业出现之后,个体在绝大多数的交易中再也无法成为能够匹敌企业的生产者,从而被迫一直转变为消费者。一旦社会客体彻底蜕变为消费者之后,个体只能依赖生产者提供的信息来购买商品,从而导致生产者与消费者之间形成了实质不平等的契约关系(或者说消费关系)。①

第三,在社会组织层面过度追求个体利益最大化又诱使企业破坏社会利益。虽然近代社会提倡个体的绝对自由,但这并不意味着近代社会完全忽视社会利益,只是近代社会假设个人利益最大化与社会利益最大化趋同。② 这个假设得以满足的主要途径有二:竞争机制与契约的内部化机制。首先,竞争机制可以保障个体利益的最大化;若每个个体都不愿通过竞争获利,那么社会就会变为"死水一潭"。但第二次工业革命一方面造就了独占状态的垄断企业,另一方面也因合作产生了垄断组织(如卡特尔、辛迪加、托拉斯等),二者均大大削弱了竞争机制。③ 此时,市场机制不受任何主体干预的假设破灭。其次,个体利益最大化与社会利益最大化的趋同必然要求契约行为产生的成本只能由契约当事人承担,此即契约的内部化机制。但随着第二次工业革命的发展壮大,契约的负外部性问题开始凸显,④其中最为严重的即是工业污

---

① 参见谢晓尧:《欺诈:一种竞争法的理论诠释——兼论〈消费者权益保护法〉第49条的适用与完善》,载《现代法学》2003年第2期。

② 参见丁晶、袁志刚:《政府干预和自由放任经济思想的演变与现实意义》,载《经济研究导论》2012年第9期。

③ 参见[美]戴维·J.格伯尔:《二十世纪欧洲的法律与竞争》,冯克利、魏志梅译,中国社会科学出版社2004年版,第89~91页。

④ 参见张维迎:《经济学原理》,西北大学出版社2015年版,第302~305页。

染问题。[①] 这暗示着近代社会向现代社会的演进，也预示着行业规制法律的出台。

二、行业规制的经济学基础

理性经纪人的假设从经济学的角度来说就是崇尚市场的假设，认为市场机制可以纠正所有的问题，因此从这种意义来说崇尚市场也就意味着接受市场本身是可以自洽运行的。随着现代社会的深入发展，不能自洽运行的市场逐渐显露出来。由于这些市场不能自洽运行，我们就需要通过政府干预来创制市场规则，以外力改变市场主体、交易客体、交易条件、竞争关系等来进行市场的模拟（mimic）运行。这些法律往往被大家称为行业规制法。行业规制法与民法和竞争法修补自创生市场中的某些环节不同，其旨在从无到有拟制市场要素，并使市场机制在拟制的环境中发挥作用。不能自洽运行的市场或者说"体系不完善的市场"在学界往往被称为市场失灵（market failure）。从 20 世纪下半叶始，经济学界就从多个角度证明市场失灵的存在，并提出各种解决方案，关于电信行业呈现的各种市场失灵的情况参见本书第六章第二节的论述。在此我们仅仅论述市场失灵与行业规制（或者说政府干预）之间的关系；换言之，是否存在市场失灵就一定意味着行业规制？

美国是国际上最早形成监管制度的国家。19 世纪末美国铁路州际商务委员会的成立标志着美国经济监管历史的开始。美国对于当时刚刚兴起的铁路行业实行监管的理由是：铁路将整个国家联结在一起，消除了各州的边界，从而使其成为当时的关键产

---

① 参见肖晓丹：《法国城市工业污染管制模式溯源（1810—1850）》，载《世界历史》2017 年第 2 期。

业。因此,美国为避免车票价格波动,也防止垄断的铁路公司制定歧视性价格对市场进行操纵,建立了这一监管制度,以确保公众的利益。这一监管制度也在一定程度上证明了自由经济体制下对垄断行业中私人经济进行监管的有效性。随后,经济监管的思想开始延伸到电信领域。自此美国逐渐偏离了“政府是守夜人”原则,不断加强政府对微观经济的干预。①

最早分析市场经济与政府干预的学说为“公共利益”(public interest)理论。该理论认为只要存在市场失灵就需要政府干预。②直到20世纪60年代,公共利益理论一直是主流的证券监管理论。根据凯恩(Edward J. Kane)的研究,公共利益理论溯源于庇古(Pigou)和萨缪尔森(Paul Samuelson)有关福利经济学的研究。传统公共利益理论通常从亚当·斯密(Adam Smith)“看不见的手”出发,在市场失灵的基础上论证监管的必要性并设计监管制度。按照这一研究路径,由于市场失灵的客观存在,需要政府使用“看得见的手”进行必要的干预,以促进稀缺资源的优化配置,最大限度地增进社会福利。③

公共利益理论把政府对市场的规制看作政府对公共利益和公共需要的反应,它包含这样一个理论假设,即市场是脆弱的,如果放任自流,就会导致不公正或低效率。所以,政府规制是针对私人行为的公共行政政策,是从公共利益出发而制定的规则,目的是防止和控制受规制的企业对价格进行垄断或者对消费者滥用权力,

---

① 参见杨凤:《政府监管的一种规范分析——传统公共利益理论述评及其政策应用》,载《经济纵横》2007年第24期。

② See Richard Posner, *Theories of Economic Regulation*, The Bell Journal of Economics and Management Science, Vol. 5:2, p. 335-358 (1974).

③ 参见岳彩申、王俊:《监管理论的发展与证券监管制度完善的路径选择》,载《现代法学》2006年第2期。

具体措施包括控制进入、限定价格、确定服务条件和质量及规定在合理条件下服务所有客户时应尽的义务等；并假定在这一过程中，政府可以代表公众对市场作出一定理性的计算，使市场规制过程符合帕累托最优原则。公共利益理论得到了很多经济学者的认可和支持，他们都把政府规制看作对市场失灵的反应。他们通过对市场失灵的分析，表明市场失灵会导致资源的误置，认为政府应通过实施市场规制政策而采取行动以矫正这些失灵。①

但由于政府干预所产生的“干预过多和监管不到位”的问题，后续经济学家又提出了“监管失灵”（regulation failure）的理论。该理论认为公共利益理论假定政府干预没有成本，并且能够有效纠正市场失灵；但政府的干预并不总是有效率的，干预过多或者过少一方面会导致越改越乱、越乱越改的无效干预，另一方面也会导致某些市场主体实施管制套利（regulatory arbitrage）的行为。管制失灵的存在甚至使20世纪中期的经济学界反对政府干预。较有代表性的理论有二：其一，以斯蒂格勒（Stigler）为代表的经济学家们构建了“政府捕获论”（capture theory），他们认为政府监管并非总是服务于大众利益，也可能是私个体寻租（或者说政府被捕获）的结果，并由此认为政府干预在大多数情况下是不效率的。② 其二，以哈耶克（Hayek）为代表的新奥地利经济学派则认为任何企图改善市场条件的政府干预最终都会失败。③ 一直到20世纪70年代新制度经济学出现之后，市场失灵与管制失灵的紧张局面才得以缓解。新制度经济学认为市场失灵并不必然导致政府干预，

---

① 参见王万山：《市场规制理论研究述评》，载《江苏社会科学》2004年第6期。

② 参见王万山：《市场规制理论研究述评》，载《江苏社会科学》2004年第6期。

③ See Friedrich A. Hayek, *Law, Legislation and Liberty*, The Mirage of Social Justice, Vol. 2, p. 142(1982).

政府干预只有在收益高于成本的时候才具有合理性;同时,政府干预的目的应当是降低交易成本,[①]并且待竞争机制能够发挥作用之后退出市场,或者说不再规制(deregulation)。[②] 如果这些目的不能实现,那么宁可让市场持续失灵,也不进行政府干预,否则就会造成双重伤害。

三、行业规制与反垄断之间的关系

行业规制法的制定非常复杂。实际上多数国家在成体系地颁布电信法之前都曾经让反垄断法一度承担着行业规制的职能,这主要是通过反垄断法中的承诺机制来实现的。承诺机制在美国被称为 consent decrees,在欧盟被称为 commitment decisions。承诺机制在《谢尔曼法》中并未被提及,是在执法实践中形成的一种特别程序。承诺机制属于广义的和解程序之一,[③]其实质内容是,在执法过程中[④]反垄断执法机构认可被调查的经营者所提出的整改条件,是为了以不处罚的形式结案。

历史上第一例承诺结案的案件是美国 1906 年的"奥的斯电梯公司案"。[⑤] 承诺机制具有节约执法资源的优势,[⑥]可以保证执法

---

① See Ronald Coase, *The Problem of Social Costs*, Journal of Law and Economics, Vol. 3, p. 1 - 44(1960).

② See Jon Stern, *What the Littlechild Report Actually Said*, The UK Model of Utility Regulation, p. 7 - 31(2003).

③ 参见刘水林:《反垄断法实施的协商制研究》,载《法商研究》2015 年第 3 期。

④ 由于各个国家或地区反垄断执法程序的不同,承诺既可以在反垄断行政调查中提出(以欧盟和我国为代表),也可以同时在反垄断诉讼中提出(以美国为代表)。

⑤ United States v. Otis Elevator Company, 1 CCH, Decrees & Judgments in Federal Anti-Trust Cases 107 (N. D. Cal. 1906).

⑥ See Giovanna Massarotto, *The Deterrent and Enunciating Effects Consent Decrees*, Journal of Competition Law and Economics, Vol. 8:3, p. 1 - 7(2015).

机构迅速结案,因此可以很好地应对执法时间过长与市场创新过快的矛盾。鉴于承诺机制的各种优点,美国在1914年制定的《克莱顿法案》中对之予以立法确认。在20世纪下半叶反垄断法向全世界扩张的过程中,承诺机制也被认为是优秀的反垄断程序机制而被各个国家或地区(如欧盟[①]和我国[②])所移植。承诺机制依据其效果不同可以分为两类:一是以停止已经发生的垄断行为为核心的承诺(消极性承诺);二是以规制尚未发生的行为为核心的承诺(积极性承诺)。消极性承诺跟处罚式的执法模式类似,二者均以停止涉案违法行为作为主要目的,也即以施加消极性义务为要件。二者的区别在于消极性承诺案件无须作出复杂的经济分析,同时也没有处罚措施。从实质而言,在消极性承诺中当事人是通过提前承认自己行为的违法来换取反垄断执法机构免于处罚的和解的。这种形式在20世纪上半叶被广为使用。[③] 在我国的执法实践中也已经存在消极性承诺的形态。比如,在2014年"北京盛开体育发展有限公司垄断案"中,反垄断执法机构在当事人承认违法事实并停止违法行为之后,决定中止调查;并于一年后作出了终止调查不予以处罚的公告。[④]

但消极性承诺并未冲击处罚式的执法模式,而是后者的有效补充。对于处罚式的模式冲击最大的是积极性承诺。处罚式的执法模式是对已经发生垄断行为进行事后性的禁止(ex post regulation),这有别于以事先监管(ex ante regulation)为代表的行

---

① Council Regulation (EC) No. 1/2003, [2003] O. J. L. 1/1, Article 5 and 9.

② 《反垄断法》第45条。

③ See Burnham Carter, *The Sherman Antitrust Blackjack*, American Mercury, Vol. 52, p. 427(1941).

④ 国家工商总局竞争执法公告2014年第14号;国家工商总局竞争执法公告2015年第1号。

业监管法。[①] 而积极性承诺则是通过当事人对于尚未发生的行为施加积极性义务,来保证未来的市场机制不会受到损害。这种积极性义务一方面突破了反垄断法事后管制的处罚式执法模式,另一方面也赋予了反垄断法一定程度的行业监管职能。[②]

积极性承诺的出现主要是为了应对传统管制行业的改革。欧美在经历了 20 世纪 70 年代的金融危机之后,社会大众开始抱怨传统的政府管制。[③] 同时,芝加哥学派也在理论层面极力呼吁管制行业的去管制化。虽然传统的政府管制在二者的倒逼之下迅速倒台,但新型的管制措施并不能马上出台。于是行业监管开始出现真空期,积极性承诺正是在这种情形下应运而生。[④] 具有划时代意义的积极性承诺案件是美国 1982 年的"美国电话电报公司案"。[⑤] 该案中的承诺使当时世界上最大的电信公司——美国电话电报公司被分拆,并承担互联互通等一系列积极性义务。而美国的《电信法案》(Telecommunications Act)直到 1996 年才颁布,该案中的承诺在 20 世纪 80 年代和 90 年代实际上承担了电信行业监管的职能。[⑥] 随后美国大部分的承诺案件都可以归为积极性

---

① See George Psarakis, *Sector-specific Regulation and Competition Law in the Electronic Communications Sector against the Backdrop of the Internal Market*, European Competition Law Review, Vol. 28:8, p. 456 – 463 (2007).

② See Douglas Melamed, *Antitrust: The New Regulation*, Antitrust, Vol. 10: 1, p. 13 – 15 (1995).

③ See Geoffrey Owen, *Industrial Policy in Europe since the Second World War: What Has Been Learnt?*, ECIPE Occasional paper, (2012), http://eprints.lse.ac.uk/41902.

④ Niamh Dunne, Competition Law and Economic Regulation, p. 69 – 72.

⑤ United States v. AT&T, 552 F. Supp. 131 (DDC, 1982).

⑥ See Tim Wu, *The Master Switch: The Rise and the Fall of Information Empires*, New York: Alfred A. Knorf, p. 248 – 249 (2010).

承诺,在本质上都是为了实现反垄断法的行业监管职能。[①]

这种和解式的执法模式也逐步被其他法域所接受和移植。比如,欧盟在2002年电信监管法律颁布之前,[②]也是通过积极性承诺来推进电信行业的改革。[③] 在我国的电信行业反垄断案中积极性承诺的案件也已经出现。2012年国家发展和改革委员会在"电信联通案"中接受中国电信和中国联通的承诺:(1)尽快与骨干网运营商进行扩容;(2)降低与其他公司的互联价格,进一步提升互联互通质量;(3)进一步规范互联网专线接入自费管理,按照市场规则公平交易,适当降低自费标准;(4)大幅提升光纤接入普及率和宽带接入速率,5年内公众用户上网单位贷款价格下降35%左右。[④] 这些承诺的内容大大超出了我国《反垄断法》中规定的法定处罚措施(停止违法行为、没收违法所得、罚款),已经接近或者类似于电信行业监管的内容。在这个发展过程中,反垄断法一方面突破了处罚式的执法模式所拘泥的消极性义务,另一方面也发展出一定的行业监管的职能。积极性承诺的出现使反垄断法弥补了传统行业监管缺位所造成的真空地带,并为后续"去管制化"的新型行业监管措施提供了宝贵的执法经验。

---

① See Fred McChesney, *Be True to Your School: Chicago's Contradictory Views of Antitrust and Regulation*, in Fred McChesney & William Shughart Ⅱ, eds., The Causes and Consequences of Antitrust: The Public-Choice Perspective, Chicago: University of Chicago Press, 1991, p. 323.

② See Laurent Gazaniti & Matthew O'Regan, *Telecommunications, Broadcasting and the Internet: EU Competition Law and Regulation*, 3rd revised edition, 2010, Chapter Ⅰ.

③ See Pierre Larouche, *EC Competition Law and the Convergence of the Telecommunications and Broadcasting Sectors*, Telecommunications Policy, Vol. 22: 3, p. 219 - 242(1998).

④ 参见王晓晔:《中国电信、中国联通涉嫌垄断案的再思考》,载《交大法学》2013年第2期。

第二节　我国电信改革的演进与成就

一、电信规制改革的理论争议

电信业务自产生之初就受到政府的严格规制，世界范围内的电信规制以20世纪80年代为界大致可以分为两个时期：国有垄断时期与市场运营时期。国有垄断时期的电信规制主要存在两个特征：第一，各国均将电信行业看作是自然垄断行业，认为其无法进行市场化运行。至20世纪70年代，经济学界均认为电信行业“存在大量的固定成本，重复建设一个网络对个人和社会而言都将无利可图”。[①] 但该论断并未得到较为充分的论证。[②] 其最早的记载是1913年美国电话电报公司对美国商务部作出的“金斯伯利承诺”(Kingsbury commitment)。[③] 不过这个承诺在很大程度上属于政治性操作。自此，美国电话电报公司获得了电信业务的法定垄断经营权，同时美国政府也获得了电信行业的监管权力。随后的两次世界大战及战后的重建工作也使各国无暇对这个论断进行深入思考。第二，也正是因为电信业被视为自然垄断行业，各国均将电信业务作为政府公共服务的一部分，交由邮电主管部门进行国

① [法]让·雅克·拉丰、[法]让·梯若尔：《电信竞争》，胡汉辉等译，中国人民大学出版社2017年版，第2页。

② See Richard T. Shin and John S. Ying, *Unnatural Monopolies in Local Telephone*, The RAND Journal of Economics, Vol. 23：2, p. 171 – 183(1992).

③ See Diane Katz, *A Telecommunications Policy Primer*：20 *Comprehensive Answers to* 20 *Basic Questions*, Researchgate (2004), https://www.researchgate.net/publication/237518908_A_Telecommunications_Policy_Primer_20_Comprehensive_Answers_to_20_Basic_Questions.

有国营。这个时期的唯一例外是美国——美国电话电报公司一直都是私营企业。不过,鉴于美国电话电报公司的法定垄断地位以及美国政府对电信行业的严格管控(包括对各种形式的价格管控),[①]美国的这种私营模式并非真正的市场运营模式,跟其他国家的国有垄断模式具有类似的效果。

电信业现代化改革的标志性事件是1984年美国电话电报公司被分拆及同年英国电信公司(British Telecom)的民营化。这两个事件的发生主要源于两个社会认知层面的转变。首先,20世纪70年代之后世界经济增速普遍放缓,失业率、通货膨胀率开始提高。[②] 尤其是在进入80年代之后,国营企业生产效率的低下以及巨额财政赤字的现象使各国政府开始放缓对国营电信运营商的经济支持,并开始思考电信行业的改革路径。[③] 其次,技术进步使电信网络的建设成本大大降低,电信行业的自然垄断开始被广泛质疑,从而迫使政府逐步放松规制。最早的放松规制发生在20世纪70年代的美国,当时微波技术的商业化使长途固定电话业务的规模效应大大降低,美国开始决定在长途固定电话领域引入新的竞争者。[④] 随后,欧盟在20世纪90年代也发现固定电信业务领域的经营者拥有30%左右的市场份额即可实现规模效应,而移动电信业务领域则更低,大致在20%左右,因此也开始实施

---

① See Richard D. Taylor, *The Next Stage of U. S. Communications Policy: The Emerging Embedded Infosphere*, Telecommunications Policy, Vol. 41, p. 1039 – 1055 (2017).

② See Nicolas Crafts, *British Relative Economic Decline Revisited: The Role of Competition*, Explorations in Economic History, Vol. 49:1, p. 17 – 29(2012).

③ See Chris Edwards, *Margaret Thatcher's Privatization Legacy*, Cato Journal, Vol. 37:1 (2017).

④ 参见[法]让·雅克·拉丰、[法]让·梯若尔:《电信竞争》,胡汉辉等译,中国人民大学出版社2017年版,第3页。

全面改革。[①]

初期的电信改革主要围绕国有运营商的民营化(privatization)与市场运行的自由化(liberalization)这两个层面展开。[②] 国有运营商的民营化旨在解决先前电信行业国有国营的局面。民营化的改革主要促生了两个原则:第一,通过建立独立的电信监管机构,实现电信监管与电信运营的政企分离;第二,通过建立现代化的公司制度引入民营资本,并对原国有运营商进行产权改革。市场运行的自由化则是指取缔原国有电信运营商的垄断经营权,放开电信经营牌照的批准制度。在改革之初,这两个措施被经济学界认为是电信行业改革的主要目标,甚至直至20世纪90年代还存在二者何者先行的论战。[③] 早期的学者大都认为民营化的意义要高于自由化,这使东欧国家在社会改革的初期都把国企的快速民营化作为市场化的主要手段。[④] 但“阵痛改革”在这些国家的失败让学界在20世纪90年代末意识到单独强调民营化并不利于电信行业的可持续性发展。[⑤]

此外,在20世纪90年代之前,国际电信改革的重点均为民营化和自由化,甚至彼时的经济学研究也以这两个措施作为衡量各

---

① Commission Recommendation of 7 May 2009 on the Regulatory Treatment of Fixed and Mobile Termination Rates in the EU, O. J. L. 124/67, 20. 5. 2009, Annex.

② 参见刘孔中、王红霞:《电信民营化与自由化之冲突与调和》,载《经济法论丛》2013年第1期。

③ See Agustin J. Ros, *Does Ownership or Competition Matter? The Effects of Telecommunications Reform on Network Expansion and Efficiency*, Journal of Regulatory Economics, Vol. 15, p. 65 - 92 (1999).

④ 参见[美]斯科特·沃尔斯顿:《在规制和民营化之间:改革的顺序选择——以电信行业改革为例》,费丽萍、孙宽平译,载《经济社会体制比较》2003年第3期。

⑤ 参见郑世林:《中国电信部门市场化改革绩效研究——基于规制、竞争、产权的交互作用》,“2010年中国产业组织前沿论坛”会议论文,2010年7月于大连。

国电信行业改革成效的主要指标。① 在电信改革初期，各国对电信行业的市场化运行均持异常乐观的态度，认为民营化和自由化政策实施之后电信行业的充分竞争将会很快来临，因此这个阶段的改革也被称为“放松规制”（deregulation）。但后续的发展表明民营化和自由化并不能让电信行业立即呈现充分竞争的状态，反而导致了更多规制措施的出台。比如，美国在 1984 年拆分美国电话电报公司之后并未制定电信法，而是以美国电话电报公司的承诺作为电信行业改革的运行基础；但后来发现完全的放松规制不可行，不得不于 1996 年颁布了电信法。② 又如，英国在对英国电信公司进行民营化改革之初预计 5 年之后就可以完全放开规制，但之后也发现电信规制不可能马上停止。③ 再如，新西兰在 20 世纪 80 年代开放电信业之后仅以反垄断法来规制该行业，但是随后十余年间浮现的垄断问题迫使新西兰在 2001 年颁布了电信法。④ 因此，也有学者提出放弃放松规制的说法，而使用“再规制”（reregulation）的措辞。⑤ 过去三十多年的实践证明民营化和自由

---

① See Carsten Fink, Aaditya Mattoo and Randeep Rathindran, *An Assessment of Telecommunications Reform in Developing Countries*, Information Economics and Policy, Vol. 15:4, p. 443 – 466 (2003).

② See Fred McChesney, *Be True to Your School: Chicago's Contradictory Views of Antitrust and Regulation*, in Fred McChesney & William Shughart Ⅱ, eds., The Causes and Consequences of Antitrust: The Public-Choice Perspective, Chicago: University of Chicago Press, 1991, p. 323.

③ See Martin Cave, 40 *years on: An Account of Innovation in the Regulation of UK Telecommunications, in* $3^{1/2}$ *Chapters*, Telecommunications Policy, Vol. 41, p. 904 – 915 (2017).

④ See Damien Geradin, Isabel Neto & Michel Kerf, *Antitrust vs. Sector Specific Regulation in Telecom: A Close Look at Interconnection*, SSRN (Mar. 1, 2006), http://ssrn.com/abstract=886305.

⑤ See Christopher S. Yoo, *Deregulation vs. Reregulation of Telecommunications: A Clash of Regulatory Paradigms*, Journal of Corporation Law, Vol. 36, p. 847 (2011).

化只是电信行业改革的手段之一，维持和促进电信行业的竞争还需要配套的放松规制措施。①

二、我国电信行业的放松规制

我国从 1994 年开始的电信改革基本上遵循了国际电信改革的民营化、自由化、放松规制三种措施。但我国在改革的过程中采取了较为保守的策略，并且每个时期都有所侧重。

1994 年中国联通是自由化改革的产物，由当时的电子工业部、电力部、铁道部三家共建，成立之前曾遭到原邮电部的强烈反对。② 当时，国际电信业的自由化改革主要有两种模式：一种是以美国为代表，拆分原垄断运营商；另一种是以英国为代表，在垄断运营商之外新建一个运营商。③ 中国联通的成立在一定程度上借鉴了英国电信改革的经验。在成立之后，中国联通获得了全业务经营的电信牌照，包括固定业务与移动业务。中国联通的成立是我国电信行业自由化改革的标志性事件，自此我国的电信业从完全垄断的市场结构转变为有限竞争的市场结构。但我国在这个阶段除了创建中国联通之外几乎没有设置任何配套措施。当时原邮电部政企合一的组织模式大大限制了中国联通的发展，直至 1996 年年底中国联通的市场份额也不足 2%，远没有实现改革的预期目标。④

---

① 参见张昕竹：《论垄断行业改革的理论基础》，载《经济社会体制比较》2011 年第 3 期。

② 参见张宇燕：《国家放松管制的博弈——以中国联合通信有限公司的创建为例》，载《经济研究》1995 年第 6 期。

③ See David Parker, *Privatization of the UK's Public Utilities: The Birth of the Policy* 1979 – 1984, Annals of Public and Cooperative Economics, Vol. 87:1, p. 5 – 22 (2016).

④ See Becky P. Y. Loo, *Telecommunications Reforms in China: Towards an Analytical Framework*, Telecommunications Policy, Vol. 28, p. 697 – 714(2004).

此后的改革标志着我国全方位电信改革的开启,以自由化和民营化为主要手段。我国这个阶段的改革与欧盟在 2002 年之前的改革思路大体类似,主要侧重于民营化和自由化改革。民营化改革的代表性事件是原邮电部的政企分离和电信运营商的海外上市。对于前者,我国于 1998 年在原邮电部和电子工业部的基础上成立了信息产业部(现为工业和信息化部),开启了邮电分离、政企分离的政府体制改革。[①] 对于后者,鉴于东欧国家民营化改革的失败,我国没有对原国有运营商实施全面民营化的策略,而是采取了通过 IPO 方式逐步民营化的改革战略:先是广东和浙江移动分公司在 1997 年被单独剥离后在香港和纽约试验性地上市;接着中国联通、中国电信、中国网通又相继在海外上市。[②] 此外,中国联通还于 2002 年在上海股票交易所上市。[③]

自由化改革主要体现为对原中国电信的分拆和重组。当时的改革面临两种选择:一是扶植既有竞争者使其做大做强,二是将原中国电信进行拆分。[④] 但第一种选择难以在短期内形成具有竞争力的运营商,我国最终采取了第二种选择,其思路类似于美国拆分美国电话电报公司的举措。原中国电信在 1999 年和 2001 年被两次拆分,先后建立了中国移动(负责移动通话)、中国电信(负责固网南方 21 省市)、中国网通(负责固网北方 10 省市)、中国卫通(负责卫星通信)等四个运营商。加上中国联通,以及新成立的中

---

① 参见史际春、肖竹:《反公用事业垄断若干问题研究——以电信业和电力业的改革为例》,载《法商研究》2005 年第 3 期。

② 参见顾强、郑世林:《中国电信体制改革政策配套效果研究》,载《中国工业经济》2012 年第 8 期。

③ 参见张雪湄:《联通"A"计划》,载《计算机周刊》2002 年第 Z5 期。

④ 参见王学庆:《中国电信业重组:改革的目标、步骤与方案设计》,载《管理世界》2001 年第 6 期。

国铁通，形成了"六大运营商"相互竞争的市场结构。这次拆分大体上遵循了电信运营商分业经营的思路，在每种业务领域或者每个地区形成了"一大一小"的双寡头格局。但这次分业经营的改革从一定程度上来说是逆世界电信发展潮流的，事后也被证明是失败的。这主要是因为：一方面，20 世纪初三网融合已经成为电信业的主流发展趋势，分业经营使运营商难以充分利用电信网络的范围经济优势；另一方面，此时的电信业开始呈现从固定业务向移动业务转移的趋势，拆分后反而形成了中国移动一家独大的局面，破坏了竞争的平衡。为解决这些问题，我国在 2008 年借助颁发 3G 牌照的契机对电信业进行了再次重组。在这次重组中，"六大运营商"被分拆合并为目前的三大电信运营商，即中国移动、中国电信、中国联通。同时，电信经营又回到第一阶段的全业务竞争的思路，三家运营商都获得了全业务经营的牌照。

前两个阶段的改革存在两大缺憾：一是未允许民营资本独自经营电信基础业务；二是没有实现传统电信网络与广电系统的融合。针对这些问题，我国在 2012 年开启了第三个阶段的改革，这一阶段最大的特征是民营化与放松规制。该阶段先后共出台了四项重要举措：一是在 2012 年开放两个电信业务的市场准入，即固定宽带接入的转售业务与移动通信的转售业务。① 二是在 2014 年放开各类电信业务资费的价格规制，全面实施市场定价机制。② 三是在 2014 年成立中国铁塔股份有限公司，将电信网络的设施建设与业务运营进行剥离。③ 四是国务院在 2015 年明令将三网融合

---

① 参见工业和信息化部《关于鼓励和引导民间资本进一步进入电信业的实施意见》。

② 参见工业和信息化部《关于电信业务资费实行市场调节价的通告》。

③ 参见王春晖：《中国铁塔的性质与使命》，载《中国电信业》2014 年第 12 期。

的商业化实施扩大到全国范围，开展传统电信业务与广播电视业务的“双向进入”制度。[①] 三网融合在我国的命运多舛，国务院在2010年就启动了三网融合，[②]但由于传统电信运营商与广电运营商之间的利益争执，进展并不顺利，甚至出现了中国电信和中国联通关闭电视宽带运营商网络接入的情形。[③] 在国务院再次发文之后，中国电信、中国联通、中国移动在2015年先后获得IPTV的经营牌照；[④]中国广播电视网络有限公司在2016年获批固定宽带和固定通话业务的全国经营牌照，[⑤]又在2020年取得5G移动牌照。[⑥]

三、我国电信改革的成就

在过去的近三十年间，我国电信改革经历了三个重大转变：(1)从完全的国有化到不完全的民营化(国有运营商的产权改革)的转变；(2)从不完全的自由化(竞争仅在国有运营商之间展开)到部分自由化(部分放松民营运营商的市场准入)的转变；(3)从完全规制到部分放松规制的转变。回顾过去，我国在电信改革中取得了如下三个方面的成就。

---

① 参见国务院办公厅《关于印发三网融合推广方案的通知》。

② 参见国务院三网融合工作协调小组办公室《关于三网融合试点工作有关问题的通知》。

③ 参见王晓晔：《中国电信、中国联通涉嫌垄断案的再思考》，载《交大法学》2013年第2期。

④ 参见贾敬华：《拿到IPTV牌照　中国移动能否改写市场格局》，载百度网百家号2018年6月15日，http://baijiahao.baidu.com/s?id=1603297137933698945&wfr=spider&for=pc。

⑤ 参见钟涛：《第四家基础电信业务运营商？中国广电入局容易破局难》，载《微型计算机》2016年第18期。

⑥ 参见张辛欣：《工业和信息化部将于近期发放5G商用牌照》，载中国政府网，http://www.gov.cn/xinwen/2019-06/03/content_5397092.htm。

（一）社会主义公有制经济成为电信业的有力保障

我国在20世纪90年代初通过创设中国联通开始尝试改革，但一直到90年代末才真正着手改革。虽然这比西方主流国家晚了将近二十年，但这迟滞的二十年却给了我们学习其他国家（尤其是东欧国家）改革成败的观察期。也正因如此，我国在改革之初对民营化采取了审慎态度，选择了通过分拆原国有电信运营商的自由化竞争之路。这种改革策略很好地保障了社会主义公有制在电信行业的贯彻实施，开创了中国特色的电信改革之路。

我国电信改革的目标之一是提高电信业务的普及率，即增加市场的容量。在2010年之前我国电信改革主要通过拆分原来的中国电信以及新建国有电信运营商进行。这期间电信行业的改革确实大大提高了我国电信业务的现代化水平，并且成功推出了我国自己研发的3G标准TD-SCDMA。但是，经过十几年的改革之后我国的重要电信业务普及率依然不够理想。在2010年之后，我国电信改革从分拆和合并原有的国有电信运营商，开始逐渐向两个方面进行转化：一为三网融合，二为向民间资本开放。

从上述数据可以看出，我国借助后发国家的优势在电信网络建设方面已经开始采用新的技术。这主要表现在我国的固定宽带速率和移动宽带速率已经超过世界平均水平。尤其是固定宽带网络的建设方面，我国在全国范围内推广“光纤到户”的战略。[①] 目前，我国的固定宽带速率远超世界平均水平，已经达到发达国家的水平。但是根据国际电信联盟2020年发布的统计数据，我国在电信业务的普及方面在世界上处于较低的水平，移动电话每百人拥

① 参见工业和信息化部、国家发展和改革委员会、科学技术部、财政部、国土资源部、住房和城乡建设部、国家税务总局《关于推进光纤宽带网络建设的意见》（工信部联通〔2010〕105号）。

有数量以及互联网的普及率都排在世界百名开外。由此可以看出,目前,电信业务的普及是我国电信行业的主要任务。

此外,我国在坚持公有制为主导的原则之下,也对国有运营商进行了股权方面的民营化改革。国有运营商的产权改革内嵌于国有企业的整体改革之中。中国特色的民营化改革造就了现代化的公司制国有运营商,让国有运营商摆脱了行政性负担,激励企业不断改善生产效率,极大地促进了电信行业的增长。① 更为重要的是,以公有制为主体的运营模式较好地平衡了提升企业利润与保障社会公共利益之间的矛盾。与欧盟相比,我国在电信网络的设施建设方面呈现后来居上的趋势,这一方面与发展中国家的后发优势相关,另一方面也要归功于公有制对电信业的强力支持。同时,对电信网络的投资升级也为我国实现从传统制造向智能制造的转型奠定了较好的基础。②

(二)自由化改革形成了较好的寡头竞争格局

我国电信行业的自由化改革主要依靠拆分原中国电信进行,这与20世纪90年代末学界的认知转变相互契合——相对于民营化来说,自由化改革之后形成的竞争机制更为重要。③ 我国在历史上曾有过通过扶植新的运营商(中国联通)来促进竞争的举措,但无论是我国的实践还是国际经验都表明新扶植的运营商很难在短期内改变市场竞争格局,而拆分原国有运营商则可以较为迅速地形成竞争局面。但我国在拆分的过程中也曾经走过弯路,也即在1998~2008

① 参见郑世林、张昕竹:《经济体制改革与中国电信行业增长:1994—2007》,载《经济研究》2011年第10期。

② 参见周济:《智能制造——“中国制造2025”的主攻方向》,载《中国机械工程》2015年第17期。

③ 参见[美]斯科特·沃尔斯顿:《在规制和民营化之间:改革的顺序选择——以电信行业改革为例》,费丽萍、孙宽平译,载《经济社会体制比较》2003年第3期。

年的分业经营举措，造成了难以充分利用电信网络范围经济的缺憾，不过这也在2008年的重组中得到了解决。截至2019年，我国的电信市场已经形成相对较好的三寡头竞争格局（见表3－1）。电信行业中的垄断红线一般为60%的市场份额；换言之，当某个运营商的市场份额超过60%时，其他运营商就没有办法与之有效竞争。[①] 我国在所有的电信业务领域中未出现一家运营商的市场份额超过60%的情形。

表3－1　2019年年底我国电信行业的市场结构

单位：%

电信业务	中国移动	中国电信	中国联通	其他运营商
固定通话	14.1	57.6	28.3	0
移动业务	57.6	20.4	19.3	2.7
固定宽带	41.7	33.6	18.6	6.1

资料来源：根据工信部2020年年初的统计公报和三大运营商2020年年报整理。

运营商之间的竞争改革使我国的电信改革展现出举世瞩目的成就：从1995年至2019年移动电话普及率提升了381倍，[②]互联网用户数量提升了1377倍。[③] 同时，电信业务资费水平持续下降；

① See Liyang Hou, *The Assessment of Single SMP: Lessons Learned from the First Round of Market Review*, Competition and Regulation in Network Industries, Vol. 9:1, p. 49－75 (2008).

② 参见《2019年通信业统计公报》，载中华人民共和国工业和信息化部网2020年2月27日，https://www.miit.gov.cn/gxsj/tjfx/txy/art/2020/art_2d61a3d279ba4d53aa944359d20b8d7f.html；《2000年前邮电通信服务水平情况》，载中华人民共和国工业和信息化部网2000年1月10日，https://www.miit.gov.cn/gxsj/tjfx/txy/art/2020/art_a4716b9227fd4ef6900b8f1feb8792a3.html。

③ 参见中国互联网络信息中心：《第44次中国互联网络发展状况统计报告》，载中国互联网络信息中心网2019年8月30日，http://www.cnnic.net.cn/hlwfzyj/hlwxzbg/hlwtjbg/201908/P020190830356787490958.pdf；中国互联网络信息中心：《第一次中国互联网络发展状况调查统计报告》，载中国互联网络信息中心网2021年3月15日，http://www.cnnic.net.cn/hlwfzyj/hlwxzbg/200905/P020120709345374625930.pdf。

比如,2019年的电信资费水平较2018年下降超过30%。电信行业的发展也为我国互联网领域的电信增值业务的繁荣奠定了良好的基础。欧盟没有任何一家互联网企业能够跻身世界前十,而我国能独占四席,①其中就有电信行业改革的功绩。

(三)开启了放松规制的新时代

电信行业2012年之前的竞争基本上只是在国有运营商之间展开,这在改革进入深水区之后开始呈现弊端。一方面,国家控股的现状使三家国有运营商之间的竞争非常"暧昧"。其中既有国有运营商之间主动不竞争的情况,也有电信主管部门要求国有运营商不得竞争的情况。前者如,在2007年中国电信和中国网通签署《电信网通互不竞争协议》,约定在对方领域停止发展用户。②后者如,2009年云南省通信管理局因省内国有运营商的竞争过于激烈,要求所有运营商在礼品赠送、积分反馈等方面必须作统一操作。③ 另一方面,股权改革虽然促使国有运营商建立了现代化的企业运行制度,但这种产权改革的成效已经被缺乏竞争机制所产生的负面效应抵消。④ 从市场表现来看,国有运营商的收入从2010年开始一直呈下降的趋势,甚至在2014年和2015年连续两

---

① See Andrew Bloomenthal, *World's Top 10 Internet Companies*, Invesopedia (June 15, 2019), https://www.investopedia.com/articles/personal-finance/030415/worlds-top-10-internet-companies.asp.

② 参见李会霞:《"互不竞争"合作容易损害公众利益》,载《金融纵横》2007年第12期。

③ 参见国家发展和改革委员会:《云南省通信管理局违反〈反垄断法〉滥用行政权力排除限制竞争被依法纠正》,载中国政府网,http://www.gov.cn/xinwen/2015-06/03/content_2872715.htm。

④ 参见郑世林:《市场竞争还是产权改革提高了电信业绩效》,载《世界经济》2010年第6期。

年呈现负增长。[①]

我国在最近改革中采取的措施均是围绕上述问题展开的。具体而言,主要有如下四点:首先,放开电信业务的价格规制进一步强化了政企分离的电信规制基本原则,防止监管部门滥用行政权力排除、限制竞争。其次,创建中国铁塔将电信网络的设施建设与业务运营进行剥离符合国际潮流。电信网络的基础设施被广泛认为是自然垄断环节,较难引入有效竞争机制。中国铁塔的“垄断”旨在解决基础设施的无歧视共享问题。再次,中国广电作为第四家国有运营商进入电信业既落实了三网融合,也起到了活跃国有运营商之间竞争的“鲇鱼效应”。最后,放开民营运营商的市场准入为行业竞争增加了更多的维度,同时也为消费者提供了更多的选择。

此外,《反垄断法》的实施进一步加强了电信行业放松规制的改革。至 2020 年年初,我国反垄断执法机构在电信行业中的执法案件已达 13 起。[②] 其中,影响最大的是 2012 年的“电信联通案”。该案的外在表现是中国电信与中国联通拒绝提供互联网骨干网的互联服务,但内在原因是电信主管部门的价格规制多年不变,严重不符合市场发展情况,导致其他运营商的运营成本过高。在该案中,反垄断执法机构在电信监管部门规制缺位的情况下较好地解决了互联网骨干网的互联问题与继续建设问题。[③]《反垄断法》的执法工作在电信行业规制之外提供了新的改革维度。种种新举措的出台及实施让我国的电信业在 2016 年之后呈现再次增长的趋势。

---

① 参见《2017 年通信运营业统计公报》,载中华人民共和国工业和信息化部网,https://wap.miit.gov.cn/gxsj/tjfx/txy/art/2020/art_db6a49c248a74e0f843d7032bdaa9fce.html。

② 国家市场监督管理总局反垄断局行政处罚案件,载国家市场监督管理总局竞争政策协调司网,http://www.samr.gov.cn/fldj/tzgg/xzcf/index_9.html。

③ 参见张昕竹、陈剑:《互联网骨干网互联与结算治理模式比较研究及其启示》,载《经济社会体制比较》2013 年第 3 期。

第三节　未来电信改革的解决方案

一、我国电信改革中的问题

虽然我国的电信改革已经取得了诸多成绩，但遗留问题依然很多。从经济运行指标来看，主要表现在以下两个方面：第一，我国电信业的生产效率相对低下。2000 年我国电信业务总量为 3145 亿，[①]2019 年增长为 1.31 万亿，涨幅约为 4.2 倍；但同期我国国内生产总值增长了近 10 倍。第二，我国电信业的整体服务水平偏低，各项指标都不高（见表 3－2）。这意味着继续深化电信行业改革刻不容缓。此外，虽然最近几年我国电信改革的动作频频，但由于缺乏统一改革思想的引领，这些举措一方面略显随意，另一方面缺乏后续措施的保障，新阶段的改革能否真正落地也因此充满了不确定性。总体而言，我国现阶段的电信改革在制度层面主要存在改革不充分、不彻底、缺乏配套机制等三个问题。

表 3－2　2019 年我国电信业务的世界排名

	世界均值	我国	我国排名
固定电话用户数量（部/百人）	17.27	13.45	93
固定宽带用户数量（线/百人）	15.51	28.54	41
移动电话用户数量（部/百人）	111.17	115.53	84
互联网普及率（%）	53.60	54.30	119

资料来源：根据国际电联 2020 年年初的统计数据整理。

① 参见《2000、2001 年通信主要业务》，载中华人民共和国工业和信息化部网 2002 年 1 月 10 日，https://wap.miit.gov.cn/gxsj/tjfx/txy/art/2020/art_108b106d0d1c4d7bae8b8ba514250041.html。

(一)改革不充分的问题

在2012年之前我国的自由化改革举措主要是对国有运营商进行拆分重组,形成三寡头市场结构。虽然每个国有运营商的网络覆盖有所差异,但在全国各个地区基本形成至少两套互相竞争的电信网络,在主要城市形成三个国有运营商相互竞争的市场格局。前面的论述已经指出,对主要的电信运营商采用国有控股的形式是社会主义公有制经济的实现形式,其也使我国在网络升级中较好地把握了发展中国家的后发优势。但从拆分国有电信运营商这个角度来说,我国目前的自由化改革基本已经做到了极致,继续重组现有的国有运营商很难再大幅度地提升电信行业的竞争。因此,2012年之后的自由化改革主要在两个新的层面展开:(1)将电信基础设施建设从电信业务经营中剥离,创建了中国铁塔;(2)向民营运营商开放部分电信市场。目前开放的电信业务仅为固定宽带的转售业务与移动通信的转售业务。这两个举措对深化电信行业的改革有着非常深远的意义,但由于缺乏最终目标以及法律分析框架,尚未形成抽象化、明确化的法治路径,这会影响改革成效的可持续性。

此次改革的第一个维度是剥离电信网络建设中无法实现自由化的建设环节。中国铁塔的创建在电信基础设施领域创造了新的国有垄断经营者,从表面上来看是电信改革的倒退,[①]但却是实现自由化的必需措施。中国铁塔的经营范围是“通信铁塔等基站配套设施”。[②] 电信网络的建设不但涉及公共设施的使用,还涉及使用他人土地及附属建筑物的问题,这可能会造成“通路权”的垄断

---

① 参见巩永华、薛殿中、仲凯旋:《美国铁塔公司运营模式及其启示——AMT租赁价格策略的借鉴》,载《价格理论与实践》2015年第6期。

② 参见中国铁塔简介,载中国铁塔网,https://www.china-tower.com/about?nav=01。

及重复建设的现象。工信部早在2008年就注意到了这个问题，也曾发文要求电信运营商共享共建电信基础设施，以及不得在同地点新建铁塔、同路由新建杆路。[①] 但电信运营商各自为政、独立建站的问题始终未能很好地解决。对难以引入有效竞争的电信环节通过国有垄断的形式进行经营是电信改革的措施之一。但目前的问题是是否还存在其他因无法引入竞争从而可能会实施国有垄断经营的环节尚不确定。现在的电信基础设施全部由国有运营商所有，我国当然也可以通过行政命令的方式将之剥离组建新的国有运营商。但随着电信自由化的深入发展，如果需要将原来国有垄断经营的电信环节改变为由民营运营商所建设并拥有，那么简单的重组显然无法完成这一改革任务。因此，我们有必要事先设置一定的分析框架，用以明确何者可以引入竞争，何者不可以引入竞争，从而必须国有垄断经营。否则，将会伤害民间资本的投资信心。

此次改革的第二个维度是引入民营运营商，扩大自由化改革的深度与广度。目前，民营电信运营商可以进入的电信业务领域仅为固定宽带与移动通信的零售业务。其中，移动通信的转售业务已于2018年正式商用化，[②]但固定宽带的转售业务截至2018年还处于试点运行阶段。[③] 从运行情况来看，[④]这两个改革举措暂时

① 参见工业和信息化部、国有资产监督管理委员会《关于推进电信基础设施共建共享的紧急通知》(工信部联通〔2008〕235号)。

② 参见工业和信息化部《关于移动通信转售业务正式商用的通告》(工信部通信〔2018〕70号)。

③ 参见工业和信息化部《关于深化宽带接入网业务开放试点的通告》(工信部通信〔2018〕220号)。

④ 在固定宽带市场中，除了三大国有运营商之外，其他运营商的市场份额为6.1%(见前述表3-1)，但其中绝大多数的市场份额都由广电系统运营商所持有。

均未达到充分激发民间资本活力的预期。其原因之一是转售业务的“可操作空间较小”,仅开放转售业务无法给予民营资本足够的刺激,而今后民营资本是否可以进入其他电信业务领域又不明朗,所以大部分民营资本还处于观望阶段。[①] 因此,为真正支持民营资本的市场进入,有必要对电信行业的自由化改革进行较为长期的规划,厘清自由化改革的幅度,明确电信业务的准入范围,给予民营资本充分的、明确的上升空间,从而真正实现激发民营资本活力的最终目的。

(二)改革不彻底的问题

改革不彻底的问题主要涉及三网融合的实施。我国的三网融合虽然经历了十余年的发展终于趋近落实,但仍然存在如下两个问题:

首先,目前的三网融合只是业务经营层面的融合,尚未做到规制层面的融合。传统电信业务依然由《电信条例》进行规制,而广电业务则由《广播电视条例》进行调整。虽然三网融合并不意味着二者不能由不同部门法规进行规制,但《电信条例》与《广播电视条例》规制逻辑的差异势必会影响电信业的继续放松规制。传统电信业务的规制只有传输网络的规制,不涉及被传输内容的规制;而广电业务的规制既有传输网络的规制,也有被传输内容的规制。传输渠道的规制会随着竞争的有效开展而逐渐消失,但传输内容的规制则属于社会性规制的范畴,不会随着竞争程度的提升而消失。事实上,广电业务经过数字化的发展已经开始从传统的无线或有线传输向互联网传输转型。随着互联网视听业务的深入

---

① 参见许立东:《我国移动通信转售业务最新发展情况分析》,载《世界电信》2017 年第 2 期。

开展,广电业务在传输层面也开始呈现有效竞争的局面,[①]但《广播电视条例》同时规制传输网络和传输内容的模式却不利于进一步开展放松规制改革。此外,电信业务的管理是中央与省级管理机构的二元体系,而广电业务实行的是县级以上部门的多级监管体系。管理机制的不同也会额外增加三网融合的运营成本。[②]

其次,在业务融合层面三网融合还存在诸多融合不完全的领域。虽然中国广电获得了固定通话的经营牌照,但却受码号资源的限制,目前的固定通话实际上仍然由三大国有电信运营商垄断经营。[③] 固定通话业务的缺失使中国广电在面对国有电信运营商的固定通话、固定宽带、移动通信、IPTV 等“四位一体”的综合经营时处于竞争劣势。这从广电系统在固定宽带领域的市场份额即可略见一斑(见表 3 – 2)。因此,依然有必要继续深化三网融合。

(三)缺乏配套机制的问题

中国联通创建之初的发展经验已经验证了在缺乏保护和扶植措施时仅引入新运营商并不能保持改革的成果。在改革的第三阶段,我国引入了多种所有制形式的新运营商,这既包括中国广电也包括其他民营运营商,但这些新运营商都面临着诸多发展困难。

首先,中国广电虽然获得了 5G 移动通信的经营牌照,但距离真正的商业化运行还有较大的距离。大体而言,中国广电在 5G 网络的铺设过程中面临着两大难题:第一,由于历史原因广电系统并未形成全国一体化运营的网络,因此 5G 的运营需要中国广电

---

① 参见易旭明:《媒体融合背景下的中国传媒产业规制转型——基于互联网媒体与电视规制效果比较的视角》,载《新闻大学》2017 年第 5 期。

② 参见赵瑜:《互联网电视的规制及其政策张力》,载《新闻大学》2016 年第 3 期。

③ 参见《工业和信息化部向中国广播电视网络有限公司颁发〈基础电信业务经营许可证〉》,载国务院客户端,http://app. www. gov. cn/govdata/gov/201605/05/379929/article. html。

首先整合各地的有线电视网络资源形成“全国一网”的股份公司。[①] 第二，移动通信业务与中国广电的既有网络资源关联度不高，因此中国广电无法像传统电信运营商那样通过改造和升级4G网络来提供5G服务。这种几乎从零开始建设移动通信网络的发展压力和资金压力会使中国广电在未来的移动通信竞争中长期处于不确定的状态。[②]

其次，民营电信运营商的发展更是面临重重阻碍。宽带转售业务虽然已经发展多年，但目前仍然处于试点阶段，也没有相关市场数据可资分析。移动转售业务自2012年启动至今得到了长足的发展，但民营运营商的市场发展依然比较惨淡。移动转售运营商的发展困境大致可以归为如下三个原因：第一，缺乏携号转网的保障，用户不愿意从国有运营商转换到新运营商；第二，移动通信市场逐渐饱和，利润率也开始下降，新运营商的盈利空间非常小；[③]第三，部分国有运营商对新运营商的市场进入持抗拒甚至敌视的态度。[④] 种种原因使移动转售业务在2018年之后甚至进入萎缩状态。[⑤] 工信部已经明令各电信运营商必须在2019年年底在全国范围内实现携号转网，[⑥]这会改善移动转售运营商的营商环境。

---

① 参见中宣部等九部委《全国有线电视网络整合发展实施方案》(中宣发〔2020〕4号)。

② 参见吴潇：《广电电网5G能否后来居上?》，载《通信产业报》2020年1月20日，第9版。

③ 参见覃涛：《国内虚拟运营商的发展策略》，载《电信快报》2014年第10期。

④ 参见王雄伟：《前景广阔道路艰难——虚拟运营商(MVNO)中国发展前景浅析》，载《中国新通信》2018年第8期。

⑤ 参见许立东等：《移动通信转售行业进入“洗牌”阶段　转型迫在眉睫》，载《通信世界》2019年第34期。

⑥ 参见《工信部总结“携号转网”试运行情况》，载中华人民共和国工业和信息化部网2019年11月25日，https://www.miit.gov.cn/jgsj/xgj/fwjd/art/2020/art_dea63267492348d8964e389d4f6c1750.html。

但现今的《电信条例》缺乏其他保护和扶植新运营商的配套措施，新运营商经营困难的基本格局无法得到完善的解决。

二、我国电信改革的既有基础

经过25年的改革之后，我国的电信行业已经开始了多个层面的竞争机制。这种竞争机制主要体现在三个层面：首先，国有电信运营商由原来的中国电信一家变为三家，即中国电信、中国移动、中国联通。中国电信和中国联通在固定网络业务里面具有较强的市场地位，二者"划江而治"各自分到南北两个部分的固定网络。中国移动则在移动通信业务里面具有较强的市场地位。其次，三网融合在政策层面的最终完成使我国电信规制中狭义的电信定义终于转换为广义的电信定义。国有电信运营商以及传统的电视运营商可以同时经营电信业务、互联网业务和电视广播业务。这一方面扩张了所有运营商的范围经济(economy of scope)优势，另一方面也相当于在既有的寡头垄断格局里面引入了新的竞争者。最后，民营电信运营商开始踏足固定宽带业务和移动通信转售业务，从而进一步促进了竞争。目前除了固定电话网络和服务以及移动通信网络依然还被国有的电信运营商(中国电信、中国移动、中国联通)三家垄断经营之外，其他的电信业务(固定宽带、移动通信零售业务、广播电视业务)已经完全进入竞争领域。

我国电信领域的放松规制长期以来实施的是放松许可的策略，也即从增加电信业务运营牌照或者说引入新竞争者的角度来进行竞争。但是，我国对于引入竞争者之后如何保障竞争机制的顺利进行则关注不多。我国对于电信行业竞争的要求主要有三个方面：

第一，电信网络运营商之间的互联互通。就电信业务总体而言,可以分为电信网络和电信服务。我国现在已经有了纯粹没有电信网络只提供电信服务的运营商,比如宽带业务虚拟运营商和移动通信虚拟运营商。这些运营商是依赖电信网络运营商的网络来提供服务,他们与其他电信运营商之间的互联互通是通过电信网络运营商来实现的,所以本身并不存在互联互通的需求。目前电信网络之间互联互通的需求主要存在于分属于不同运营商的电信网络,主要是传统的电信网络以及电信网络与广电系统的网络(三网融合)。电信网络之间的互联互通是电信网络运营商之间形成竞争机制的基础。否则,由于电信网络的网络效应,小的网络运营商是没有办法和大的网络运营商进行竞争的。如果不加规制,任由市场自身进行运作的竞争将会最终导致小的网络运营商消失。在这种情况下,即便我们放开电信网络的许可,也还是不会形成竞争机制。

鉴于此,我国《电信条例》设置了主导电信业务经营者的概念,要求主导的电信业务经营者不得拒绝其他电信业务经营者和专用网络运营单位提出的互联互通要求。主导的电信业务经营者,是指控制必要的基础电信设施并且在电信业务市场中占有较大份额,能够对其他电信业务经营者进入电信业务市场构成实质性影响的经营者,由国务院工业和信息化主管部门确定。主导的电信业务经营者具有如下四个方面的义务:首先,主导的电信业务经营者有不得拒绝其他运营商互联互通请求的义务。其次,在给其他运营商提供互联互通服务的时候,主导的电信业务经营者有透明化的义务,制定包括网间互联的程序、时限、非捆绑网络元素目录等内容的互联规程。再次,主导的电信业务经营者有非歧视的义务。这些经营者向其他电信业务经营者提供网间互联时,服务质量不得低于本网内的同类业务及向其子公司或者分支机构提供的同类业务质量。最后，主导的电信业务经营者提供互联互通服务的价格由政府进行规制。

第二，关于竞争关系方面的要求也可以在移动通信转售的规制中发现。但是，在工信部《关于移动通信转售业务正式商用的通告》中，基础电信企业只是被赋予价格方面的非歧视义务；换言之，基础电信企业给予转售企业的批发价格应低于基础电信企业同类业务平均业务单价（或套餐价格）。工信部《关于鼓励和引导民间资本进一步进入电信业的实施意见》中存在一个《移动通信转售业务试点方案》的附件。该附件除了价格方面的非歧视性要求之外，还要求基础电信企业在质量方面的非歧视性义务，也即向转售企业提供的业务接入质量不得低于自营业务的接入质量；同时，基础电信业务经营者不得与转售企业签订含有排他性条款的协议。另外，基础电信业务经营者没有严格意义上的不得拒绝交易的义务。试点方案仅仅要求这些经营者在其公司网站的显著位置向社会公开移动通信转售业务的接洽部门，明确与转售企业合作的相关事项；并且在试点受理期间与 2 家以上转售企业开展合作。不过即便如此，不知道在《关于移动通信转售业务正式商用的通告》出台之后这个试点方案的附件是否依然有效。

第三，民营宽带运营商在 2014 年《关于向民间资本开放宽带接入市场的通告》发布之后就可以进入宽带运营领域了。与移动通信转售业务的经营者不同，民营运营商可以建设自己的网络。但是，民营宽带运营商不得自己构建互联网的骨干网。骨干网的建设还是由基础电信企业垄断经营。民营宽带运营商不得将不同地市的业务节点进行直连（构建自己的城域骨干网络），而必须通过基础电信企业的城域网接入互联网骨干网。另外，民营宽带运营商租用的接入网络资源不得再次转租转售。因此，我国目前的民营宽带运营商只能经营纯粹的宽带转售业务，或者只能具有一定范围内的局域网。这样一来，民营宽带运营商必须向基础电信企业购买网络接入服务。工信部对二者之间的合作竞争进行了一些规定，并对基础电信运营商施加了一些义务。首先，基础电信运营商不存在不得拒绝接入的义务。其次，基础电信运营商负有非歧视的义务。基础电信企业在向民营企业提供相关宽带网络资源时，其服务质量应不低于自身业务服务质量，并且基础电信企业不得与民营企业签订含有排他性条款的协议。最后，基础电信运营商提供的接入服务的价格并未受到规制。只是，基础电信企业应当与民营宽带企业依据公平合理、平等协商的原则，确定上联宽带资源的接入价格。

从上述的分析我们可以看出我国的电信改革主要经历了两个阶段。在 2010 年之前是狭义电信的年代。这个时期的改革策略主要是几轮国有电信运营商的分拆与重新组合，并且从原来的电信业务分业经营最终演变成为电信业务的混业经营。在 2010 年之后电信行业真正进入了多层面、多资本的竞争局面。这两个时期的改革主要是电信经营许可方面的放松规制。也即，从原来的一家变为几家，从原来的国有垄断经营变为多种资本共同经营。但是，电信行业存在自然垄断、网络效应、负外部性等问题，单单放松许可并不必然会促进电信市场的竞争。在第二章关于电信规制历史的论述中，我们已经看到任由市场机制进行控制的电信市场最终必然会演变为垄断。这是电信市场的特征所决定的，后来的国有垄断经营正是为了应对电信市场的垄断本质。虽然电信网络和服务成本的降低、电信业务量的增大及三网融合的发展已经大大降低了电信业中的垄断性质，但是电信业务垄断的基本格局并未被真正改变。

我国的《电信条例》主要是为了应对第一个阶段中不同国有电信运营商之间的竞争。一方面,这些运营商数量较少,工信部本身就可以通过非法律的手段解决市场垄断所产生的问题;另一方面,我国《电信条例》基本沿袭了世界贸易组织关于电信业务附件中的相关规定,对于主导的电信运营商施以不得拒绝交易的义务、透明度义务、非歧视义务以及价格规制,都保证了不同的国有电信运营商之间能够形成较好的竞争机制。但时过境迁,面对新形势下广电系统运营商以及民营运营商的冲击,我国尚未形成有效的竞争促进机制。这主要表现在如下三点:第一,目前的法律体系对于基础电信运营商没有施加不得交易的义务。当这些新进入的电信运营商需要请求既有的国有电信运营商提供接入服务的时候,哪些基础电信运营商必须提供接入服务并不是很清楚。如果所有的基础电信运营商都对之进行拒绝,那么新进入的运营商就无法提供服务。第二,新进入的电信运营商的经营范围是受到限制的,这注定了这些运营商不可能获得基础电信运营商的规模优势和范围优势。因此,原则上来说新进入的电信运营商的经营成本要高于基础电信运营商。第三,目前的法律仅仅要求基础电信运营商在销售转售业务的时候必须以低于零售的价格进行销售。这存在两个问题:一是基础电信运营商应当以何种价格进行销售,二是这个价格的合理区间在哪里。如果定价过高(虽然依然低于零售价格),那么经营转售业务的电信运营商依然无法生存;如果定价过低,那么又会出现基础电信运营商补贴转售运营商的情形,也即我们平常所说的“养懒汉”的局面。这些问题在现有的法律体系里面不能得到很好的解决。另外,如前所述,行业规制的目的最终是不规制,也即让市场机制最终单独起作用。我国目前对于基础电信经营者的规制并未呈现从规制到不规制的这个过程;或者说我国现在并未明确在何种情形下可以不用对这些经营者进行规制。

到目前为止,我国的电信改革已经基本实现了电信运营牌照许可的放松规制。除了固定通话以及移动通信网络之外,其他电信业务已经基本实现了较为完全的竞争格局。放松许可是促进电信行业竞争的基础,否则不可能实现充分竞争。但是,放松许可并不是电信行业实现竞争机制的最终手段。电信行业受制于行业内部的垄断特征,新进入的电信运营商在面对老牌电信运营商的时候存在天然劣势。此外,我国的许多电信业务并未完全放松规制,许多新进入的电信运营商缺乏自身的网络而只能提供转售服务,这又进一步限制了他们的竞争优势。引入新的电信运营商并非只是单纯的引入,其主要还是为了促进电信市场的竞争。如果新的电信运营商在进入市场之后举步维艰,甚至逐步退出市场的话,那么即便我们完全放松许可也是没有意义的。因此,如何通过行业规制手段来扶植这些新进入的电信运营商,使之尽快成长为能够真正和老牌电信运营商竞争的经营者,已经逐渐成为我国未来电信行业改革的主要矛盾。但是,我国目前的电信规制方式并没有办法真正实现这个目的,迫切需要改革。

三、未来电信改革的总体性设计方案

2000 年颁布的《电信条例》主要是为了履行加入世界贸易组织的承诺,在历经二十多年的发展之后,其已经严重不适应现阶段电信改革的实践。为支持电信行业改革的深入发展,我们势必要对目前的《电信条例》进行修改,统一规划新时期的电信改革路径。基于我国的国情以及国际电信改革的经验与教训,本书认为未来的电信改革应当主要从如下三个制度方面展开。

(一)在坚持公有制主导地位的基础上全面开放电信业务

在电信这类国民经济支柱型行业中坚持以公有制为主导的基本原则无须质疑。除了政治体制的原因之外,坚持公有制也能够较好地配合我国电信行业的发展。前文的分析已经指出坚持公有制能让我们充分地利用发展中国家的后发优势,在电信网络的升级换代中实现对发达国家的超越。同时,经济学者也认为提升电信网络容量对经济的提质增效具有较强的促进作用。① 随着信息社会的来临,电信基础设施已经成为整个社会运行的承载工具,电信行业在国家安全方面的重要性不言而喻。② 此外,目前我国的各项电信业务指标落后于世界平均水平,这客观上也需要国家通过财政投入扫除信息社会来临之前的基础设施障碍。因此,坚持社会主义公有制的主导地位是我国未来电信改革中的基本立场。

我国在自由化改革中非常谨慎,除了创建了四大国有电信运营商(中国移动、中国电信、中国联通、中国广电)之外,只在宽带转售和移动转售这两项业务中向民营运营商开放。前文的论述已经指出这种过于谨慎的态度既不利于调动民间资本的积极性,也不利于民营运营商的发展。或许有人担忧民营运营商进入市场后会冲击国有运营商市场的主导地位,但这在电信行业中并不会出现。首先,虽然电信技术的发展大幅度降低了电信业的自然垄断属性,但电信业依然表现出强烈的共同成本效应、零边际成本效

---

① See Kongaut Chatchai and Bohlin Erik, *Impact of Broadband Speed on Economic Outputs: An Empirical Study of OECD Countries*, Economics and Business Review, Vol. 3, p. 12(2017).

② 参见陈越峰:《关键信息基础设施保护的合作治理》,载《法学研究》2018 年第 6 期。

应、网络效应、规模经济效应、范围经济效应,[①]新运营商在面对既有的运营商时总是处于竞争劣势。欧盟的改革实践已经印证了这一点。从 1998 年完全开放电信市场至今,欧盟各成员国内最大的电信运营商依然是原国有运营商。因此,民营运营商并不会真正冲击国有运营商的主导地位。其次,我国的国有运营商与其他行业中的市场主体相比生产效率较低,[②]因此需要引入新的规制措施来激发国有运营商的竞争活力。民营运营商的全面市场准入有助于国有运营商在竞争中提升自身的生产效率。最后,我国电信市场容量巨大,甚至在 2014 年还遭遇过较为严重的宽带业务供给不足的局面。[③] 这意味着我国的电信行业有能力支撑更多运营商的进入。民营运营商的全面进入会成为国有运营商市场供给不足时的有益补充。鉴于此,我们应当尽快整体性放开电信市场,允许民营运营商从事各类电信业务。

此外,完全开放电信业务还意味着我们今后应当建立传统电信业务与广电业务的混合规制制度。目前这两种业务分别由《电信条例》与《广播电视条例》调整。《广播电视条例》对于网络传输的规制与《电信条例》中关于网络传输的规制存在较大的相似性,唯一的区别是《广播电视条例》中对于网络传输内容还进行了额外的规制。在三网融合全面落实之后,传统电信网络的传输逻辑与广电网络的传输逻辑在技术层面已经不存在差异。将二者分别规制不但会出现部门法规制的重叠,而且会增加运营商的运营负

---

① See Ian Walden (ed.), *Telecommunications Law and Regulation*, Oxford University Press, 2018, p. 30 – 34.

② 参见戚聿东、张任之:《国有企业合并重组提高了企业绩效吗?——以电信业为例》,载《经济管理》2016 年第 12 期。

③ 参见《2014 年通信运营业统计公报》,载中华人民共和国工业和信息化部网,http://www.cac.gov.cn/2015 – 01/29/c_1114173169.html。

担。因此,我们应当在今后的改革中将二者关于网络传输方面的规制进行整合,将《广播电视条例》中关于网络传输内容方面的规制通过其他方式实施。

(二)确立放松规制的基本原则与实施机制

放松规制应当被理解为电信规制只是临时性的、过渡性的措施,其目的是实现政府对于电信市场的不干预,并最终由市场机制来统一引领。[①] 电信行业确立放松规制的原则契合党和国家全面深化改革的宏伟规划。党的十八届三中全会关于市场与政府关系的论断明确指出市场机制与政府规制之间存在一个主从关系,政府规制只有在"市场体系不完善、政府干预过多和监管不到位"时才能实施,其他情形下的资源配置则完全交由市场机制处理。并且,我国的公平竞争审查制度也明确要求政府对于竞争关系的规制措施必须具有明确的实施期限。[②] 此外,放松规制也是我国电信改革过程中一贯坚持的方针。比如,《电信条例》规定基础电信业务的价格由政府规制,但同时也规定当市场竞争充分时也可实施市场调节价。随着电信行业改革的深入,我国先在 2014 年放开了基础电信业务资费定价的行政审批制度,后又在 2016 年修订《电信条例》的时候完全取消了政府价格规制,使市场机制逐步可以控制电信业务的定价。因此,将放松规制作为电信规制中的基本原则不但不存在法律上的障碍,反而是我国多年以来倡导的目标。

随之而来的问题是如何具体落实,换言之,当满足何种法律要件的时候可以不再规制。电信行业的发展非常迅速,从技术层面

---

① 参见侯利阳:《市场与政府关系的法学解构》,载《中国法学》2019 年第 1 期。

② 参见国务院《关于在市场体系建设中建立公平竞争审查制度的意见》(国发〔2016〕34 号)。

构建行业规制体系很容易产生规制过时的风险。因此,放松规制的落实还应当与我国电信改革的目标紧密结合。我国电信改革的目标是“破除垄断、鼓励竞争”,这在一定程度上表明竞争可以作为衡量是否需要规制的标准。若相关电信业务领域已经存在竞争机制,就应当放松规制;反之,则应当规制。早在 2000 年《电信条例》颁布之时,我国就已经确立基于反垄断分析方法进行电信规制的原型,此即“主导的电信业务经营者”概念。主导的电信业务经营者这个概念来自世界贸易组织《关于编制基础电信服务承诺减让表的说明》,作为我国对于世界贸易组织的承诺之一被纳入《电信条例》。《电信条例》中关于互联互通义务都是针对主导的电信业务经营者的,该法第 17 条规定,主导的电信业务经营者,是指控制必要的基础电信设施并且在电信业务市场中占有较大份额,能够对其他电信业务经营者进入电信业务市场构成实质性影响的经营者。这与我国《反垄断法》中的市场支配地位的定义不谋而合。① 欧盟的不对称规制基于反垄断分析方法来判断是否需要规制,而欧盟同样也是因为世界贸易组织的这个文件才在电信规制中引入了反垄断的分析方法。欧盟自 2002 年在电信规制中引入反垄断分析方法之后就一直沿用至今,充分证明了该方法在实践中的韧性与张力。因此,我们同样可以基于主导的电信业务经营者这个概念来打造放松规制改革的实现路径。具体而言,在判断某项电信业务是否需要规制的时候,电信主管部门应当进行竞争分析。首先,电信主管部门应当界定该项电信业务所在的相关市场。反垄断法中的相关市场界定只以替代关系作为分析依据,而

① 参见续俊旗、[德]豪茨纳格等:《融合背景下的中欧电信管制比较》,北京邮电大学出版社 2009 年版,第 54 ~ 55 页。

不管相关电信业务背后的技术手段,[①]这种技术中立的态度可以较好地避免规制过时的风险。其次,主管机构分析相关市场中是否存在主导的电信业务经营者(或者说拥有市场支配地位的经营者)。若有,则仅可以对该运营商进行规制;若无,则说明该项电信业务的竞争已经较为充分,可以不予规制。

(三)建立扶植新运营商发展的单向接入义务体系

目前的《电信条例》针对主导的电信业务经营者也构建了一套规制义务体系,如不得拒绝互联互通的义务、非歧视义务、透明化义务等。但这些规制义务都是围绕国有运营商之间的互联互通而展开的。互联互通服务在电信行业中属于双向接入,解决的是不同网络之间的相互连通问题。[②] 该项业务的基础是提供电信业务的双方运营商必须同时拥有电信网络与提供电信服务,这较为符合我国在2012年之前的市场状况,但转售运营商的引入改变了这种格局。缺乏网络设施的转售运营商只能向国有运营商请求单向接入的服务。单向接入的规制义务体系与双向接入的体系具有相似性,均涉及不得拒绝提供的义务、价格规制义务、质量规制义务等。但二者的规制目的存在较大的差异。不得拒绝提供单向接入服务用以保证新运营商能够找到单向接入服务的提供者,从而能在零售市场中向消费者提供电信服务;而双向接入则是为了保证某网络中的消费者能与它网络中的消费者互通。依靠扩张性的法律解释方法来拓展性地适用《电信条例》中双向接入的相关条款不能解决单向接入的问题。因此,《电信条例》中确立的以互联互通为核心的义务体系与当今电信市场的实际情况已经不相符,

---

① 参见国务院反垄断委员会《关于相关市场界定的指南》。

② 参见[法]让·雅克·拉丰、[法]让·梯若尔:《电信竞争》,胡汉辉等译,中国人民大学出版社2017年版,第148页及以下。

迫切需要转向以单向接入为核心的规制义务体系。

目前已经放开的电信转售业务是一种典型的单向接入，即转售运营商从国有电信运营商那里批发电信业务，随后零售给最终的电信消费者。经营转售业务的运营商没有任何电信网络，但随着未来电信业务的完全开放，新运营商会逐步扩展自己的业务，并在这个过程中逐步建设自己的网络。[①] 但在拥有完整的电信网络之前，新运营商还需要国有运营商向其提供网络转接服务。单向接入的本质是允许新运营商租借国有运营商的全部或者部分网络以提供自己的电信业务。在这种体系之下，新运营商与国有运营商呈现出竞争与合作共存的复杂关系：二者在面对电信消费者的零售市场中处于竞争关系，而在涉及网络转接业务的相关市场中又是合作关系。因为竞争关系的存在，国有运营商会对合作关系持抗拒态度。具体而言，国有运营商可能会通过拒绝提供批发转接服务或者设定较高的转接价格等方式限制新运营商在零售市场中的竞争。虽然这些问题也可以在《反垄断法》的框架下进行解决，但《反垄断法》解决问题的迟滞性[②]决定了这些问题的即时有效解决只能发生在电信规制领域。前文中新西兰改革的失败经验也证明了完全依靠反垄断法来保障电信行业的竞争是不可行的。

此外，仅获得接入服务并不足以保障新运营商有效竞争的形成，电信主管部门还应当对单向接入服务的质量和价格进行控制。

---

① 新电信运营商的发展一般遵循从企业用户到居民用户、从骨干网建设到本地网建设的路径。See Ulrich Stumpf, *Markets Susceptible to Ex Ante Regulation: Methodology and Commission Recommendation*, Communications & Strategies, Vol. 64:4, p. 41 – 60(2006).

② 我国反垄断执法机构的平均办案时间为 14 个月。参见李剑：《中国反垄断执法机构间的竞争——行为模式、执法效果与刚性权威的克服》，载《法学家》2018 年第 1 期。

对于质量规制而言，电信主管部门可以规定非歧视义务和透明度义务。前者保证主导的电信业务经营者给新运营商提供的接入服务不得低于自营业务的接入质量；后者保证主导的电信业务经营者随时公布接入服务的各种质量指标，以保证服务质量的变化不会让新运营商在短期内无法适应。价格规制非常复杂，理想的价格规制应当实现两个方面的目标：一方面保障主导的电信业务经营者的投资回报率；另一方面保障新运营商继续投资的动力。[①]同时，价格规制是把双刃剑。定价过低，虽然能够刺激新运营商的继续投资动力，但会弱化主导的电信业务经营者提供接入服务的意愿或者提升服务质量的动力；若定价过高，不但新运营商会因无利可图而被排挤出市场，并且主导的电信业务经营者也会因坐享高额的回报率从而失去网络升级的动力。[②] 虽然经济学家针对价格规制已经建立了多种模型，但没有任何一种模型是放之四海而皆准的。因此，本书认为我们也没有必要在立法中倾向于任何一种模型，但可以建立价格规制的定期审查和调整机制，通过事后的动态调整来保证规制价格与市场发展的平衡与匹配，从而避免产生前述“电信联通案”中因规制价格多年不变而与市场运行发生严重不匹配的情况。

---

① 参见[法]让·雅克·拉丰、[法]让·梯若尔：《电信竞争》，胡汉辉等译，中国人民大学出版社2017年版，第28页。

② See Tommaso M. Valletti, *The Theory of Access Pricing and Its Linkage with Investment Incentives*, Telecommunications Policy, Vol. 27, p. 659 – 675(2003).

第四章　电信行业中的相关市场

电信业务经营者的主导地位不可能凭空出现，而是必须存在于一定的时间和空间之中。这就需要电信主管部门对主导地位的时空范围进行一定形式的划定，这就是电信业务相关市场的概念。实际上，我国的电信主管部门也经常使用电信市场这个概念，但并未明确界定电信市场的方法。确定相关市场对于分析主导地位的意义至关重要，电信市场确定得过大就会使得相关市场内可能不存在主导的电信业务经营者；但如果确定得过小，则又会使主导的电信业务经营者的主导地位过大，从而影响规制义务的制定。而关于界定相关市场的方法，反垄断领域相关机构已经拥有多年丰富的执法经验。因此，本书建议我国的电信主管部门应当借助反垄断领域的知识来界定电信相关市场，并在此基础之上分析相关市场内部是否存在主导的电信业务经营者，并且确定该电信业务经营者的主导地位。本章首先介绍反垄断领域界定相关市场的方法与实践，随后运用反垄断领域的方法来界定我国电信监管领域中的相关市场。

第一节　反垄断法中的相关市场

一、相关市场概述

(一)历史源流

在世界范围内,相关市场这个概念往往不在各国反垄断法(尤其是对反垄断法立法较早的国家或者地区)的母法中进行规定。比如,美国的《谢尔曼法》和欧盟的《欧盟运行条约》都没有对相关市场进行直接规定。相关市场是在反垄断法的执法过程中逐步形成的一个概念。从历史发展而言,相关市场作为一个明确的反垄断法概念,产生于1945年"美国铝业公司案"①。众所周知,现代社会的第一部反垄断法——美国的《谢尔曼法》颁布于1890年。这也意味着在此后的55年间,相关市场并未成为反垄断法的分析要件。这其实跟反垄断法的现代化存在密切的关系。根据我们在本书第一章中的分析,早期的反垄断法实际上缺乏对于反垄断法立法目的的理性分析。早期的反垄断法(主要是美国的《谢尔曼法》)以保护竞争者作为其分析的要点。在这个过程中,美国的相关执法机构主要以传统普通法中"限制交易之合同无效"的原则为基础来处理垄断问题。此时,对于垄断行为的判断主要是看涉案行为属于非附属性的限制交易还是附属性的限制交易。② 此时

---

① United States v. Aluminium Co. of America,146 F. 2d 416 (2d. Cir. ,1945).

② 参见陈兵:《美国反托拉斯法合理规则的源起——以19世纪下半叶州判例法为中心的考察》,载《法律方法》2011年第1期。

的分析框架主要侧重对行为本身是否违法的判断,因此也无须对行为所涉及的市场进行分析。

而在此时的经济学领域,尽管早在 19 世纪末经济学著作,如英国著名经济学家阿尔弗雷德·马歇尔(Alfred Marshall)于 1890 年出版的《经济学原理》,就已经使用了"市场""产业"等概念,[①]但在传统上,经济学界整体不赞成甚至抵制依靠市场份额来评估市场力,因而也反对反垄断法中的市场界定。特别是在 20 世纪上半叶垄断竞争理论流行的这一时期,反对之声尤为强烈。垄断竞争理论认为,在现实世界中,不存在完全竞争,每个生产者所生产的产品都有差异,产品之间的显著差异使每个销售者都成为垄断者,因此,"市场"或"产业"概念与现实世界并不相符。垄断竞争理论首创者之一琼·罗宾逊(Joan Robinson)认为,"当现实世界的商品在各方面因其自身与其密切替代品之间有显著差异被区分时,生产这种现实世界商品的现实公司就符合产业的定义"。[②] 垄断竞争理论的另一个首创者爱德华·张伯伦(Edward Chamberlin)在反对"市场"概念时比琼·罗宾逊走得更远。他认为,"产业"或"商品"边界是捉摸不定的,不管这种边界划在哪里,对评估边界内的替代品的竞争,对判断寡头力有无的可能性,完全没有任何意义。[③]

传统的反垄断调查只是分析行为与垄断结果之间的关系。这种方法虽然存在附属性和非附属性的区别,但是任何市场行为都

---

① 参见[英]阿尔弗雷德·马歇尔:《经济学原理》,陈瑞华译,陕西人民出版社 2013 年版,第 118 页。

② Joan Robinson, *The Economics of Imperfect Competition*, Macmillan, p. 92 – 94 (1933).

③ See Gregory Werden, *The History of Antitrust Market Delineation*, Marquette Law Review, Vol. 76:1, p. 122 – 215 (1992).

或多或少会产生限制竞争的效果,因此对附属性和非附属性的分析到了最后还是逐步演变为了限制竞争是否严重的判断。而这种判断在缺乏相应经济学理论的支持下,也难免被很多主观因素所操控。反垄断的实务界也迫切需要一种理论能够解释为何某些垄断行为能够产生较为严重的限制竞争的效果,以及产生了什么样的限制竞争的效果。而哈佛学派的兴起则开始解决这个问题,并且在随后芝加哥学派的推动下造就了现代反垄断法的分析方法。

在 20 世纪 30 年代至 50 年代,哈佛学派的代表性人物贝恩(Bain)和梅森(Mason)等学者就市场结构和市场绩效之间的关系进行了研究。1959 年,贝恩在《产业组织》一书中正式提出了结构、行为和绩效的分析方法,标志着实证的产业组织理论体系的正式形成,产业组织学由此成为一门相对独立的经济学科。[①] 在早期的 SCP 分析框架(Structure-Conduct-Performance Model)中,产业组织理论由市场结构、市场行为、市场绩效三个基本部分和政府的公共政策组成,其基本分析程序是按"市场结构→市场行为→市场绩效→公共政策"展开的。在这里,结构、行为、绩效之间存在单向的因果关系,即市场结构决定企业行为,而企业行为决定市场运行的经济绩效。因此,为了获得理想的市场绩效,需要通过公共政策来调整和直接改善不合理的市场结构。这种 SCP 分析框架所依据的微观经济理论,是将完全竞争和垄断作为两极,将现实和市场置于中间进行分析的。因而这一分析将市场中企业数量的多寡作为相对效率改善程度的判定标准,认为随着企业数量的增加,完全竞争状况的接近基本就能实现较为理想的资源配置效率。用凯恩斯(Keynes)的话来说:"市场结构之所以重要,是因为结构决定

① 参见齐兰:《现代市场结构理论述评》,载《经济学动态》1998 年第 4 期。

了该产业有利厂商的行为,这种行为又决定了产业绩效的好坏。”由于哈佛学派将市场结构作为产业组织理论的分析重点,因此信奉哈佛学派理论的人通常也被称为“结构主义者”。[①]

哈佛学派将垄断行为的限制竞争效果跟其所在的市场结构建立起了有机的联系,认为垄断行为能够产生显著的限制竞争的效果主要来自这些行为所在的市场机构。比如,掠夺性定价的行为(低于成本销售的行为)在竞争较为充分的市场是不会影响竞争机制的;但是如果这种行为由垄断市场中的垄断者进行实施,则对于竞争机制会产生较为严重的破坏效果。这种相对僵硬的解释受到了后来芝加哥学派的强烈批评,芝加哥学派随之建立起了以效率、社会福利等为基础的更为现代的分析方法。比如,对于掠夺性定价,哈佛学派认为即便垄断者也不可能轻易通过该行为破坏竞争机制。虽然低于成本的销售可以暂时排挤竞争者,但当垄断者为了获取垄断利润提高价格的时候,其他竞争者还是可以进入市场从而迫使垄断者降低价格的。[②] 但是哈佛学派构建的将垄断行为放置于特定的市场中进行研究的分析框架却从此毫无疑义地被建立起来,并且被各国的执法机构通过各种立法或者判例的形式认定和接受。

(二)概念

与世界著名的反垄断法域(美国或者欧盟)不同,市场地位在我国的《反垄断法》中是存在明确的定义的。我国《反垄断法》第12条将相关市场定义为“经营者在一定时期内就特定商品或者服

---

① 参见李剑:《论结构性要素在我国〈反垄断法〉中的基础地位——相对优势地位滥用理论之否定》,载《政治与法律》2009年第10期。

② See Alison Jones and Brenda Sufrin, *EU Competition Law: Text, Cases and Materials*, Oxford University Press, 2016, p. 385 – 386.

务(以下统称商品)进行竞争的商品范围和地域范围”。从这个定义我们可以看出反垄断法中的相关市场大致包含三个要件:(1)竞争的商品范围;(2)竞争的地域范围;(3)在一定的时期内。国务院反垄断委员会《关于相关市场界定的指南》将这个定义中的商品范围和地域范围分解为相关商品市场和相关地域市场,同时认为:“相关商品市场,是根据商品的特性、用途及价格等因素,由需求者认为具有较为紧密替代关系的一组或一类商品所构成的市场。这些商品表现出较强的竞争关系,在反垄断执法中可以作为经营者进行竞争的商品范围。”“相关地域市场,是指需求者获取具有较为紧密替代关系的商品的地理区域。这些地域表现出较强的竞争关系,在反垄断执法中可以作为经营者进行竞争的地域范围。”同时对于“一定的时期”来说,则是因为考虑到了不同商品或者地域的“生产周期、使用期限、季节性、流行时尚性或知识产权保护期限等”因素。某些学者也将之称为时间市场。① 时间市场对于相关市场的认定具有重要意义,尤其是在创新程度较为明显的市场中。比如,平板电脑在出现之初可能和笔记本电脑之间的替代关系比较弱,或者说众多消费者不太会认为平板电脑与笔记本电脑之间存在替代性。但是在微软公司推出 Windows 10,并且发布 Surface 平板电脑之后,这两者之间的替代关系就空前紧密了起来。这一方面是因为 Windows 10 同时兼容笔记本电脑的操作系统和平板电脑的操作系统,另一方面也是因为 Surface 同时具备笔记本电脑和平板电脑的双重功能。因此当我们在分析笔记本电脑与平板电脑之间的替代关系的时候,时间点的选取就非常重要。

---

① 参见丁茂中:《反垄断法实施中的“相关市场”界定国际比较》,载《法学杂志》2012 年第 8 期。

我国对相关市场的定义较好地借鉴了欧美通过判例法确立的相关市场这个概念。世界上最早使用相关市场这个概念的判例为美国的“哥伦比亚钢铁公司案”[①]。在这个案件中雷德(Reed)法官开创性地使用了这个概念,但是他并未对这个概念进行界定,也未指出分析相关市场的方法。在随后的“时代花絮案”[②]中,法院指出相关市场对于认定市场支配地位具有至关重要的意义。更为重要的是,法院在该案中将相关市场的界定跟经济学中的“交叉需求弹性”结合了起来。但在该案中法院并没有具体解释相关市场与交叉需求弹性之间的关系究竟为何。而对于相关市场界定影响最大的案件是1956年的“杜邦玻璃纸案”[③],也正是这个案件最终确立了界定相关市场的方法。此即相关市场的衡量应当从价格、用途和质量等若干方面来确定产品之间的可替代性。这大致指出了相关市场最为重要的一个方面,即相关商品市场的界定。关于相关地域市场的分析则出现得更晚,美国联邦最高法院在1963年的“费城国家银行案”中才注意到相关地域市场对相关市场的重要性。[④] 从这个案件开始,美国法院在反垄断案件中就开始从相关商品市场和相关地域市场两个角度界定相关市场。美国法院的这些做法被美国司法部和联邦贸易委员会1968年的《合并指南》所采纳,并被总结为“由商品销售或其他商业交易组成的集合,在该集合中参与销售的企业比未在其中参与销售的企业,在竞争时享有某些优势”。[⑤] 但是这个定义被很多学者批评太过宽泛,无法给

---

① United States v. Columbia Steel Co. ,334 U. S. 495 (1948).

② Times-Picayune v. United States,345 U. S. 594 (1953).

③ United States v. E. I. du Pont de Nemours & Co. ,351 U. S. 377 (1956).

④ United States v. Philadelphia National Bank,374 U. S. 321,357 (1963).

⑤ Department of Justice Merger Guideline,1 CCH Trade Reg. 4510 (1968),para. 3.

予企业足够的指引。[①] 于是在随后的几个合并指南中，比如 1982 年的《合并指南》[②]、1992 年的《横向合并指南》[③]以及 2010 年的《横向合并指南》[④]，均放弃了对相关市场的定义，而是着重描述相关市场的分析方法。

欧盟竞争法也未对相关市场进行直接的界定，欧盟对于相关市场的定义是建立在一系列的案例的基础之上的。最早讨论相关市场的案件是"大陆制罐公司（Continental Can）案"[⑤]。相关市场的定义在随后的"联合商标公司（United Brands）案"[⑥]及"罗氏公司（Hoffmann-La Roche）案"[⑦]中得到了加强。欧盟法院在确定相关市场的定义的时候很明显地采取了美国法院的做法，甚至在"联合商标公司案"中直接引用了美国法院的判决书，认为"相关市场的范围不可能是无限大的，并且其边界必然是有限的"。[⑧] 这在欧盟法院判决书的历史上也是非常罕见的。但欧盟直到"罗氏公司案"才给出了相关市场的定义，也即"相关市场意味着其中的所有商品之间存在有效的竞争，同时这也假设所有的商品之间存在互换性"。[⑨] 经过欧盟这些判例的认定，欧盟委员会最终在 1997 年

---

① 参见[美]理查德·A. 波斯纳：《反托拉斯法》（第 2 版），孙秋宁译，中国政法大学出版社 2003 年版，第 181 ~ 182 页。

② DOJ（1982），"1982 Merger Guidelines"，https://www.justice.gov/sites/default/files/atr/legacy/2007/07/11/11248.pdf.

③ FTC and DOJ（1992），"Horizontal Meger Guidelines 1992"，https://www.justice.gov/sites/default/files/atr/legacy/2007/08/14/hmg.pdf.

④ FTC and DOJ（2010），"Horizontal Meger Guidelines 2010"，https://www.ftc.gov/sites/default/files/attachments/merger-review/100819hmg.pdf.

⑤ Case C – 6/72，Continental Can v. Commmission，[1973] ECR 215.

⑥ Case C – 27/76，United Brands v. Commission，[1978] ECR 207.

⑦ Case C – 85/76，Hoffmann-La Roche v. Commission，[1979] ECR 461.

⑧ Case C – 27/76，United Brands v. Commission，[1978] ECR 207，p. 225.

⑨ Case C – 85/76，Hoffmann-La Roche v. Commission，[1979] ECR 461，para. 28.

发布了《关于相关市场界定的通告》。[①] 该通告认为相关市场包含两个维度,即相关商品市场与相关地域市场。相关商品市场为“因为商品的特征、价格或者用途而被消费者认为可以互换或者替代的商品”。[②] 相关地域市场则为“竞争条件非常同质,并且因为竞争条件与其他区域不同可以与相邻区域相区分的地区”。[③]

相关市场并非反垄断法产生之初就自然具备的,而是在随后的执法过程中逐步发展起来的概念。相关市场产生的主要原因是现代反垄断法基础理论的重大变革,也即不再将垄断行为与违法性后果进行简单的直接关联,而是通过分析垄断行为对于市场竞争的损害程度来判断其违法性。这种新的分析方法要求反垄断执法机构必须审查实施垄断行为的经营者是否具备一定的市场地位。如果涉案经营者的市场地位无足轻重,则其行为对于市场竞争的危害也可以忽略不计,从而不对其予以处理。只有在涉案经营者具有较大市场地位的时候,才会启动后续的竞争损害分析。而市场地位的确定则需要分析与涉案经营者存在竞争关系的其他经营者。对于其他经营者的确定,我们往往需要从竞争发生的地域范围以及竞争发生的产品范围两个维度进行具体分析。其中确定是否具有竞争关系的主要考量因素就是经营者之间是否存在可替代性或者可互换性。这也意味着消费者在涉案经营者提高价格之后具备其他可选择的竞争者。消费者可选择的范围越大,则涉案经营者的市场地位越低;消费者可选择的范围越小,则涉案经营

① European Commission, Commission Notice on the Definition of Relevant Market for the Purpose of Community Competition Law, December 9 1997, OJ C 371/5.

② European Commission, Commission Notice on the Definition of Relevant Market for the Purpose of Community Competition Law, December 9 1997, OJ C 371/5, 第 7 段。

③ European Commission, Commission Notice on the Definition of Relevant Market for the Purpose of Community Competition Law, December 9 1997, OJ C 371/5, 第 8 段。

者的市场地位越高。因此,相关市场对分析垄断行为的第一个步骤,也即涉案经营者是否具有市场地位,有着至关重要的意义。对相关市场的界定会直接影响后续市场地位的认定。同时,这也意味着相关市场在理论层面对于市场地位的依附性作用。因此,学界通说认为"界定相关市场并非结果,其目的是分析市场地位"。①

(三)界定相关市场的两种方法

时至今日,虽然相关市场已经成为反垄断分析的重要法律要件之一,但在相关市场产生之初就不乏是否需要界定相关市场的争议。进行该项讨论的主要原因在于界定相关市场的目的是分析市场地位,而经济学界认为分析市场地位最为重要也最为直接的理论是勒纳指数。勒纳指数认为市场地位存在于价格高于边际成本的情形中。因此,界定相关市场非但没有必要,而且会增加反垄断执法机构的执法错误。但是无论理论界还是实务界都认为,除非在一些特别例外的市场中,边际成本是没有办法准确衡量的,即便可以衡量,也只能得出虚拟的甚至主观的结论。而相关市场的引入虽然不能完美地解决市场地位分析的问题,但是通过增加额外的法律要件,可以降低反垄断执法机构弄假成真的错误风险。因此,相关市场虽然并非解决市场地位问题的最佳要件,但是依然在现代反垄断法的分析中得以引用并且保留至今。

为了相关市场的界定更为准确,世界范围内的反垄断执法机

---

① 英文一般表述为"The definition of relevant markets is not an end in itself, but a means to identify market power"。参见 European Commission (2012), *Roundtable on Market Definition*, DAF/COMP/WD(2012)28, (May 31, 2012), http://ec.europa.eu/competition/international/multilateral/2012_jun_market_definition_en.pdf。

构设置了多种方法来界定相关市场，比如合理替代性方法、供给替代性方法、剩余需求弹性方法、临界弹性方法、临界损失方法、价格趋同方法等。[①] 依据这些方法对经济学知识依赖的不同程度，本书以为可以将之分为两大类：定性方法与定量方法。定性方法主要基于消费者和生产者的认知来界定相关市场。这种方法具有简单、直观、成本较低的特点，因此成为反垄断执法机构界定相关市场的主要方法。定量方法则需要依赖大量的市场数据进行模拟的经济学分析。这种分析方法更为客观，也能够较为准确地界定相关市场的具体边界。但是定量方法一则比较复杂，二则成本较高，因此在反垄断执法实践中主要起辅助性作用。

从本质上来说，界定相关市场的过程就是寻找和涉案经营者进行有效竞争的竞争者的过程。而有效竞争则意味着能够满足消费者的同种需求，或者说这些竞争者对于消费者来说具有互换性。因此，我国反垄断委员会《关于相关市场界定的指南》第 4 条也指出："在反垄断执法实践中，相关市场范围的大小主要取决于商品（地域）的可替代程度。"也就是说，如果产品之间存在明显的替代性，它们就属于同一个相关市场，否则就分属于不同的相关市场。该方法最早应用于相关市场界定的司法实践，也是后来产生的相关市场界定方法的基础。[②] 这种替代性可以从三个方面进行分析，这就是所谓的需求替代、供给替代以及潜在竞争。

---

① 参见李虹：《相关市场理论与实践——反垄断中相关市场界定的经济学分析》，商务印书馆 2011 年版，第 72 ~ 73 页。

② 参见李虹：《相关市场理论与实践——反垄断中相关市场界定的经济学分析》，商务印书馆 2011 年版，第 72 ~ 73 页。

二、定性的分析方法

(一)需求替代

需求替代也即需求者(或者消费者)所认为的替代性商品或者区域。需求替代对于竞争的影响最为直接。如果涉案产品的价格提高,又或质量下降,消费者可以直接去购买他们认为可以替代的商品,从而给予涉案经营者最为直接的竞争限制。在实践中,反垄断执法机构往往通过调研的方式来确定需求替代,比如向行业人员、消费者、专家等发放调查问卷等。分析需求替代的考量因素大体上可以分为两类:第一类可以统称为交易习惯,第二类则可以统称为交易特征。

通过交易习惯来界定相关市场的方法主要是搜集既有的市场数据。比如,对于确定相关商品市场来说,就是寻找历史上是否存在“需求者因商品价格或其他竞争因素变化,转向或考虑转向购买其他商品的证据”。[①] 对于确定相关地域市场来说,则是分析是否存在“需求者因商品价格或其他竞争因素变化,转向或考虑转向其他地域购买商品的证据”,以及“多数需求者选择商品的实际区域和主要经营者商品的销售分布”。[②] 这些证据往往是确定相关商品市场或者相关地域市场的直接证据。在这个过程中,反垄断执法机构要关注证据搜集的时间点,或者相关时间市场的概念。由于涉案行业创新程度的不同,不同时间的证据也会产生不同的证明力。大体而言,反垄断执法机构应当将证据搜集的时间限定为垄断行为发生之时前后一至两年内。如果不存在上述历史证据,

---

① 国务院反垄断委员会《关于相关市场界定的指南》第 8 条。

② 国务院反垄断委员会《关于相关市场界定的指南》第 9 条。

又或历史证据的结论和正常的消费认知区别较大的时候，反垄断执法机构还需要依交易商品或者地域的特征进行深入分析。

1. 相关商品市场

我国《关于相关市场界定的指南》第 8 条对于需求替代提供了四个具体因素以供分析。第一个因素为“商品的外形、特性、质量和技术特点等总体特征和用途”。这个特征是消费者对于市场类似商品进行比较时所考虑的主要因素，也是区分甲商品与乙商品的主要特征。比如我国最高人民法院在审查“3Q 案”中就主要利用了这个因素来分析腾讯公司的即时通信软件 QQ 的替代性产品。首先，腾讯公司的 QQ 是一种综合性的即时通信软件，因此最高人民法院首先分析了综合性的即时通信软件与非综合性的通信软件之间的替代性。综合性的即时通信软件同时能够实现文字、语音和视频三种功能，非综合性的通信软件只能实现其中的一种功能。但是最高人民法院经过调查发现 93.2% 的用户主要使用其中的文字功能，而对音频或者视频聊天的需求度则低得多。因此，最高人民法院认为二者应当属于同一个相关市场。其次，最高人民法院还分析了即时通信软件跟社交网站、微博服务之间的替代性。但是最高人民法院认为二者的商品特性存在较大的区别，“社交网站、微博主要针对大量用户之间的开放性的群体交流，对即时性的要求偏低，而即时通信更注重双边私密交流或者小群体的内部交流，具有一定封闭性且对即时性的要求很高”，因此二者不属于同一个相关市场。[①] 不过值得一提的是，有时候两个商品之间存在某些差异，但是因为它们的用途相似，消费者仍然会把这些商品作为替代品，比如火柴和打火机等。

---

① 最高人民法院民事判决书，(2013)民三终字第 4 号。

第二个因素为“商品之间的价格差异”。一般情况下,特征用途相似的商品的价格也大致处于同一区间。但是在某些情况下相似商品却会因为价格差异而被消费者认为不具有替代性。其中最为典型的例子有飞机上的经济舱与商务舱,或者高铁上的二等座与一等座,又或普通商品与奢侈品。这些商品在外形、特性、质量、技术特征、用途等方面具有较强的可替代性。但是因为它们在价格方面存在巨大的差异,因此消费者一般不会将之视为同一种商品。但是在分析商品之间价格差异的时候,往往没有客观的、可测量的标准存在,所以究竟是高几倍算高还是高百分之几算高这个问题就很难回答。在实践中,反垄断执法机构往往采取个案分析的策略。

第三个因素为“商品的销售渠道”。同一种商品或者替代商品销售渠道的不同一般不会影响消费者对于替代性的认知。但是在特殊情况下,销售渠道的不同也会影响需求替代。比如,某个消费者早上购买了一辆汽车,开了几公里之后感觉不适应,下午想转手卖掉。这辆汽车本身的价值并没有发生重大变化。但是因为新车和二手车的销售完全是两个不同的渠道,因此也会分为两个相关商品市场。另外一个比较明显的案例是纸质书与电子书。纸质书与电子书在满足消费者对于知识的需求方面没有任何区别,但是二者的销售渠道存在重大区别,因此往往被认为分属于两个不同的相关商品市场。值得注意的是,在淘宝等网上购物与在实体店中所购买的物品一般并不因为其购买渠道的不同而分属于不同的相关商品市场。消费者在决定采用何种渠道购物的时候,往往考虑的是商品的特征、用途以及价格,而非销售渠道。因此在计算淘宝的市场份额的时候,还需要考虑将实体店以及商场等销售额度计算在内。

第四个因素为托底条款,但《关于相关市场界定的指南》也列举了三个具体的因素。(1)“需求者偏好或需求者对商品的依赖程度”。比如,欧盟法院在“联合商标公司案”中认为香蕉是不同于其他水果的商品,主要原因在于没有牙齿的人群可以吃香蕉,但是不能吃其他水果。[①] (2)“可能阻碍大量需求者转向某些紧密替代商品的障碍、风险和成本。”我们可以利用移动通话业务来描述一下这个因素的衡量。我国可以提供移动通话业务的经营者主要有三家:中国移动、中国联通和中国电信。三家公司的移动通话业务虽然在技术方面存在一定的区别,[②]但这些服务在特征、用途以及价格方面都存在很强的替代性。不过我国直至 2019 年年底才全面落实携号转网,因此在此之前如果想从一家电信运营商转向另外一家电信运营商,消费者必须更换手机号码。所以,虽然这三家运营商提供的服务在其他方面具有可替代性,但是因为这个因素的存在可能会将这三家运营商分别界定为三个相关商品市场。(3)“存在区别定价”的行为。比如在我国的固定通话市场,由于种种历史因素,形成了按照客户类别不同而实施的定价体系,也即对于民用用户和商业用户制定不同的价格。虽然二者适用的固定通话服务基本类似,但是因为存在这种区别定价的机制,所以也可以将我国的固定通话业务划分为民用用户市场和商业用户市场。

2. 相关地域市场

竞争不单在商品维度进行,也在地域维度进行。完全一样的商品也会因为处于不同的地域而分属于两个不同的相关市场。因此,在分析完相关商品市场之后,还需要界定该商品的地域维度。

---

① Case C – 27/76, United Brands v. Commission, [1978] ECR 207.

② 比如中国移动的 3G 业务使用的是 TD-SCDMA 技术,中国联通使用的 WCDMA 技术,中国电信使用的 CDMA2000 技术。

《关于相关市场界定的指南》第9条列举了三个具体因素，从需求替代的角度来界定相关地域市场。

第一个因素为“商品的运输成本和运输特征”。决定相关地域市场最为重要的因素为涉案商品的运输成本。一般说来，体积越大、运输成本越高且价值越低的商品相关地域市场越小；而体积越小、运输成本越低并且自身价格偏高的商品相关地域市场就比较大。最为明显的例子为白金与啤酒。由于白金价值非常高，因此其运输成本在其价值中的占比就比较低，欧盟法院在“简科公司(Gencor)案”中也就将白金的相关地域市场界定为全球。[①] 而啤酒的自身价值较低，因此运输成本就在其价格中占有很大的比例，这也决定了啤酒的相关地域不会很大。比如，我国商务部就在“百威英博收购英国南非米勒案”中将啤酒的相关地域市场界定为我国各省级行政区域。[②]

第二个因素为“地域间的贸易壁垒”。地域间的贸易壁垒，尤其因各国海关以及不同法律法规的存在，往往可以将相关地域市场界定为某个国家。比如，我国最高人民法院在“3Q案”中就认为由于我国特殊的电信业务管理法律法规的存在，所以即时通信软件的地域市场为全国(不含港澳台)。[③] 而在我国境内一般不应当存在贸易壁垒，不过我国有三个特殊的地区(我国台湾地区、香港特别行政区、澳门特别行政区)。由于其在货物进出口方面有不同的竞争条件，因此一般情况下可以认为我国有四个相关地域市场。

第三个因素也为托底条款，不过《关于相关市场界定的指南》

---

① Case T-102/96, Gencor v. Commission, [1999] ECR Ⅱ-00753.

② 《关于附加限制性条件批准百威英博啤酒集团收购英国南非米勒酿酒公司股权案经营者集中反垄断审查决定的公告》，商务部公告2016年第38号。

③ 最高人民法院民事判决书，(2013)民三终字第4号。

第 9 条特别列出了两个因素。(1)“特定区域需求者偏好”。语言一般是分析该因素时所主要考虑的情形。比如,在“3Q 案”中原告奇虎公司就在一审的时候提出,内地(大陆)的用户更倾向于使用简体中文版本的即时通信软件,因此主张将相关地域市场界定为内地(大陆)。不过一审法院广东省高级人民法院没有接受这个主张。[①] (2)“商品运进和运出该地域的数量”。欧盟委员会曾经在“意大利平板玻璃(Italian Flat Glass)案”[②]中以该因素作为主要依据来界定相关地域市场。在该案中欧盟委员会必须要分析玻璃产品的相关地域市场是意大利还是也包括周围几个欧洲国家。欧盟委员会认为在意大利 80% 以上的玻璃都是来自意大利本土的生产商,因此将该案的相关地域市场界定为意大利。但是这种观点最终被欧盟初审法院(European Court of First Instance)驳回。不过欧盟委员会的分析方法确实可以为该因素的适用做上注脚。

(二)供给替代

依据《关于相关市场界定的指南》第 6 条的定义,“供给替代是根据其他经营者改造生产设施的投入、承担的风险、进入目标市场的时间等因素,从经营者的角度确定不同商品之间的替代程度”。其实简单来说,需求替代是从消费者的角度来分析不同商品的替代性;而供给替代则是从供给者(生产者)的角度来分析不同商品的替代性。这主要是因为经营者也会受到生产类似但还没有直接代替性的产品的竞争压力。若其随意提价,则这些生产商可以很容易地通过转产来提供具有直接替代性的商品,从而维持市

---

① 广东省高级人民法院民事判决书,(2011)粤高法民三初字第 2 号。

② Joined cases T－68/89, T－77/89 and T－78/89, Società Italiana Vetro SpA, Fabbrica Pisana SpA and PPG Vernante Pennitalia SpA v. Commission of the European Communities, ECR [1992] Ⅱ－01403.

场中的竞争价格。不过在绝大多数的情形中,生产者所认为的具有替代性的商品与消费者所认为的具有替代性的商品不会有本质的区别。因此,在这些案件中反垄断执法机构只需要调查消费者的认知状态就足够了。这也是《关于相关市场界定的指南》第4条指出“界定相关市场主要从需求者角度进行需求替代分析”的主要原因。但是在一些特殊的情形中,生产者和消费者的认知状态会出现偏差,此时就需要考虑生产者的观点,也即需要从供给替代的角度来界定相关市场。

1. 相关商品市场

《关于相关市场界定的指南》第8条认为,从供给替代角度来界定相关商品市场的时候需要考量的因素包括:“其他经营者对商品价格等竞争因素的变化做出反应的证据;其他经营者的生产流程和工艺,转产的难易程度,转产需要的时间,转产的额外费用和风险,转产后所提供商品的市场竞争力,营销渠道等。”

分析供给替代主要考虑的是不同商品之间的生产流程以及转产的难易程度和时间。一般用来说明供给替代在界定相关商品市场起决定性作用的案例为不同尺码的鞋子。对于消费者来说,不同尺码的鞋子之间不存在替代性。没有一个消费者会买自己不适合的尺码的鞋子。如此,从需求替代的角度来说,我们必须把不同尺码的鞋子界定为不同的相关商品市场。但是这对于生产者来说则迥然不同。不会有任何鞋子的生产者只生产某一个尺码的鞋子,他们总会生产所有尺码的鞋子。此时,就需要从供给替代的角度出发,将所有尺码的鞋子界定为同一个相关商品市场。另外一个反面的案例是冰激凌。冰激凌分为硬式冰激凌和软式冰激凌,前者一般在包装后批量销售,后者则一般现场销售。对于大多数消费者来说,这两种冰激凌没有太大的区别,原则上可以界定为同一个相关市场。但是从供给替代的角度思考的话,可能会有所不同。尤其是对于销售商来说,销售硬式冰激凌的销售商只要有冰箱就可以进行储藏和销售;但是销售软式冰激凌的销售商除了冰箱之外,还需要购置专门的机器用于现场制作冰激凌。二者的供给成本存在较大的差异。因此,从供给替代的角度出发,可以将这两种冰激凌分别界定为两个不同的相关商品市场。

上述几个因素只是用来分析不同商品存在供给替代技术上的可能性,我们还需要分析供给替代是否存在商业上的可行性。这也是为何《关于相关市场界定的指南》还要求分析“转产的额外费用和风险,转产后所提供商品的市场竞争力,营销渠道”。我们可以用纸张这种商品为例进行说明。一般来说,不同质量的纸张(比如新闻纸和宣纸)的生产工艺基本类似,转产的难易程度以及转产时间都没有太大区别。但这种技术上的可能性能否转为商业上的可行性呢?新闻纸向宣纸的转化可能就不存在商业上的可行性,二者都有自己专门的销售渠道,即便能相互转产,也不可能马上就打入对方的销售渠道。因此,我们还是需要把新闻纸和宣纸界定为两个不同的相关商品市场。

2. 相关地域市场

从供给角度界定相关地域市场时,一般考虑的因素包括:其他地域的经营者对商品价格等竞争因素的变化做出反应的证据;其他地域的经营者供应或销售相关商品的即时性和可行性,如将订单转向其他地域经营者的转换成本等。我国最高人民法院在“3Q案”中,从供给替代角度对相关地域市场进行了具体的分析。在该案中,最高人民法院所要审查的问题是处于境外的即时通信软件与境内的即时通信软件是否存在替代关系;如果有的话,那么就应当将即时通信软件的相关地域市场界定为全球。但是最高人民法院经过分析发现，即时通信软件属于增值电信业务，其经营者必须取得相关电信监管部门颁发的经营许可证，并需要满足一系列的形式要件。因此，处于境外的即时通信软件一般不会因为境内的相同产品的小幅度价格降低而选择进入境内。此外，境外即时通信服务经营者在较短的时间内（例如一年）进入境内并发展到足以制约境内经营者的规模存在较大困难。境外即时通信服务经营者首先需要通过合资方式建立企业、满足一系列许可条件并取得相应的行政许可，这在相当程度上延缓了境外经营者的进入时间。最后，最高人民法院认为涉案的相关地域市场应为全国（不含港澳台）。[①]

三、定量的分析方法

定性的分析方法虽然具有简便易用的特征，但是从上述的分析我们也可以看出定性分析主要存在两大弊端。其一，定性分析需要考量非常多的因素，那么由此产生的问题就是没有任何一种因素能够起决定作用。在具体的个案分析中，可能会让人产生执法机构随意赋予某个因素重要性的质疑。其二，在分析具体因素的时候往往会掺杂执法机构自身的主观判断。比如，在上一节讨论的“联合商标公司案”[②]中，欧盟法院认为香蕉具有独特性所以与其他水果不存在替代关系。但是香蕉是否已经独特到成为一种特殊的水果呢？这在很大程度上是一种见仁见智的问题。为了解决定性方法的这些弊端，经济学界开发出了很多定量的方法，比如假定垄断者测试方法、剩余需求弹性方法、临界弹性方法、临界损

---

① 最高人民法院民事判决书，(2013)民三终字第4号。

② Case C－27/76，United Brands v. Commission，[1978] ECR 207.

失方法等。目前,我国反垄断法框架内所认可的只有假定垄断者测试。本节主要对于假定垄断者测试进行分析和解读。

(一)分析方法

假定垄断者测试(hypothetical monopolist test,HMT)是以芝加哥学派的经济学思想为基础而形成的定量的界定相关市场的方法。这种方法在1982年美国的《合并指南》[①]中被首次提出,现在已经成为几乎所有国家反垄断执法机构界定相关市场的主要方法之一。比如,欧盟在1997年的《关于相关市场界定的通告》中也引入了该方法,但与美国只将假定垄断者测试限于经营者集中案件不同,欧盟将该方法扩展到垄断协议和滥用行为的分析之中。[②] 我国的《关于相关市场界定的指南》直接援用了欧盟的做法。根据我国《关于相关市场界定的指南》假定垄断者测试大致存在如下四个步骤。

第一步:确定初始市场。反垄断执法机构首先选取最没有争议的替代性商品作为分析的初始点。这些商品既可以只是涉案企业提供的商品,也可以是包含其他具有紧密替代关系的商品。然后假定所有生产这些商品的经营者为假定的垄断者(这也是假定垄断者测试名称的由来)。

第二步:分析提价。依据勒纳指数的观点,垄断者具有将价格提高到竞争水平之上的能力。在确定了这个假定的垄断者之后,反垄断执法机构所要分析的是:在其他销售条件保持不变的情况下,这个假定的垄断者能否在提高价格的情况下继续保持盈利。

---

① DOJ (1982), "1982 Merger Guidelines", https://www.justice.gov/sites/default/files/atr/legacy/2007/07/11/11248.pdf.

② European Commission, Commission Notice on the Definition of Relevant Market for the Purpose of Community Competition Law, December 9, 1997, OJ C 371/5.

在此，反垄断执法机构一般会选择一个小的(small)，但却又显著的(significant)、持久的(non-transitory)进行价格提升(increase in price)。这也就是假定垄断者测试的另一个名称 small but significant and non-transitory increase in price test（简称为 SSNIP Test)的由来。反垄断执法机构具体选择的测试标准为在一年内提价 5%～10%。[①] 如果初始市场中的假定垄断者在提价后能够保持既有的盈利状态，那么就意味着这个假定的垄断者是一个真正的垄断者。因此本案中的相关市场就是涉案经营者所提供的商品以及所覆盖的地域。但是，如果初始市场中的假定垄断者在提价后不能保持盈利，那么就需要进行第三步分析。

第三步：调整初始市场。如果初始市场中的假定垄断者不能保持原来的盈利水平，那么就意味着大量的消费者在提价之后转而购买其他经营者的商品。这同时也暗示：存在跟初始市场具有紧密替代关系的商品或者地域。此时就需要反垄断执法机构对初始市场进行调整。在调整的过程中，反垄断执法机构主要考虑的应当是消费者在提价后转投的那些主要的经营者。在确定了这些经营者之后，反垄断执法机构将初始市场中的经营者与新加入的经营者共同认定为假定的垄断者。

第四步：重新分析提价。在对初始市场调整完毕之后，反垄断执法机构将对这个新的假定垄断者重新进行 SSNIP 测试。随着假定垄断者的集合越来越大，集合内的经营者与集合外的经营者的替代性越来越小，最终会出现某一经营者集合，使得假定垄断者可

---

① 5%～10%这个测试指标是美国 1982 年的《合并指南》所创造的，其本身也并不存在较为完备并且合理的经济学依据。很多经济学家（比如斯蒂格勒和罗伯特）认为这个测试指标是不可能通过数据分析被应用的。参见李虹：《相关市场理论与实践——反垄断中相关市场界定的经济学分析》，商务印书馆 2011 年版，第 90～91 页。

以通过涨价实现盈利，由此便界定出相关市场。但是如果不能，则需要重新进行第三步和第四步的分析，直至发现分析中的假定垄断者能够保持盈利为止。

从上述的分析中我们可以看出，假定垄断者测试的重点在于研究价格提升之后消费者的选择变化以及由此而产生的生产者的利润变化。但是，近年来我们也看到在一些领域，尤其是在互联网领域，很多产品或者服务都是免费提供的。这就引发了假定垄断者测试能否对免费产品适用的讨论。该问题被“3Q案”重点讨论，并且最高人民法院也对此给出了回复。首先，最高人民法院认为“作为界定相关市场的一种分析思路，假定垄断者测试（HMT）具有普遍的适用性”。其次，最高人民法院也看到在互联网领域的经营者往往通过免费服务来支撑增值服务，因此，互联网经营商的竞争更加注重质量、服务、创新等方面的竞争而不是价格竞争。而且，在这种商业模式下，如果互联网经营者将其产品从免费变为收费，则可能引起大量用户的流失，进而影响其增值服务的利润。在免费成为主流的互联网领域，用户对于价格极其敏感，较小数额的价格提升也会导致大量用户的流失。同时，如果将免费产品变为付费产品也意味着商业模式的重大变更。因此，最高人民法院判断“基于相对价格上涨的假定垄断者测试并不完全适宜在本案中适用”。不过，最高人民法院也认为：“尽管基于相对价格上涨的假定垄断者测试难以在本案中完全适用，但仍可以采取该方法的变通形式，例如基于质量下降的假定垄断者测试。由于质量下降程度较难评估以及相关数据难以获得，因此可以采用质量下降的假定垄断者测试进行定性分析而不是定量分析。”但是令人遗憾的是最高人民法院并未就此做进一步的分析。①

① 最高人民法院民事判决书，(2013)民三终字第4号。

(二)弊端

相对于第二节中介绍的定性的方法,假定垄断者测试具有很强的去主观性的效果。比如前文中所说的香蕉与其他水果的争议,[①]如果当时的欧盟法院能够运用假定垄断者测试,分析一下如果香蕉的价格提高以后香蕉的销售商是否能够继续保持利润水平,那么他们的结论将会更容易被接受,而不太会被质疑。但是假定垄断者测试并非万能的,其在理论层面至少面临着如下两个无法解决的困境。

1. 玻璃纸悖论

假定垄断者测试主要依赖价格的变化来测试消费者的反应,但是这种测试方法在价格处于垄断高价的时候可能会呈现与正常价格不一样的情形。关于假定垄断者测试这个问题是学者在研究"杜邦玻璃纸案"[②]中提出来的。

该案的案情对于相关市场的界定并不是特别重要。本案涉及杜邦公司基于其产品玻璃纸滥用市场支配地位的行为,因此法院必须分析杜邦公司是否在玻璃纸所在的相关市场拥有市场支配地位,而分析市场支配地位的第一步就是界定玻璃纸所在的相关市场。在界定相关市场的时候,双方争执的焦点问题是相关商品市场究竟是玻璃纸还是柔性包装材料。如果将相关商品市场界定为玻璃纸的话,那么杜邦公司在该市场中的市场份额若达到75%,就基本可以确定杜邦公司的市场支配地位。但是如果将相关商品市场界定为柔性包装材料的话,那么杜邦公司的市场份额就不到20%,就不拥有市场支配地位。在本案中,法院主要从质量和用途

① Case C-27/76, United Brands v. Commission, [1978] ECR 207.

② U.S. v. E.I. Dupont Nemours Co., 351 U.S. 377, 76 S.Ct. 994, 100 L. Ed. 1264 (1956).

两个方面分析了二者的可替代性,认为玻璃纸与其他柔性包装材料之间存在替代性。这点倒是和传统的界定相关市场的方法没有太大区别。不过本案最大的区别在于,本案分析了玻璃纸与其他柔性包装材料之间的需求交叉弹性,并认为客户对于玻璃纸与其他柔性包装材料之间价格的变化具有高度的敏感性。换句话说,如果玻璃纸价格提高的话,消费者就会转而购买其他柔性包装材料。最终,法院认为本案相关商品市场是柔性包装材料市场,而玻璃纸只是该市场中的一部分。

玻璃纸悖论实际上并未被当成一个法律问题被提出,其最早是在1955年的一篇经济学论文中被提出的。这篇论文提出:虽然存在杜邦公司无法提价的现实,但这个现实可能是因为杜邦公司已经将价格提高到垄断水平,从而无法再次提高价格。① 这篇论文发表之后就引发了经济学界的热议。当价格提高之后,任何商品的销售数量总会下降的。因此,任何垄断者都不可能任意提高价格的。我们将垄断者能够设置的最高价格称为垄断价格。当市场价格已经处于垄断价格的时候,如果垄断者再次提高价格,那么消费者对于该商品的消费信心就会崩溃,或者转而购买其他替代性不是特别强的商品,或者干脆停止消费此类商品。② 虽然事后"杜邦玻璃纸案"并未因此而被翻案,但到目前为止玻璃纸悖论已经成为广为接受的假定垄断者测试所无法解决的理论困境。

2. 高转换成本悖论

假定垄断者测试对已经处于垄断价格的商品已失去应用价

---

① See George W. Stocking and Willard F. Mueller, *The Cellophane Case and the New Competition*, American Economic Review, Vol. 45, p. 29 – 63 (1955).

② See Donald E. Turner, *Antitrust Policy and the Cellophane Case*, Harvard Law Review, Vol. 70:2, p. 281 – 318 (1956).

值。除此之外,假定垄断者测试对价格需求弹性不大或者转换成本过高的商品也不太能够适用。比如,在界定电信业务的地域市场的时候,应用假定垄断者测试就存在很大的困难。首先,我们可以假设固定宽带的初始相关地域市场为每一个地级市的行政区域,比如上海市的闵行区和徐汇区。如果使用假定垄断者测试的话,反垄断执法机构需要分析的是如果闵行区的宽带价格提高10%,消费者会不会到徐汇区购买宽带服务。而消费者如果要到徐汇区购买宽带服务,就必须从闵行区搬到徐汇区。正常情况下,没有一个消费者会因为宽带价格的提升搬家。因此,我们可以把宽带的地域市场分别界定为闵行区和徐汇区。但是如果我们将初始的相关地域市场界定得更小一点,比如涉案消费者的家里和邻居家。那么此时关于假定垄断者测试的问题就转变为如果我家的宽带价格提升10%,我会不会搬到邻居家。那么除非消费者可以将邻居家买下或者租下,否则也不可能搬到邻居家。因此,我们又可以把固定宽带业务的相关地域市场界定为每一个消费者的家。从上述分析我们可以看出,对于转换成本特别高的商品相关地域市场就会界定得特别小。本来这么做也没有问题,但是反垄断执法机构在面对涉及电信业务的案件的时候,就必须界定出来千万级别的相关市场,这会使得后续的市场支配地位的分析非常麻烦,从而不具有可操作性。因此,对于电信业务相关市场的界定一般不会去使用假定垄断者测试,而是适用传统的定性分析进行界定。①

总而言之,虽然假定垄断者测试在理论层面具有很强的说服

---

① See Liyang Hou, *Sub-national Geographic Markets within the Electronic Communications Sector*, World Competition, Vol. 33:3, p. 437 – 456 (2010).

力，但从实践来看，反垄断执法机构真正运用假定垄断者测试来界定相关市场的案件少之又少。主要原因之一在于假定垄断者测试在实践中极难操作。任何一个反垄断执法机构都不能真正让涉案企业进行涨价，然后真实地观测消费者的反应。因此，假定垄断者测试所进行的依然只是假设性分析，这种假设性分析所依据的只是价格提升之后对于消费者行为的猜测。这种猜测是否符合实际情况本身就很值得思量。此外，为了证明这种猜测，反垄断执法机构也需要进行大量的市场调研，并进行相应的经济分析，这对于执法资源相对紧缺的反垄断执法机构来说无疑是雪上加霜。另外，除了这些实践操作上的困难之外，假定垄断者测试还存在上述两个理论上无法解决的困境。因此，在实际的执法活动中，反垄断执法机构往往会将定性的方法和定量的方法结合使用，而非专门依赖某一种方法。

四、两个特殊的问题

定性的方法和定量的方法是界定相关市场最为基本的两种方法。但相关市场的界定在现实中依然还是一个非常复杂的问题。这一方面是因为相关市场的界定需要掌握充实的涉案行业的内部信息。在界定相关市场的时候，反垄断执法机构必须借助行业的具体知识进行分析。另一方面也是因为相关市场在反垄断分析中的基础地位。相关市场的界定会影响到后续的各种分析。在本书第七章的讨论中我们也会看到我国绝大多数的反垄断案件都是因为原告无法证明涉案的相关市场从而败诉。但除去定性和定量这两种基本的方法之外，相关市场的界定还涉及下面两个特殊的问题。

(一)替代锁链

在分析具体行业的时候,我们会经常发现某些产品或者地域之间只有部分的可替代性。在一些特殊的场合就需要将这些部分可替代性进行综合分析,以确定所有只有部分可替代性的产品或者地域是否形成替代锁链(chain of substitution),并决定替代锁链的存在是否为这些产品或者地域构成同一个相关市场的原因。

对于相关商品而言,具有替代锁链效应最为明显的案例是酒店行业。在酒店行业中,我们会发现不同价格或者说不同质量的酒店形态,比如五星级酒店、四星级酒店、三星级酒店及最便宜的招待所。如果我们将五星级酒店和招待所提取出来进行假定垄断者测试,也即将五星级酒店的价格提高10%来分析消费者会不会转而选择招待所。我们可以通过消费者的消费习惯大致进行推测,五星级酒店的消费群体一般不会为了10%的价格提升转而选择招待所。因此,此时的结论可能会是五星级酒店和招待所构成了两个不同的相关商品市场。但是如果我们进一步研究就会发现,在五星级酒店和招待所之间存在大量的具有部分替代性的商品,也即四星级酒店和三星级酒店。虽然五星级酒店和招待所之间不存在直接的替代性,但是五星级酒店和四星级酒店之间,以及四星级酒店及以下级别的酒店和招待所之间确实存在一定程度的替代性。由于所有的这些商品构成了一个完整的替代性锁链,所以我们在界定涉及酒店的相关市场的时候就需要把所有的酒店都界定为同一个相关市场。

此外,相关地域市场的界定也会涉及类似的内容,典型案例为超市。每一个超市都会有自己典型的消费群体,这个消费群体大致是在几公里之内的范围活动。一般情况下,消费者不太会去离自己特别远的超市购买物品。因此,两个相距超过10公里的超市一般不具有直接的替代性。但是如果这两个超市之间存在其他竞争者,然后每一个超市都跟这些竞争者发生直接的、有效的竞争关系;那么我们在最终界定超市类商品的相关地域市场的时候,就必须将所有这些具有局部替代性的超市共同界定为在同一个相关地域市场之中。

因此,替代锁链的基本分析框架就是,如果 A 商品或者地域与 B 商品或者地域具有替代关系,而 B 商品或者地域与 C 商品或者地域具有替代关系,那么 A、B、C 三者就构成了同一个相关市场。在分析替代锁链的时候,我们也必须要关注这些商品或者地域之间是否存在替代性断裂的情形。如果存在替代性断裂的情形,我们就必须以这个断裂面为界将涉案的相关市场界定为不同的相关市场。比如,在五星级酒店之外还有更为豪华的所谓的六星级酒店,而这两类酒店之间的价格就相距较大从而不存在直接的替代性,因此我们又必须在其他酒店之外界定出来一个所谓的超豪华酒店的相关商品市场。①

(二)零部件市场

消费者购买耐用品之后,往往还需要购买消耗品来保证耐用品的正常使用。例如,汽车、打印机等是耐用品,而消耗品就是汽车的零部件或者维修服务、打印机的墨盒等。在现实生活中耐用品的相关市场一般比较容易界定,而且一般也都是竞争性的市场,也即存在大量的竞争者。但是比较复杂的问题是如何界定消耗品的相关市场。其中的主要问题在于不同品牌耐用品的消耗品一般都是不兼容的。比如,购买惠普打印机的消费者只能购买适用于

---

① See International Competition Network, *Market Definition* (2004), http://www.internationalcompetitionnetwork.org/uploads/library/doc562.pdf.

惠普打印机的墨盒，而无法使用爱普生打印机的墨盒。因此，此时涉及相关市场界定的法律问题就是能否将不同品牌的消耗品界定为不同的相关商品市场。对于打印机的消耗品来说，也就是能否将惠普打印机的墨盒界定为一个单独的相关商品市场，这也就是反垄断法中比较典型的“零部件市场”问题。

能否界定零部件市场非常重要。比如，任何一个品牌的打印机都不会拥有市场支配地位，但是如果能够界定零部件市场的话，可能任何一个品牌的打印机都会在墨盒这个细分相关市场中拥有市场支配地位。因此，反垄断执法机构在分析零部件市场的时候大都持非常慎重的态度。我们目前尚没有严格意义上的零部件市场的案件，只是在几个原告败诉的案件中涉及了此类问题。比如，在“徐某诉青岛某本田 4S 店案”中，本田飞度轿车的用户徐某前往广汽本田某 4S 店青岛某汽车有限公司购买汽车保养需使用的正厂机油滤清器和正厂机油拟自行进行保养，但被告知如不在 4S 店保养并交纳工时费，4S 店将拒绝将正厂机油滤清器及正厂机油销售给徐某。徐某以拒绝交易起诉该 4S 店滥用市场支配地位。虽然涉案法院将相关市场界定为青岛地区广汽本田飞度轿车所用的机油滤清器及机油市场；但法院认为在青岛地区除被告外，还有多家广汽本田 4S 店，均能提供广汽本田飞度轿车所用的机油滤清器和机油，且原告未能证明其所需机油滤清器和机油是市场上其他产品所无法替代的，因此被告没有市场支配地位，从而驳回了原告的诉讼请求。①

关于零部件市场最早、最典型的案件是美国联邦最高法院审

---

① 参见《青岛法院通报一起消费者诉汽车 4S 店垄断案》，载齐鲁法制网 2014 年 4 月 23 日，http://www.qlfzw.com/Article/flfw/201404/20140423152733.html。

理的“伊斯特曼柯达案”①。在该案中,柯达公司生产和销售影印机,并提供售后服务和设备零配件。柯达公司在当时的美国影印机市场中占 20% ~23% 的市场份额,从这个角度而言,柯达公司在影印机市场中不太可能拥有市场支配地位。但该案的涉案行为也并未发生在影印机市场,而是发生在零部件市场。最初,有 18 家公司为柯达公司影印机提供维修服务,但随后柯达公司拒绝向这些公司提供柯达产品的零部件,从而使得这些公司无法运营下去。这些公司遂以柯达公司非法搭售、垄断或者企图垄断其影印机设备的服务市场为由提起诉讼。该案最大的法律问题就是柯达影印机的零部件是否能够组成一个单独的相关市场。最终,美国联邦最高法院认为其他公司对柯达影印机的零部件具有很强的依赖性,因此认定柯达影印机的零部件可以构成单独的相关市场,柯达公司在该市场中拥有市场支配地位。

无有独偶,欧盟也有类似的案件,即 1979 年的“福全(Hugin)案”②。在该案中,福全公司是一个生产点钞机的公司,其也生产自己品牌点钞机的零部件。立顿(Lipton)公司则专门为福全公司的点钞机提供维修服务。后来福全公司决定回收第三方维修服务,从而决定不向第三方公司提供其品牌点钞机的零部件。由于无法获得这些零部件,立顿公司无法经营维修服务,从而将福全公司诉向法庭。与“伊斯特曼柯达案”类似,福全公司在点钞机市场中也不太可能拥有市场支配地位,因此本案的争点依然是福全公司点钞机的零部件是否构成单独的相关市场。在本案中,欧盟法院认为立顿公司的生产经营完全依赖于福全公司提供的零部件,

① Eastman Kodak Co. v. Image Technical Services, Inc. ,504 U. S. 451 (1992).

② Case C –22/78, Hugin v. European Commission, [1979] ECR 1869.

这种锁定效应(lock-in effect)使得福全公司的零部件构成了单独的相关市场。

据此,我们似乎可以认为当相对方对于某个零部件有依赖性的时候,或者说无法获得该零部件其生产经营就无法进行下去的时候,那么我们就可以认定该零部件构成单独的相关市场。但是该案之后,关于零部件市场的界定也出现了一定的转机。这主要是因为很多经济学家认为消费者在选择某个零部件的主产品的时候,也会将零部件的成本考量在内,此时应当将零部件和主产品界定为同一个相关产品市场。[1] 比如,欧盟委员会表示不会再依据原来的方法进行界定,而是进行综合考量。[2] 在这种新的分析框架中,零部件市场的分析主要考量两个因素。首先,消费者在购买主产品的时候,是否已经考虑了零部件产品的价格。若有,则二者属于同一个相关产品市场。其次,主产品与零部件产品价格的比例。若零部件产品的价格相较于主产品的价格过高,则消费者总是可以通过转换主产品的方式迫使经营者降低价格。若零部件产品的价格与主产品的价格相差不大,则很容易产生锁定效应,从而有可能使零部件产品成为独立于主产品的相关市场。

第二节 电信相关市场的界定

我国《电信条例》中主导的电信业务经营者是根据具体的电信业务进行确定的,因此确定具体的电信业务(也就是界定电信业

---

① See Richard Whish (2009), *Competition Law*, Oxford, p. 36.

② See European Commission (1996), XXVth Report on Competition Policy, para. 86 (1995), http://ec.europa.eu/competition/publications/annual_report/1995/en.pdf.

务的相关市场）就成为分析主导的电信业务经营者的第一步。我国《反垄断法》中关于相关市场的界定已为电信相关市场的界定提供思路方法。本节将根据上一节界定相关市场的方法来具体确定我国各种电信业务的相关市场。

一、电信相关市场概述

我国对于电信业务的定义采用的是世界贸易组织的定义，也即电信是指利用有线、无线的电磁系统或者光电系统，传送、发射或者接收语音、文字、数据、图像以及其他任何形式信息的活动。[①]随着三网融合的确立，我国的电信业务已经属于广义电信定义的范畴，包括所有的电信活动，也即固定电话、移动电话、固定宽带、移动数据、广播电视、互联网等。在进行电信相关市场界定之前，我们有必要对这些电信业务进行分类。

（一）基础电信业务与增值电信业务

首先，依据电信许可主体以及业务涉及内涵的不同，电信业务可以分为基础电信业务和增值电信业务。二者最大的区别在于前者由工信部颁发许可，后者由省级电信主管部门颁发许可。但是从实质内涵而言，基础电信业务，是指提供公共网络基础设施、公共数据传送和基本话音通信服务的业务；增值电信业务，是指利用公共网络基础设施提供的电信与信息服务的业务。[②] 基础电信业务和增值电信业务在互联网各种业务出现之前界限是非常清晰的，主要就是固定通话网络及固定通话服务、移动通话网络及移动通话服务、宽带网络及宽带服务、广播电视网络及传输服务。二者

---

① 参见《电信条例》第 2 条。

② 参见《电信条例》第 8 条。

不存在任何竞争关系,完全是互补的关系。比如"114"提供的信息服务。该服务必须通过电信运营商的电话(固定或者移动)网络实现,同时电信运营商原则上不提供该类服务。但随着互联网业务的发展,互联网也可以实现类似固定电话和移动电话的通话功能,以及广播电视内容的服务功能。这些都和既有的电信服务产生了一定竞争关系,比如移动服务中短信息业务的大幅度萎缩就跟互联网服务中即时通信软件的兴起直接相关。但是从本质上来说,各种互联网服务只能通过电信运营商的固定宽带或者移动数据进行传输,因此依然属于增值电信服务,也即"利用公共网络基础设施提供的电信与信息服务的业务"。本书的研究仅限于基础电信服务的规制,不包括增值电信服务;另外,本书的研究也不包括广播电视业务中的内容制作,仅仅包括广播电视网络建设以及广播电视内容的传输。

其次,根据现行的《电信业务分类》,基础电信业务包括固定通信业务、蜂窝移动通信业务、卫星业务和数据通信业务。这种分类基本上是按照电信网络进行区分的。固定通信业务对应公共电话网,蜂窝移动通信业务对应公共手机网,卫星业务对应卫星网,数据通信业务对应互联网业务。此外,虽然《电信业务分类》中没规定,但我们应当明确的是目前的电信业务也包括广播电视业务。下面我们首先从《反垄断法》界定相关市场的角度来分析这几类基础电信业务之间的替代性关系,或者说分析它们是一个相关市场还是单独的相关市场。在三网融合之前,各种电信网络的功能比较单一,或者说他们提供的电信业务互补交叉。但是三网融合之后,原先独立存在的电信网络可以相互提供交叉性的技术。比如,消费者可以通过拨号进行上网,通过互联网传递语音信号等。因此,以网络技术本身来划分相关市场已经不符合目前电信业务发展的现实。我们可以从这些传统网络所能提供的电信功能来界定电信相关市场。

目前几乎所有的网络都已经实现了数据化。换句话说,所有在电信网络传输的信息内容都是以 0 和 1 的二进制数据进行展现的。在网络传输的管道里面,所有信息内容(通话、短信息、网络数据、广播电视等)在通道内部没有任何区别。但是由于传统模式的影响,以及消费者的消费认知,世界上所有国家还是把传统的语音通话与数据传输和广播电视划分为两个大的相关市场。因此,我们也把所有的电信业务首先区分为语音传输相关的电信业务、数据传输相关的电信业务、广播电视相关的电信业务。这三种电信业务分别满足消费者不同的消费需求,不存在任何替代关系。下面,我们对于每个大的电信市场进行具体分析。

(二)语音电信业务

语音传输的主要目的是保证通话双方能够远程对话。随着科技的发展,语音传输的内容已经不仅仅限于语音本身。可视电话与文字信息也逐渐被包含在语音传输的范畴之内。但是,无论如何,语音传输本身总是这一类服务的核心内容。或者说,在其他形式的信息交流不能完全同时保证的时候,语音传输总是会被优先传输。从我国目前的实践来看,语音传输主要的传输形式有传统固定电话网络传输、移动手机网络传输、卫星传输以及 IP 电话。语音传输依据其传输媒介的不同,又可以具体分为固定通话业务与移动通话业务。二者的传统表现为公共有线电话业务和手机业务。同为语音通话,固定通话与移动通话存在很大的区别,这将二者划分为不同的相关市场。

固定通话与移动通话从本质上来说都是语音通话,存在一定的替代性,但是二者之间不存在完全的需求替代。从实现语音通话的目的来看,二者的确存在一定的替代性。但是二者依然存在很大的区别。首先,移动通话使消费者可以在运动过程中接听电话,大大突破了固定电话对于特定地点的要求。其次,固定电话的运行不易受到外界环境的干扰。一方面,固定电话网络具有自身内置的电源系统。因此,一旦出现大规模停电的情况,固定电话依然可以独立运行;而手机系统则不可以。另一方面,固定电话基于有线网络,不容易受到其他传输媒介的干扰;而移动电话受到干扰或者被截听的可能性更大。此外,固定通话与移动通话业务的价格差别很大。以上海电信的定价为例,固定通话的本地通话定价为0.1元每分钟;而其移动通话的国内通话标准资费为0.15元每分钟。二者的差价在50%左右。依据假定垄断者测试,少量提升任何一种业务的价格都不会显著影响另一业务的消费量。最后,固定通话与移动通话有不同的电信网络,二者的投资都非常巨大。一旦某一个电信运营商在某一个领域具有市场优势之后,其他电信企业很难对之进行约束。这从上海移动与上海电信在上海市长期稳定的市场份额中就可以看出。

因此,我们可以首先将语音通话业务划分为固定通话与移动通话。

（三）数据电信业务

与语音通话的目的类似,数据传输的目的是实现远程用户之间的数据传输。在此处的数据传输排除了传统电话语音传输的形式,而专指互联网业务中的数据传输。从我国目前的实践来看,数据传输使用的主要技术有固定宽带网络、移动手机网络、有线电视网络、卫星通信网络及Wifi等无线传输网络。与语音业务的二级分类相似,我们可以首先将数据传输业务区分为固定数据传输与移动数据传输,主要原因如下:

固定数据与移动数据不存在完全的需求替代。从实现数据传输的目的来看,二者的确存在一定的替代性。但是二者依然存在很大的区别。首先,移动数据使消费者可以在运动过程中收发数据,这大大突破了固定数据传输对于特定地点的要求。其次,虽然移动数据的传输已随着手机网络的升级速率逐渐提高,比如 4G 网络的理论传输速度可以达到 100 兆每秒,未来的 5G 甚至会更高。但是移动数据的传输速度及其稳定性都无法跟固定数据传输比拟。正常情况下,固定数据传输的速度都为移动数据传输速度的几十倍甚至上百倍。因此,消费者不会将二者视为可以完全替代的产品。此外,固定数据与移动数据的定价方式存在很大差异。以上海电信的定价为例,其固定数据传输实行的是包月制,消费者缴纳一定数额的服务费用之后,在该月内可以随意下载数据;而移动数据则一般实行按照下载数量进行收费或者实行包月制与下载数量相结合的收费制度。由于二者的定价存在巨大的差异,如果依据假定垄断者测试的话,无论哪种业务有 5% ~10% 的提价,都不会对另外一个业务的消费量造成太大的冲击。最后,固定数据与移动数据基于不同的电信网络,二者的投资都非常大。一旦某一个电信运营商在某一个领域具有市场优势之后,其他电信企业很难对之进行约束。这从上海移动与上海电信在上海市长期稳定的市场份额中可以看出。

(四)广播电视业务

广播电视业务与通话业务和数据业务存在较大的区别。广播电视业务是指利用电子技术及设备传送活动的图像画面和音频信号的电信活动。在三网融合之前广播电视业务与传统电信业务的边界是非常清晰的。传统的电信业务给用户提供双向的信息传输功能,而广播电视业务则是单向的信息传输。随着三网融合业务的发展,广播电视网络也可以实现双向的信息传输,也就是我们现在所说的IPTV。即便电信网络也可以传输电视,广播电视网络可以实现通话,但是广播电视网络三网融合的发展并未改变电视广播这种电信业务的本质。用户在享受广播电视业务的时候更多的是通过这种业务获取视频或者音频的内容,而非视频或者音频的信息交流或者交换。因此,虽然从供给替代的角度来说,语音通话、数据传输及广播电视之间存在一定的替代性,但是从需求替代的角度来说,用户依然不会将这三者视为同一种服务。因此,广播电视业务与语音通话、数据传输分属不同的电信相关市场。

(五)电信批发市场与零售市场

电信相关市场依据相关当事人的不同,又可以具体分为电信批发市场(wholesale markets)与电信零售市场(retail markets)。电信零售市场是指那些直接销售给最终消费者的电信业务;而电信批发市场则是指那些销售给其他电信运营商的电信业务。电信零售市场的概念比较容易理解。在电信市场开放之前,消费者都是直接从老牌电信运营商处购买电信服务。这些老牌的电信运营商都是完全基于自己的网络提供电信服务。但是随着电信市场的放松管制,其他电信运营商开始进入电信市场。这些新进入的电信运营商或者没有网络,或者没有覆盖所有地方的网络,或者无法直接将其电信网络连接到其他电信运营商的客户,因此需要租用既有的电信运营商的网络、购买既有电信运营商的接入服务等,才能提供自己的服务。所以,电信市场中除B2C(企业对消费者)的电信业务之外,还存在B2B(消费者对消费者)的电信业务;同时,B2B的电信业务又是新进入的电信运营商提供B2C电信业务的基础,或者说B2B电信业务是上游市场,B2C电信业务是下游市场。二者之间既不存在需求替代,也不存在供给替代,因此分属于两个不同的相关市场。

综上所述，本书认为我们可以将所有的基础电信业务划分为10个领域：(1)固定通话批发市场；(2)固定通话零售市场；(3)移动通话批发市场；(4)移动通话零售市场；(5)固定宽带批发市场；(6)固定宽带零售市场；(7)移动数据批发市场；(8)移动数据零售市场；(9)广播电视批发市场；(10)广播电视零售市场。(见表4-1)下面本书将依据这10种初步的分类来具体界定电信相关市场。

表4-1　电信相关市场的初步划分

<table>
<tr><th>一级类别</th><th>二级类别</th><th>替代性技术</th><th>三级类别</th></tr>
<tr><td rowspan="4">语音通话</td><td rowspan="2">固定通话</td><td>公共电话网</td><td>固定通话批发市场</td></tr>
<tr><td>IP 电话</td><td>固定通话零售市场</td></tr>
<tr><td rowspan="2">移动通话</td><td>蜂窝通信技术</td><td>移动通话批发市场</td></tr>
<tr><td>卫星通信技术</td><td>移动通话零售市场</td></tr>
<tr><td rowspan="5">数据传输</td><td rowspan="2">固定数据</td><td>固定宽带网</td><td>固定宽带批发市场</td></tr>
<tr><td>有线电视网</td><td>固定宽带零售市场</td></tr>
<tr><td rowspan="3">移动数据</td><td>蜂窝通信技术</td><td>移动数据批发市场</td></tr>
<tr><td>卫星通信技术</td><td rowspan="2">移动数据零售市场</td></tr>
<tr><td>Wifi 等</td></tr>
<tr><td rowspan="4">广播电视</td><td rowspan="4">/</td><td>有线电视广播</td><td rowspan="2">广播电视批发市场</td></tr>
<tr><td>无线电视广播</td></tr>
<tr><td>IPTV</td><td rowspan="2">广播电视零售市场</td></tr>
<tr><td>OTT</td></tr>
</table>

二、固定通话的相关市场

(一)零售市场

固定通话实现的是电信用户在固定地点之间的语音通话功能。这个固定地点由于技术的发展必须进行扩张解释。比如,目前很多用户使用无绳电话,这可以使用户在一定的范围之内实现运动中通话的功能。但是无绳电话跟手机通话依然存在较大的区别,无绳电话的用户只能在固定的范围之内进行移动,而不像手机用户的移动范围一样不受限制。从我国目前的实践来看,固定电话主要通过公用电话网络(PSTN)实现。但是固定语音通话,目前也存在很多替代性技术,比如 IP 电话、网络聊天工具等。下面我们将分析固定通话跟这些替代性技术之间是否存在替代关系。

首先,我们可以将固定通话业务区分为本地通话、国内长途通话、国际长途通话。根据工信部的规定,用户在拨打国内长途或者国际长途电话的时候,需要在本地通话费用的基础上支付相应的国内长途通话费或者国际长途通话费。这个价格之间的区别,使用户无法将三种业务作为替代性的产品。

其次,我们再分析传统固定电话跟 IP 电话之间的替代关系。《电信业务分类目录》将 IP 电话业务界定为"利用 IP 网络协议,通过 IP 网络提供或通过电话网络和 IP 网络共同提供的电话业务"。IP 电话业务在此特指由电话网络和 IP 网络共同提供的 Phone—Phone(电话至电话)以及 PC—Phone(电脑至电话)的电话业务,其业务范围包括国内长途 IP 电话业务和国际长途 IP 电话业务。IP 电话业务在整个信息传递过程中,中间传输段采用 IP 包方式。从我国目前的实践来看,IP 电话业务主要是提供给用户一个密码,用户通过拨打固定电话号码接入 IP 电话业务。比如,中国电信的

IP 电话号码为“17900”或者“17901”。用户通过预先支付话费的方式,来拨打国内长途电话或者国际长途电话。此次,用户依然需要支付本地通话的费用。因此,IP 电话跟固定本地通话业务之间不存在替代关系。但是由于价格的优势,用户可能会将 IP 电话跟传统的国内长途业务和国际长途业务作为替代产品。随着数字通信的发展,国内长途资费下降的幅度非常大,所以现在的 IP 电话卡主要都是针对国际长途通话。

再次,我们接着分析传统固定电话跟其他即时通信的语音通话是否属于同一个相关市场。目前市场中存在多种类型的即时通信软件,都可以实现语音通话的功能,比如 QQ、微信、飞信、Skype 等。本书认为传统固定电话与其他即时通信软件不存在替代关系。第一,从电信业务的许可来看,传统固定电话属于基础电信业务,而即时通信软件是基于互联网而提供的一种服务,属于增值电信业务。二者在业务许可方面就存在很大区别。第二,从通话的质量来看,传统固定电话的通话质量以及稳定性是即时通信软件所不能替代的。第三,传统固定电话除了核心的语音功能之外,还存在很多增值功能,比如传真、定位、拨打 110 电话等功能,这些也是即时通信软件所不能替代的。进而,传统固定电话不需要家用电源就可以进行拨打,尤其是出现危急情形的时候,传统固定电话不能被替代。此外,传统固定电话都会附属一个电话号码。电话号码也是电信资源的一种,这和利用账号进行控制的即时通信软件存在非常大的区别。第四,以上都是从需求替代的角度进行分析,如果从供给替代的角度来看,传统固定电话依赖公用电话网络进行提供,而即时通信软件所使用的是数据传输网络,提供二者的运营商不可能在两种网络之间任意切换。因此,本书认为传统固定电话与即时通信软件之间不存在替代关系,属于两个独立的相关产品市场。

最后,我国的电信业传统上一直维持家庭用户和企业(包括政府事业单位)用户之间的区别。并且,传统上商业用户的收费相对家庭用户会高一些。从目前的实践来看,二者之间资费上的区别已经在逐步变小。但是值得注意的是,电信运营商会针对企业用户提供专门的电话集群服务。这些服务都是家庭用户所无法享受的。比如,上海电信就给企业用户提供协同通信、总机服务、天翼对讲等特殊的电信服务。因此,我们认为家庭用户和企业用户之间不存在替代关系。

综上所述,本书认为我们可以将固定通话业务的零售市场划分为6个相关产品市场:(1)家庭用户的本地固定通话市场;(2)家庭用户的国内长途固定通话市场;(3)家庭用户的国家长途固定通话市场;(4)企业用户的本地固定通话市场;(5)企业用户的国内长途固定通话市场;(6)企业用户的国家长途固定通话市场(见表4-2)。

表4-2 固定通话的相关产品市场

<table>
<tr><th>二级类别</th><th>三级类别</th><th>相关市场</th><th>替代技术</th></tr>
<tr><td rowspan="6">固定通话</td><td rowspan="3">家庭用户</td><td>本地通话</td><td rowspan="6">(1)传统固定电话网络;
(2)IP电话网络;
(3)即时通信软件中的语音通话功能不具有替代性</td></tr>
<tr><td>国内长途</td></tr>
<tr><td>国际长途</td></tr>
<tr><td rowspan="3">企业用户</td><td>本地通话</td></tr>
<tr><td>国内长途</td></tr>
<tr><td>国际长途</td></tr>
</table>

(二)批发市场

固定通话的批发市场是运营商给其他运营商提供相关服务所

形成的市场，其目的是让其他电信运营商可以向最终用户提供固定通话的零售服务。我国现在还不存在固定通话的转售业务，因此不存在有运营商会批量购买固定通话然后再零售给最终消费者的情形。但是拥有固定通话许可的电信运营商（目前只是三大国有电信运营商，即中国电信、中国移动和中国联通）之间可以购买固定通话的呼叫终止（call termination）服务。这种服务主要是指这些运营商自己的用户向处于其他运营商网络的用户发起通话。由于这些运营商的网络并不直接连接被叫用户，因此需要向被叫用户所在的运营商购买呼叫终止服务，如此这些用户之间才能形成通话。

我国《电信条例》中并没有明确规定呼叫终止服务。但是《电信条例》第 17 条规定的互联互通实际上包含了呼叫终止服务，也包含了网络对接所产生的各种服务。对于固定通话来说，这种互联互通服务就是呼叫终止的批发市场。这主要是因为各个固定通话的电信运营商并不会为了某个用户的通话而单独购买呼叫终止服务，而是笼统地购买所有的呼叫终止服务。因此，呼叫终止服务是独立于固定通话的零售业务之外的业务，两者并不属于同一个电信相关市场。

此外，每一个经营固定通话的电信运营商所提供的呼叫终止服务并不具有替代性。根据我国的相关规定，电话号码资源的使用权归属于电信运营商。因此，对于某一个电话号码所产生的呼叫终止服务和其他电话所产生的呼叫终止服务之间不存在替代性。所以，电信运营商只能向被呼叫用户所附属的电信运营商购买呼叫终止服务才能给呼叫用户提供通话服务。

因此，对于固定通话的批发市场来说，我国目前只存在一个相关市场，也即关于呼叫终止服务的批发市场。

三、固定宽带的相关市场

(一)零售市场

固定数据的功能性目的是全程通过固定网络将数据从一个地点传送到另外一个地点。在前面已经论证过,固定数据传输与移动数据传输从目前的技术发展来看还不能视为处于同一个相关产品市场。下面将分析固定数据传输是否存在可细分的相关产品市场。

我们以上海市宽带的基本情况为例进行分析。传统数据传输业务在我国主要存在3种技术手段:拨号上网、铜缆入户以及光纤入户。从目前的发展情况来看,上海已经基本进入光纤时代。根据上海市统计局2018年的数据,上海市千兆光纤用户覆盖总量达900万户,比上年年末增加495万户。家庭光纤用户数达644万户,比上年年末增加65万户。家庭宽带用户平均接入带宽达139M,固定宽带用户感知速率达31.86Mbps。[①] 从目前上海市的发展状况来看,光纤接入已经成为市场上的主流宽带产品,最早的拨号上网技术(带宽低于256KB/S)。但是不可否认的是,在上海市崇明区等地,依然存在旧的铜缆接入产品。在了解了上海市的固定宽带接入情况之后,我们首先认为不同技术之间的固定宽带产品存在替代关系。铜缆接入的最高速率虽然没有办法和光纤接入相比,但是二者之间存在很大的带宽交叉。比如,铜缆接入带宽的最高理论值可以达到10G/S,[②]一般也能达到几十兆每秒,存在和光纤接入竞争的空间。因此,我们认为铜缆接入和光纤接入属

---

① 参见《固定宽带建设和经营策略探索》,载移动通信网2013年9月25日,https://www.mscbsc.com/viewnews-93407.html。

② 参见闫志坤:《铜缆电话线实现10Gbps传输 创造新纪录》,载IT168网,http://net.it168.com/a2014/0714/1645/000001645353.shtml。

于同一个相关产品市场。

此外，由于三网融合技术的发展，目前上海市有线宽带运营商也可以经营固定数据传输业务，比如东方有线即通过其有线电视网络提供宽带通服务。那么由此产生的问题就是传统电信宽带网络与有线电视宽带网络之间是否存在替代关系。我们认为二者虽然不存在供给替代，也即有线电视宽带运营商不可能随意将其网络转换到传统的电信网络，反之亦然，但是二者之间存在需求替代关系。对于数据传输来说，消费者关注的并不是数据传输的技术本身，而是最为重要的数据传输的速度以及价格。从传输速度来说，有线电视宽带（比如东方有线）提供的宽带业务的速度跟上海电信类似，也是 50Mbps、100Mbps、200Mbps。另外，从宽带的价格而言，二者之间也具有很强的可对比性。虽然上海电信的价格略高，但是考虑到上海电信的宽带网络从质量上要远远高于东方有线，消费者对于上海电信的定价也基本认可。因此，我们认为电信运营商的宽带网络与有线电视宽带运营商的宽带网络共同组成了同一个相关产品市场。

目前市场中存在不同带宽的固定数据传输产品，下面我们以上海电信提供的宽带业务为例来分析不同带宽的产品之间是否存在替代关系。根据表 4－3，上海移动提供的宽带产品共有 20Mbps ~ 1000Mbps 等 8 种宽带产品。在这些宽带产品中除了 20Mbps 的价格变化跟其他产品相去甚远之外，其他宽带类别产品的价格基本呈现线性变化。另外，20Mbps 带宽属于低速宽带业务。在 2019 年 5 月，上海联通与上海移动提供的固定宽带服务最低带宽已经提升至 100Mbps。东方有线基于有线电视网提供的宽带业务最低也是从 50Mbps 带宽起算。因此，我们认为这类产品属于即将被市场所淘汰的产品，所以将其排除在分析之外。本书认为每一个类别的产品分别与其相邻类别的产品具有替代关系。另外,反垄断法相关市场的界定中存在替代锁链。简单来说如果 A 可以替代 B,而 B 又可以替代 C,虽然 A 和 C 之间并不存在直接的替代关系,我们依然可以认为 A、B、C 三者属于同一个相关市场。因此,不同带宽的产品之间共同组成了同一个相关产品市场。

表 4－3　2018 年上海电信年预付费宽带业务

	带宽/Mbps							
	20	30	50	100	200	300	500	1000
年付费价格/元	360	1000	1200	1200	1548	2028	2189	2990
与上一类别产品年度差价/元	—	640	200	0	348	500	160	801
与上一类别产品差别比率/%	—	178	20	0	29	32	8	36.5

另外,传统宽带运营商针对家庭用户和企业用户分别推出了不同类型的宽带业务,二者之间的价格差距比较大。比如,上海联通向家庭用户推出的 100Mbps 带宽的宽带产品价格为每年 360 元;而对企业用户提供的 100Mbps 带宽的宽带产品价格则为每年 1560 元。由于二者消费群体的区别以及价格的巨大差异,本书认为我们可以依据不同的用户来区分固定宽带产品。

综上所述,我们可以将固定数据传输产品的相关产品市场按照用户不同分为两个:(1)家庭固定宽带业务;(2)企业固定宽带业务。在这两个相关市场,各种能够实现宽带功能的网络都处于同一个相关市场之中,比如传统双绞线、光纤网、有线电视网等。

(二)批发市场

按照经营业务范围的不同,我国目前大致存在 3 种宽带运营商:(1)拥有互联网骨干网的宽带运营商;(2)拥有有线通信设施的宽带运营商;(3)纯粹的宽带转售运营商。每个类别运营商都在不同程度上需要其他宽带运营商的接入服务。首先,拥有互联网骨干网的宽带运营商需要其他宽带运营商提供互联互通服务,才能让他们的用户访问接入其他宽带运营商的网站。其次,拥有有线通信设施但不拥有骨干网的宽带运营商不能将不同地市的业务节点进行直连,因此必须向拥有骨干网的电信运营商请求城域网接入服务。同时,这些运营商可能在自己的经营区域内并未建立起来完整的网络,因此需要租用其他基础电信企业的某些网络元素。最后,纯粹的宽带转售运营商需要其他宽带运营商提供宽带的批发转租服务,从而将这些批量购买的宽带业务零售给最终的消费者。这三种服务是我国目前具有实际市场需求的关于固定数据的电信批发服务。

从技术实现角度而言,骨干网之间的互联互通服务、城际网接入服务、租用网络元素实际上都是接入服务。申言之,这些服务的区别仅仅在于在其他宽带运营商的网络上选取不同的连接(汇聚)节点位置进行接入,比如骨干网、城际网、驻地网等。这些位置在不同的定义体系中不同,在不同类型的网络中也不同,比如光纤入户网络的节点与传统网线的节点位置就有很大区别。因此,本书不建议按照不同的节点对宽带网络接入服务进行细分,只建议界定成为一个统一的电信相关市场。

此外,宽带服务转售所针对的市场主体与上述三种接入服务存在很大的区别。宽带转售服务的客户又被称为宽带虚拟运营商。这些企业没有任何实体的网络通信设施,只是从其他宽带运营商那里批量购买宽带业务,然后分拆后零售给最终消费者。从需求替代的角度来说,宽带服务转售与上述的介入服务只存在单向的替代性。换言之,也即宽带虚拟运营商可能会逐渐转型为拥有一定网络设置的运营商,转而购买接入服务;但拥有一定网络设施的运营商不会认为宽带服务转售具有替代性。因此,本书认为二者分属于不同的电信相关市场。

综上所述,本书认为我们可以界定两个关于宽带的批发业务市场:宽带服务转售、宽带网络接入。

四、移动通信的相关市场

(一)零售市场

固定通话与固定宽带一般被认为是两种不同的电信业务,但是移动通话和移动数据按照市场惯例一般都是捆绑销售的。实际上移动通话服务也提供一系列其他被捆绑销售的服务,比如短消息(SMS)、来电显示、国际漫游等。这是移动通话业务被商业化之后就一直执行的策略,因此本书认为移动通话与移动数据应按照同一种电信业务进行处理。

首先,本书还不是特别明确是否需要区分家庭用户和企业用户。移动服务与固定通话服务不同,移动服务与个人之间的关系更为紧密。二者虽然存在价格上的差异,但是如果移动运营商对于企业用户制定的价格过高,企业也可以鼓励自己员工通过个人名义购买移动服务。因此,从需求替代的角度来说,二者存在一定的替代性。但是,大企业用户可以向移动通信运营商要求更多的个性化服务,比如集群通话功能、企业内部的小号等。大企业用户也更有能力与电信运营商就移动服务的费率进行讨价还价。这些都是家庭用户所不具有的。这些又可能使企业用户与家庭用户呈现较大的区别。作者对此无法搜集到相关数据,因此对于家庭用户与企业用户在本书中不作区分。

其次,预付费业务与后付费业务应该属于同一个相关市场。

消费者可以随意从预付费用户变为后付费用户,也可以从后付费用户变为预付费用户。同时,从供给替代的角度来说,提供这两种服务并不存在较大的成本差异。

再次,原来移动通话与固定通话一样,有着本地通话、国内长途、国际长途的区别。甚至对于移动数据来说,也存在所谓的"省内流量"与"全国通用流量"之分。我国对于移动通话原来是按照地市级进行管理。换言之,如果拨打其他地市的手机号码,需要支付国内长途费;如果携带手机到其他地市,需要支付国内漫游费。国内漫游费的征收与国际漫游费的征收类似。经过多年的争议之后,三大国有电信运营商宣布自 2017 年 9 月 1 日起取消手机长途费以及国内漫游费。[①] 目前移动电话语音资费只剩一种,即语音通话主叫费。

最后,移动通话还存在不同通信技术标准之间的区别。我们用"某 G"来描述"第某代移动通信技术标准",比如 4G 说的就是第 4 代移动通信技术标准。目前依然在我国电信市场使用的移动通话标准主要是 4G 和 5G。那么我们是否需要将移动通话的市场按照不同的通信技术标准再往下作细分市场的划分呢?虽然每次技术更新带来的都是移动通信技术整体上的提升,但不同的移动通信标准在使用的差异上都体现在移动数据的带宽方面。2G 的数据下载速度大致是 150Kbps,3G 为 1Mbps ~ 6Mbps,4G 则是 10Mbps ~ 100Mbps。5G 的下载速度理论上能够达到 1Gbps。消费者在使用不同的通信标准享受互联网服务的时候,不同的通信标准确实能够给消费者带来不同的感受。从这个意义上来说,不

---

① 参见《9 月 1 日起取消手机长途费漫游费》,载新华网,http://www.xinhuanet.com//tech/2017 - 07/28/c_1121392283.htm。

同的通信标准满足消费者不同的消费需求,因而也存在一定的不可替代性。但是,从供给替代来看,虽然运营商在某两个通信技术标准的过渡时期,同时推出了不同时代的移动通信技术标准的服务,比如原来有所谓的3G套餐和4G套餐,但是随着新技术的成熟,运营商会逐渐将旧技术套餐淘汰出市场。比如,在2019年5月这个时间点,三大电信运营商在市场上就不再单独提供3G产品,而只有4G产品了。由于运营商不再推出3G产品了,所以也就不存在分析需求替代的必要了。此外,4G发展到现在也存在没有完全覆盖的地方。所以,虽然目前不再单独销售3G业务,但是运营商会在没有4G的地方将信号切回3G信号,甚至在极端情形下,在没有3G信号的时候运营商也会切回到2G信号。这种情形在5G时代会更加明显。5G标准由于使用的频率非常高,所以传输范围有限,运营商存在构建更大的移动网络的压力。但由于投资所限,可以预见在未来的很长一段时间内,5G服务应该只会在大城市中提供。当用户转移到没有5G信号的区域时,信号也就从5G转为其他通信标准了。所以,本书认为不同的通信标准构成同一个电信相关市场。

因此,从国内、国际通话与流量这个角度而言,我们可以将移动业务的零售市场按照国内通话与国际通话划分为:国内移动通话市场和国际移动通话市场。

(二)批发市场

移动通话的批发市场是移动运营商给其他运营商提供相关服务所形成的市场,其目的是让其他电信运营商可以向最终用户提供移动通话的零售服务。我国虽然没有向民营资本开放移动通话的网络设施建设,但是已经允许民营资本进入移动转售业务。移动转售业务的经营者向基础电信运营商批量购买移动业务,然后再零售给最终消费者。这些运营商也被称为移动虚拟运营商,购买的这种服务被称为主叫服务。移动虚拟运营商必须通过批量购买主叫服务才能进入移动通信市场,向最终消费者提供服务。该项业务由于受到电信业务许可牌照的限制,与其他电信业务不存在替代性,因此属于单独的电信相关市场。

此外,拥有移动通话网络的电信运营商(目前只是三大国有电信运营商,即中国电信、中国移动和中国联通)之间还需要相互购买移动通话的呼叫终止服务。这种服务主要是这些运营商自己的用户需要向处于其他运营商网络的用户发起通话。由于这些运营商的网络并不直接连接被呼叫用户,因此需要向被呼叫用户的所在运营商购买呼叫终止服务,如此这些用户之间才能形成通话。

因此,对于移动通话的批发市场来说,我国目前只存在两个相关市场:关于主叫服务的批发市场、关于呼叫终止服务的批发市场。

五、广播电视业务的相关市场

广播电视的传输业务与其他电信业务在服务客户层面存在一个区别——广播电视业务是一个双边市场,一边是收看或者收听的用户,一边是内容提供商。内容提供商将广播电视的内容通过广播电视传输网传递给用户。内容提供商又可以细分为广播电视节目制作者和广告商。二者同属于内容制作的范畴,但是二者内容制作的目的存在一些区别。广告商是一种特殊的内容制作者,不过广告这种内容的目的是宣传某种商品。在零售市场中,广播电视传输网络的经营者通过网络传输将广播电视内容传输给用户。我们应当区分广播电视内容本身以及内容的传输。前者涉及言论控制的内容,后者只是纯粹的电子信号的传输。我们下文的分析仅涉及广播电视内容传输的相关市场。

经过多年的发展,我国广播电视人口覆盖率已经到了非常高的程度。根据广电总局的统计,[①]截至2018年年底,全国广播综合人口覆盖率98.94%,电视综合人口覆盖率99.25%。其中,无线广播电视相较于有线广播电视具有较高的覆盖率,全国广播节目无线覆盖率97.85%,全国电视节目无线覆盖率97.46%。无线广播电视在实现广播电视业务的普及方面具有重要意义。付费电视网络的发展也非常迅速,目前有线广播电视覆盖用户数达3.46亿户,实际用户数2.18亿户。我国广播电视的数字化发展也非常迅速,截至2018年年底,数字电视覆盖用户数3.23亿户,双向电视覆盖用户数2.08亿户,其中交互式网络电视用户1.54亿户,互联网电视用户4.20亿户。此外,广播电视传输有高清节目传输与标清节目传输的区别。2018年全国高清有线电视用户9257万户,有线电视智能终端用户1884万户。

首先,我们需要分析有线付费的广播电视业务和无线免费的广播电视业务是否属于同一个相关市场。由于二者存在免费和付费的巨大差异,因此原则上来说二者应当属于不同的相关市场。同时,免费的电视业务与付费的电视业务在内容的范围、内容的质量方面也存在重大差异。一般免费的广播电视业务只是提供一些基础的电视节目,比如中央一套以及各省市的某个电视节目;除此之外,一般也只提供标清的电视内容。但是付费的广播电视业务就存在巨大的选择空间,无论在节目内容还是节目的质量上都给消费者很大的选择权。因此,付费的广播电视业务与免费的广播

---

① 参见《2018年全国广播电视行业统计公报》,载国家广电总局网,http://www.nrta.gov.cn/art/2019/4/24/art_2178_43533.html。

电视业务应当分属于不同的相关市场。

其次，目前争议最大的是传统的有线电视、交互式网络电视以及互联网电视是否处于同一个相关市场。由于三网融合的影响，广播电视业务不再只是由传统的广播电视网来提供，现在对于传统的广播电视传输网络影响最大的是通过互联网的方式传输广播电视的内容。这种技术具体而言又可以分为交互式电视和互联网电视。互联网电视和交互式电视最大的区别是直播电视业务，互联网电视较少具有直播功能。传统的有线电视、交互式电视以及互联网电视已经在市场中产生了激烈的竞争。根据广电总局的统计，由于新媒体的冲击，全国有线电视网络收入继续下滑，2018 年有线电视网络收入 779.48 亿元，比 2017 年（834.43 亿元）减少 54.95 亿元。而同年，新媒体业务收入 467.76 亿元，比 2017 年（277.66 亿元）增加 190.10 亿元；其中，交互式网络电视收入 100.45 亿元，比 2017 年（67.61 亿元）增长 48.57%；互联网电视收入 46.96 亿元，比 2017 年（18.31 亿元）增长 156.47%。[①] 从这个发展来看，三者之间已经形成了较为激烈的竞争，因此本书认为通过不同的技术对于广播电视内容的传输构成了同一个相关市场。

我国广播电视业务的发展一直采取地方发展的策略，没有形成一个覆盖全国的广播电视网络。早先的广播电视一般都是地区性法定垄断，尤其是各地的有线电视。但随着互联网电视的发展，传统广播电视运营商的市场份额下降得非常迅速。同时，在互联网上也产生了一些非常有影响力的类似于传统广播电视的内容提

---

① 参见《2018 年全国广播电视行业统计公报》，载国家广电总局网，http://www.nrta.gov.cn/art/2019/4/24/art_2178_43533.html。

供商,比如优酷、爱奇艺、腾讯视频、喜马拉雅等。这些互联网内容提供商的存在为在广播电视市场中引入竞争机制打下了坚实的基础。但是广播电视行业放松规制的情况比传统的电信行业发展更为缓慢一些。时至今日,广电总局也仅仅发放了为数不多的互联网经营牌照。因此,对于广播电视业务来说,未来的发展更多的是如何放松许可的问题。由于互联网这种基础网络的存在,广播电视业务在不远的未来将会完全依赖互联网进行传输,而传统的广播电视传输网也将会成为历史。就目前来说,我国尚不存在广播电视的批发市场。

综上所述,本书仅界定了两个涉及广播电视业务的零售市场:付费的广播电视传输业务、免费的广播电视传输业务。

六、电信业务的地域市场

移动电信网络的地域市场在取消了国内漫游费和国内长途通话费之后,已经形成了一个全国统一的相关市场。因此,移动通信的地域市场可以界定为全国(不含港澳台)。但是固定电信网络的地域市场比较麻烦。首先我国对于固定电信网络基本是按照地市级进行管理的。对于固定通话,我国还是存在长途通话费的,因此,原则上,固定网络的地域市场应当界定为地市一级。

但是固定网络地域市场的界定还涉及另外一个问题,就是固定网络和用户之间存在一定的人身依附性。当一个用户选择接入某一个电信运营商的固定网络时,该用户需要对自己占有或者拥有的房屋进行一定的改造,一方面要使通信网络能够进入自己居住或者工作的地方,另一方面也要保证一定程度的美观。因此,一旦用户与某一个电信运营商签订了电信服务协议,该用户一般不太愿意转换到其他的电信运营商。因此,电信服务具有很强的用户锁定效应。那么由此产生的问题就是某一个固定业务运营商内部是否会形成一个跟其他电信运营商不同的相关市场。

随着科技的发展,这种锁定效应在逐步减弱。这一方面是因为三网融合,尤其是有线电视网络目前也可以提供宽带服务。因此,同时拥有电话网络和有线电视网络的用户就拥有了随时转换宽带运营商的选择权。另一方面,从技术层面来看,有线电视网络实际上也可以提供固定语音通话服务。但是,我国的电信业务主管部门目前尚没有给有线电视的运营商颁发固定通话的牌照。因此,传统电信网络与有线电视的无缝竞争目前只存在于固定宽带与电视节目传输方面。

此外,无论是固定宽带还是固定通话,其布线方式大体相同。电信网络大致分为三级:接入层、汇集层、核心层。接入层是从用户住宅或者工作场所里面引出的第一根线。但是电信运营商一般不会给每一个用户都提供一条专线。因此,相邻用户的电信线路需要首先在某一个点进行汇集。一般第一个点都是以住宅小区或者商用小区作为基础。这样的汇集点可能又会分为几个层级,多个层级的电信线路最终汇集到核心层。电信运营商一般会建立多个核心层,并通过专线将这些核心层连接起来,从而最终形成整个电信网络。

通过上述电信网络的基本情况的分析,本书认为:在固定通话和固定数据领域,电信用户一般不会认为不同运营商的电信网络之间具有替代关系。如果要使用另外一家电信运营商的固定通话服务,用户需要对自己的电话网络重新改造。这种改造成本一般远远高于电信的服务费用。因此,我们认为不同运营商的电信网络不存在需求替代,但不同的电信运营商之间可能存在供给替代。如果另外一个电信运营商的某一个汇集点跟现有的电信运营商比较接近，该电信运营商原则上是可以给另外一个电信运营商的用户提供相应的电信服务的。虽然对于单个用户来说网络改造的成本比较高，但是这个费用有可能会被电信运营商所承担。因此，我们认为不同的电信网络之间存在一定的供给替代。基于此，我们认为不同运营商的电信网络之间可能存在替代关系，可以被认定属于同一个相关地域市场。

因此，我们认为移动业务的相关市场为全国（不含港澳台），固定业务的相关市场原则上应当界定到地市一级。此外，本书不认为不同运营商的电信网络构成不同的相关市场。

七、结论

综上所述，我们认为我国电信业务可以划分为如下 10 个零售市场和 5 个批发市场：

1. 10 个零售市场

（1）家庭用户的本地固定通话市场；

（2）家庭用户的国内长途固定通话市场；

（3）家庭用户的国际长途固定通话市场；

（4）企业用户的本地固定通话市场；

（5）企业用户的国内长途固定通话市场；

（6）企业用户的国际长途固定通话市场；

（7）家庭固定宽带；

（8）企业固定宽带；

（9）国内移动通话市场；

（10）国际移动通话市场。

2. 5 个批发市场

（1）固定电话的呼叫终止服务；

(2)宽带服务转售;

(3)宽带网络接入;

(4)移动电话的主叫服务;

(5)移动电话的呼叫终止服务。

第五章　主导的电信业务经营者

我国《电信条例》援用了世界贸易组织的原则，确立了“主导的电信业务经营者”的概念。《电信条例》对于主导的电信业务经营者的定义是：“控制必要的基础电信设施并且在电信业务市场中占有较大份额，能够对其他电信业务经营者进入电信业务市场构成实质性影响的经营者。”工信部在 2001 年颁布了《公用电信网间互联管理规定》。[①] 该规定第 5 条将《电信条例》中“在电信业务市场中占有较大份额”细化为“经营的固定本地电话业务占本地网范围内同类业务市场 50% 以上的市场份额”。《电信条例》与《公用电信网间互联管理规定》对于主导的电信业务经营者的定义已经非常趋近于反垄断法关于市场支配地位的确定。该定义中“控制必要的基础

① 根据 2014 年 9 月 23 日中华人民共和国工业和信息化部令第 28 号公布的《工业和信息化部关于废止和修改部分规章的决定》修正。

电信设施”比较容易理解,但是对于市场份额以及“对其他电信业务经营者进入电信业务市场构成实质性影响”就相对来说比较模糊,主要存在如下两个问题:(1)50%市场份额的规定是可反驳的法律推定还是不可反驳的法律推定?(2)如何理解对电信业务市场的进入构成实质性影响?这在电信业务的相关市场竞争不充分的时候相对来说还不是问题。当竞争不充分的时候,由于电信市场的高市场进入障碍,市场份额与市场力量往往是成正比的。但随着广电系统和民营电信运营商的进入,电信业务的相关市场中的竞争会更加充分,因此也更难以判定主导的电信业务经营者。而反垄断法对于市场支配地位的认定已经形成了一套完整的体系。此外,我国的《反垄断法》颁布于2007年,晚于《电信条例》和《公用电信网间互联管理规定》的颁布时间,因此两者没有借用反垄断法的概念。但随着反垄断法的执法深入,以及公平竞争审查的开启,主导的电信业务经营者也应该援用反垄断法的方法。这一方面是因为主导的电信业务经营者与拥有市场支配地位的经营者具有类似的逻辑基础,另一方面也是因为反垄断法是对市场机制干预最轻的法律。① 运用反垄断法的概念进行行业规制使行业规制更容易向放松规制的方向发展,这也符合当代行业规制的核心要求。同时,从国际实践来看,欧盟在引入世界贸易组织规则的这个概念之后,也迅速通过欧盟竞争法关于市场支配地位的原则重新解释了此概念。因此,借用反垄断法中市场支配地位的概念分析电信法中主导的电信业务经营者具有非常深远的意义。本章旨在引入反垄断法中市场支配地位的概念来重新打造电信规制中的主导的电信业务经营者。

---

① 参见侯利阳:《市场与政府关系的法学解构》,载《中国法学》2019年第1期。

第一节　市场支配地位的定义

市场支配地位的定义由我国《反垄断法》第 17 条明确给出，也即“经营者在相关市场内具有能够控制商品价格、数量或者其他交易条件，或者能够阻碍、影响其他经营者进入相关市场能力的市场地位”。此外，国家市场监督管理总局《禁止滥用市场支配地位行为暂行规定》第 5 条规定，“交易条件”是指除商品价格、数量之外能够对市场交易产生实质影响的其他因素，包括商品品种、商品品质、付款条件、交付方式、售后服务、交易选择、技术约束等；“能够阻碍、影响其他经营者进入相关市场的能力”是指排除其他经营者进入相关市场，或者延缓其他经营者在合理时间内进入相关市场，或者其他经营者虽能够进入该相关市场但进入成本大幅提高，无法与现有经营者开展有效竞争等情形。根据上述定义，我国的市场支配地位大致存在两种情形：一种是控制价格等交易条件的能力，另一种是影响竞争者进入市场的能力。并且，这两种能力满足其一即可认定为市场支配地位。从文本解释的角度而言，上述定义只是给我们定性了市场支配地位形成后的结果，也即控制价格等交易条件以及阻碍其他经营者的进入，但并未告诉我们这种结果的成因。此外，上述定义还蕴含着一个不太明显的问题，即这两种情形之间是否存在一定形式的内在关联。为了解决这两个问题，下面我们先将目光转向国际上反垄断法最具有代表性的两个法域——美国和欧盟，看看他们关于市场支配地位的定义以及面临的问题。

一、美欧的定义与争议

作为现代反垄断法发源地的美国,其在《谢尔曼法》中并未使用市场支配地位的这个概念。《谢尔曼法》中的类似概念为其第 2 条中的“垄断或者企图垄断”(monopolization or attempt to monopolize)。但美国学界用于描述市场地位的概念并不统一,主要有两个:垄断力量(monopoly power)和市场力量(market power)。虽然这两个概念本身并不统一,但多数美国学者认为这两个概念和市场支配地位在内涵上并无实质不同。[①] 而欧盟竞争法则是我国《反垄断法》的直接借鉴法域。[②] 欧盟在其《欧盟运行条约》第 102 条中明确使用了市场支配地位(market dominant position)这个概念。与我国明显不同的是,无论是美国还是欧盟都没有在其母法中给出市场支配地位的定义,二者的定义均是在随后的判例法中发展出来的。

美国联邦最高法院将垄断力量定义为“控制价格或者排除竞争的能力”。[③] 我们可以很明显地发现美国的定义跟我国几乎一样——两国均将市场支配地位的认定划分为两个要素(一为控制价格或其他交易条件,二为妨碍竞争),并且这两个要素之间是并列关系。但令人奇怪的是,美国其他法院对于联邦最高法院划分的这两个要素之间的关系的理解并不一致:有些法院认为这两个要素是

---

① See Thomas Krattenmaker, Robert Lande and Steven C. Salop, *Monopoly Power and Market Power in Antitrust Law*, Georgetown Law Journal, Vol. 75, p. 241 – 269 (1987).

② 参见王晓晔:《〈中华人民共和国反垄断法〉评析》,载《法学研究》2008 年第 4 期。

③ Case United States v. E. I. du Pont de Nemours & Co. ,351 U. S. 377 (1956), para. 391.

并列关系,但有些法院却要求二者必须同时满足。[①] 比如,美国第十巡回法院认为“有些企业虽然可以控制价格,但却并没有能力排挤竞争者”,因此这两个要素“必须同时满足”。[②] 同时,尽管这种观点与美国联邦最高法院的判例相左,但也得到了以波斯纳(Posner)为代表的很多学者的支持。比如,波斯纳认为这两个要素之间根本就是一种因果关系,“首先能够将价格提高到竞争水平之上的企业(控制价格的情形一)必然有能力妨碍其他竞争者进入该市场,否则他们无法维持高价;其次能够将价格降低到竞争水平之下的企业(控制价格的情形二)所造成的结果就是排挤竞争者”。[③]

欧盟法院将市场支配地位界定为“一种能够给予该企业无视竞争者、顾客以及最终消费者而独自进行市场行为,使得该企业排除相关市场的有效竞争的经济地位”。[④] 从中可以看出,在欧盟竞争法中市场支配地位的定义也包含两个要素:(1)无视其他市场主体而独立进行市场行为的能力;(2)排除有效竞争的能力。[⑤] 第二个要素跟我国《反垄断法》对于市场支配地位定义的第二部分(阻碍影响其他竞争者进入相关市场的能力)基本类似。但是,第一个要素不但不同,而且也非常含糊。从现实来看,几乎没有任何一个企业可以无视其他市场主体而进行市场行为。欧盟学者对这个要件也提出了批评,认为“严格来讲,只有在具有不可逾越的市

---

① See Richard Price, *Market Power and Monopoly Power in Antitrust Analysis*, Cornell Law Review, Vol. 75:1, p. 190 – 217 (1989).

② See Case Shoppin' Bag of Pueblo, Inc. v. Dillon Cos., 783 F. 2d 159 (10th Cir., 1986), para. 164.

③ See Richard Posner and William Landes, *Market Power in Antitrust Cases*, Harvard Law Review, Vol. 94:5, p. 977 (1980).

④ See Case C – 27/76, *United Brands*, [1978] ECR 207, para. 65.

⑤ See Richard Whish, *Competition Law*, 6th ed., Oxford University Press, 2009, p. 172 – 173.

场进入障碍和需求完全没有弹性的市场中的垄断者才可以无视其他市场主体独立实施市场行为”。① 对于这种批评,欧盟委员会似乎也表示认可,认为也可以将其理解为“在相当长的一段时期内将价格提高到竞争水平之上”的能力。② 如此,我们会发现第一个要素跟我国定义中的第一部分(控制交易条件的能力)就大体类似了,也即拥有市场支配地位的企业能够影响价格等交易条件。

但是,与我国《反垄断法》明确指出第一部分和第二部分是满足其一即可的并列关系不同,欧盟法院的定义没有明确指出第一个要素和第二个要素之间是同时满足还是满足其一即可。这种法律上的不确定性引发了欧盟学界的争议。欧盟学界的争议跟美国有点类似,也存在两种观点。一种观点认为,这两个要素没有任何差别,他们是一个问题的两个方面,并提出了与波斯纳观点类似的观点。③ 另一种观点认为,二者分别从不同角度揭示了市场支配地位的本质:第一个要素是指拥有市场支配地位的企业可以将价格(或者其他交易条件)提高到竞争水平之上,主要用于解释剥削性的垄断行为;第二个要素则是通过阻碍影响其他竞争者进入相关市场的方式维护市场支配地位,主要用于构建排挤性的垄断行为。④ 并且,二者必须分开,因为剥削性的垄断行为并不必然阻碍其他竞争者的市场进入,而排挤性的垄断行为也并不必然将价格

---

① Robert O'Donoghue and Jorge Padilla, *The Law and Economics of Article* 82 *EC*, 1st ed., Hart Publishing, 2006, p. 107.

② See European Commission, Guidance on the Commission's enforcement priorities in applying Article 82 of the EC Treaty to abusive exclusionary conduct by dominant undertakings, O. J. C 45/7, February 24, 2009, para. 11.

③ See Richard Whish, *Competition Law*, 6th ed., Oxford University Press, 2009, p. 172 – 173.

④ See Gunther Hirsch, Frank Montag and Franz Jurgen Sacker, *Competition Law: European Community Practice and Procedure*, London: Sweet & Maxwell, 2008, p. 1088 – 1089.

提高到竞争水平之上。不过,欧盟法院也从未在其他案件中明确过这两个要素之间的关系。[①]

从上述的分析中我们会发现中美欧三个法域对于市场支配地位的表述大体上是一致的,均是认为包含两种能力(控制价格和排挤竞争者)。但是美欧对于这两种能力之间的关系却存在争议,那么由此产生的问题是这种争议是否会影响到我国?为了解决这个问题,我们必须先分析一下为什么大家会就市场支配地位产生此两种能力的表述,然后再回头研究一下这两种能力的区分与联系。

二、垄断经济学的发展脉络

市场支配地位这个概念的经济学源头就是垄断。但是在现实生活中,严格意义上的垄断(某种商品只存在一个生产者的情形)几乎不存在,因此反垄断法必须对垄断采取相对宽松的解释,此即市场支配地位的由来。垄断的危害是一个老生常谈的古典经济学话题。对此本文也不做过多赘述,古典经济学大体上认为:垄断者为了获取垄断利润总会通过降低产出的方式将价格提高到垄断水平;但产量的降低一方面会造成社会资源的浪费(垄断者的部分产能闲置),另一方面会造成部分消费者的需求无法满足;从而导致生产不效率、分配不效率以及垄断者缺乏创新三种低效率的情形。[②] 这种观点被勒纳(Lerner)所接受,并创造了勒纳指数(Lerner Index)。勒纳指数是价格与边际成本的差额与价格的比

① See Damien Geradin, Nicolas Petit, Mike Walker, Paul Hofer and Frédéric Louis, *The Concept of Dominance*, SSRN(Aug. 5, 2005), https://papers.ssrn.com/sol3/papers.cfm?abstract_id=770144.

② 参见王传辉:《反垄断的经济学分析》,中国人民大学出版社2004年版,第75~77页。

值。如果市场价格等于边际成本,则该企业不具有垄断力量;若市场价格高于边际成本,则该企业具有市场力量。[①] 勒纳指数被认为是市场支配地位中的第一个要素(控制价格等交易条件)的经济学来源。[②] 勒纳指数虽然从理论上充分描述了市场支配地位的特征,但它是基于古典的垄断理论所建立的。这种理论框架能够很好地解释完全垄断(市场中只有一个生产者)的市场地位。但是一旦将垄断放松到存在多个竞争者的市场中,勒纳指数就至少存在两个问题:第一,在现实中几乎是没有办法计算边际成本的;第二,在现实中企业定价偏离竞争水平的情形十分普遍,如此"就意味着数不清的企业都一定程度地拥有市场势力"。[③]

鉴于勒纳指数所描述的市场支配地位在现实分析中的种种困难,市场支配地位的分析开始逐渐侧重于该地位的使用,而非确认这种地位本身。[④] 从这个角度审视市场支配地位的方法由 20 世纪中叶的哈佛学派所创立。哈佛学派对于反垄断理论的主要贡献在于通过建立市场行为与市场结构之间的关系来解决垄断行为的危害。[⑤] 哈佛学派拓展了古典经济学的研究范围,将完全垄断和完全竞争这两种极端市场结构扩展到垄断竞争和寡头垄断的

---

① 参见王继荣:《合并审查中市场集中度测量的经济和法律分析》,载《当代法学》2016 年第 3 期。

② See Richard Posner and William Landes, *Market Power in Antitrust Cases*, Harvard Law Review, Vol. 94:5, p. 977 (1980).

③ [美]欧内斯特·盖尔霍恩、[美]威廉姆·科瓦契奇、[美]斯蒂芬·卡尔金斯:《反垄断法与经济学》,任勇、邓志松、尹建平译,法律出版社 2009 年版,第 90 页。

④ 参见[美]欧内斯特·盖尔霍恩、[美]威廉姆·科瓦契奇、[美]斯蒂芬·卡尔金斯:《反垄断法与经济学》,任勇、邓志松、尹建平译,法律出版社 2009 年版,第 90 页。

⑤ 参见李剑:《论结构性要素在我国〈反垄断法〉中的基础地位——相对优势地位滥用理论之否定》,载《政治与法律》2009 年第 10 期。

情形。[1] 通过这种拓展,哈佛学派将市场支配地位的界定与滥用市场支配地位的行为紧密地结合了起来。该学派的代表性人物贝恩将市场支配地位界定为“通过提高竞争者的成本并使得他们降低产出从而使得价格不会低于竞争水平的能力”。[2] 在此,市场支配地位是滥用市场支配地位行为的结果,而不是原因。如我国对于市场支配地位定义的第二部分,企业通过各种滥用行为来排除、延缓其他企业进入该相关市场,使相关市场内的供给保持在竞争水平之下,从而人为地影响市场结构,其目的正是创建或者巩固市场支配地位,并最终获得超越竞争水平的利润。

勒纳指数和哈佛学派的市场结构理论正是我国、美国以及欧盟对于市场支配地位界定中两个因素的由来。那么,紧接着的问题就是这两个因素之间存在何种关联。既然这两个因素只是审查市场支配地位的两个角度,那么为何在美国和欧盟都有学者认为二者必须同时满足呢?从上述的分析中我们可以看出,勒纳指数和市场结构这两者从经济学角度看既有重合,又有区别。二者在完全垄断的状态下是重合的。在完全垄断的状态下,垄断者既有能力将价格控制在竞争水平之上,又有能力阻碍其他竞争者的进入。但是在其他市场结构中,二者并不完全重合。比如,实施掠夺性定价的企业将价格降低到竞争水平之下,其目的是通过提高竞争者的成本来排挤竞争者。虽然该企业可以在将竞争者排挤出市场之后提升价格,但是在实施掠夺性定价的过程中,该企业并不符

① 参见[美]欧内斯特·盖尔霍恩、[美]威廉姆·科瓦契奇、[美]斯蒂芬·卡尔金斯:《反垄断法与经济学》,任勇、邓志松、尹建平译,法律出版社 2009 年版,第 90 页。

② Thomas Krattenmaker, Robert Lande and Steven C. Salop, *Monopoly Power and Market Power in Antitrust Law*, Georgetown Law Journal, Vol. 75, p. 241 – 269 (1987).

合勒纳指数中的垄断者定义。①

此外,将上述两个因素分开对待和合并对待也会产生不同的执法效果。这两种不同的方式也导致了美国和欧盟对于掠夺性定价不同的分析模式。美国要求必须同时证明垄断者实施掠夺性定价的行为既可以产生排挤竞争的效果(第二个因素),又可以在实施之后收回损失(第一个因素);而欧盟则仅要求该行为具有排挤竞争的效果即可(第二个因素)。② 这两种不同方式代表国际反垄断法界对于市场支配地位意义的两种态度,将上述两个因素合并对待的方式明显要更为严格一些。那么随后的问题就是我们应该如何抉择。

三、控制价格与影响进入的关系

首先,涉及市场支配地位定义的首要理论问题是我国《反垄断法》第 17 条定义中给出的两个要素(控制价格等交易条件与阻碍影响其他竞争者的市场进入)之间的关系。如前所述,欧美学界对于这两个要素之关系并未形成一致看法,既有支持二者必须同时满足的,也有支持二者满足其一即可的。我国《反垄断法》第 17 条对于二者的关系使用的词汇是“或者”,因此从文本解释的角度,我们原则上应当持二者满足其一即可的态度。但是这种观点是否真正符合反垄断法的目的以及我国的经济发展条件呢?反垄断法出现的目的在于解决市场中竞争不足的问题,希望通过提升竞争程度来保障传统民商法的有效运行。上述两种观点均可以保障反

---

① See Oliver Williamson, *Wage Rates as a Barrier to Entry: The Pennington Case in Perspective*, Quarterly Journal of Economics, Vol. 82:1, p. 85 - 116 (1968).

② 参见 Adrian Emch and Gregory K. Leonard:《掠夺性定价的经济学及法律分析——美国和欧盟的经验与趋势》,载《法学家》2009 年第 5 期。

垄断法实现该目的，但二者的区别在于其所保证的竞争程度略有不同。在对掠夺性定价的分析中，我们已经发现美国对市场支配地位持同时满足的观点，而欧盟对之持满足其一即可的观点。但是从实践来看美国的这种态度导致了掠夺性定价极难被执法。那么采取哪种观点的问题就转化为在我国现阶段是要严格还是相对宽松执行《反垄断法》的问题。我们必须清晰地认识到，一来竞争对于我国经济的可持续增长具有重大意义，[①]二来反垄断法对于维护市场竞争具有基础性地位。[②] 鉴于竞争程度在我国目前不是过多而是过少的问题，[③]本书建议我国《反垄断法》应当采取相对严格执法的态度。因此，对于上述两个要素而言，我们至少在现阶段应当持二者满足其一即可的态度。

其次，我国《反垄断法》第 17 条将市场支配地位界定为"经营者在相关市场内具有能够控制商品价格、数量或者其他交易条件，或者能够阻碍、影响其他经营者进入相关市场能力的市场地位"。第一部分中的控制价格等交易条件的能力必须要结合勒纳指数进行理解，而不是指任何控制价格等交易条件的能力。依据前述分析，现实中存在大量的企业可以在一定范围内控制价格等交易条件。但是具有市场支配地位的企业拥有的应当是将价格等交易条件提高到竞争水平之上的能力，并且由于市场进入障碍的存在，其他竞争者无法影响前者的决策能力。如此，市场支配地位定义的第一部分已经在一定程度上体现了与滥用行为的结合。那么第二

---

① 参见樊纲、王小鲁、马光荣：《中国市场化进程对经济增长的贡献》，载《经济研究》2011 年第 9 期。

② 参见国务院《关于促进市场公平竞争维护市场正常秩序的若干意见》（国发〔2014〕20 号）。

③ 参见李剑：《中国反垄断法实施中的体系冲突与化解》，载《中国法学》2014 年第 6 期。

部分的描述就更为明显了。第二部分将市场支配地位界定为排除、延缓竞争者进入或者提高竞争成本的能力。第一部分描述中的市场进入障碍既可能和具有市场支配地位主体的行为无关,也可能有关。无关的情形比如自然垄断、法定垄断等,这些市场进入障碍是客观存在的,或者是由非市场主体(比如政府)造成的。很多学者认为反垄断法对这类具有极高进入障碍的市场进行规制是没有意义的,从而主张这些市场进行政府管制,①同时这也是很多学者支持上述两个因素同时满足的理由之一。而第二部分所描述的市场进入障碍则是完全由具有市场支配地位的主体人为造成的。比如,在著名的微软在其操作系统内植入 IE 浏览器的案件中,微软公司的搭售行为完全改变了浏览器市场的商业模式。之前的浏览器都是付费的,但在微软公司实施该项行为之后,所有的浏览器均变成免费。这种免费的商业模式不但提高了竞争者进入浏览器市场的门槛,而且也可以实现排除竞争者进入或者延缓竞争者进入的效果。② 微软公司的这种行为就符合我国对于市场支配地位的认定。在此,我们也可以看出市场支配地位是很难脱离滥用行为而单独存在的,二者在实质上构成了一个紧密结合的整体。

最后,从上述的定义我们也可以看出市场支配地位是一个度的问题,并不存在一个绝对值。那么由此产生的理论问题就是如何去测量这个度。从理论角度而言,市场支配地位是能够将价格

---

① See Liyang Hou, *Reshaping Market, Competition and Regulation in EU Utility Liberalization: A Perspective from Telecom*, Common Market Law Review, Vol. 52:4, p. 977 - 1007(2015).

② See Nicholas Economides, *The Microsoft Antitrust Case*, Journal of Industry, Competition and Trade, Vol. 1:1, p. 7 - 39(2001).

提高到竞争水平之上的能力。但在实践中我们没有办法准确地衡量竞争水平,因此这种方法在实践中毫无价值。不过实践中的可行方法可以在相关市场的界定中找到答案。国务院反垄断委员会《关于界定相关市场的指南》第 10 条指出,可以使用“假定垄断者测试”的方法来界定相关市场。这种方法假定涉案企业是一个垄断者(假定垄断者),然后分析在其他条件保持不变的情况下,假定垄断者能否持久地(一般为 1 年)小幅(一般为 5% ~10%)提高涉案商品的价格。如果涉案商品涨价后,假定垄断者虽然销售量下降但其仍然有利可图,则涉案商品就构成相关商品市场。在此,我们可以看出我国《反垄断法》实际上是把将现有价格提升 5% ~10% 并且不遭受损失的能力推定为具有市场支配地位。

第二节　单独市场支配地位

一、定义

反垄断法源于民众对于经济生活中的独裁统治——垄断的厌恶。因此,现代历史上第一部反垄断法——美国的《谢尔曼法》直接使用了垄断这个概念。但是,真正的垄断(只存在一家卖方的情形)在现实生活中也并不多见。即便在以国有企业为国民经济主要载体的我国,严格意义上的垄断其实也并不多。比如在电信、石油、金融等所谓的“国有垄断行业”也大都存在三个以上的经营者。严格意义上的垄断,无论是在我国还是在欧美等其他国家也仅仅存在于公共事业(public utility)行业,诸如供水、供电、有线电视等有限的行业群体之中。因此,欧盟竞争法在立法的时候就在条文中刻意摒弃了垄断这个概念,而是引入了一个全新的概念,此即市场支配地位。市场支配地位是较为松散的垄断的概念,描述的是一种趋近于垄断的状态。

在我国,分析单独市场支配地位的方法主要由《反垄断法》第18条和第19条规定。第18条列出了几个认定经营者市场支配地位应当考虑的因素:(1)该经营者在相关市场的市场份额,以及相关市场的竞争状况;(2)该经营者控制销售市场或者原材料采购市场的能力;(3)该经营者的财力和技术条件;(4)其他经营者对该经营者在交易上的依赖程度;(5)其他经营者进入相关市场的难易程度。

但是这几个因素并非穷举。鉴于认定市场支配地位的复杂性,第18条也列出了一个较为开放性的条款,认定市场支配地位的时候也可以考虑其他相关因素。所有的因素里,市场份额因其主观性而被广为关注。市场份额能够比较清晰并且总括性地说明经营者的市场地位——市场份额较高的经营者往往比市场份额较低的经营者拥有更大的市场地位。也正是因为市场份额的这个作用,世界各国往往都依据市场份额作出了一系列的推定。我国《反垄断法》第19条也设置了几个以市场份额为基础的法律推定。

但是完全依赖市场份额来认定市场支配地位又至少存在如下三个弊端。首先,在某个或者某几个经营者的市场份额恰好在这些数值上下的时候,完全依赖市场份额来判定市场支配地位对于这些经营者来说不够公平。其次,这几个推定都是假设高市场份额的情形下可以产生市场支配地位,但是对于市场集中度较低的市场,低市场份额依然可以造就市场支配地位。完全依赖市场份额无法解决低市场份额情形中的市场支配地位问题。最后,在某些情形中,高市场份额也并不必然意味着一定会产生市场支配地位。比如,诺基亚2007年在手机市场中的市场份额为

64%,远远超过50%的分界线,但是随着苹果手机的推出,诺基亚的市场份额直线下降,如今已经被微软公司兼并。[①] 如果当时按照市场份额的推定来认定诺基亚的市场支配地位,则会跟市场发展相背离。

因此,市场份额虽然是认定市场支配地位的重要因素,但却并非最完美的因素。而对于认定市场支配地位而言,实际上也并不存在单个的最为完美的因素。除市场份额之外,我国《反垄断法》第18条还列举了五个考量因素,即相关市场的竞争状况、控制上下游市场的能力、财力或者技术条件、其他经营者的依赖程度以及市场进入障碍。但该条大致存在两个问题。第一,该条属于开放性条款。因此,反垄断执法机构在执法活动中还是可以选择其他考量因素的。值得思考的是这些其他考量因素为何。第二,该条也并未对这些因素的重要性进行排序,需要反垄断执法机构在具体案件中进行具体分析。这种对分析要素不进行排序的方式在欧盟竞争法的框架也是存在的。虽然有学者经过大量的案例研究将所有分析要素区分为决定性要素、重要要素以及不明确的要素,[②] 但这些观点尚未得到其他学者的认可。但是如果某两个因素呈现截然不同的结果,那确实会给反垄断执法机构带来不必要的困扰。鉴于上述这些问题,本章将会结合国内外的相关案例,对于单独市场支配地位的每一个分析要素进行详细解读,希望能够对这些问题的解决起到抛砖引玉的作用。

---

① 参见张君、吾尔亚提·沙塔尔:《诺基亚的衰落对我国电子企业的启示》,载《电子测试》2013年第20期。

② See Liyang Hou, *Competition Law and Regulation in the EU Electronic Communications Sector: A Comparative Legal Approach*, Kluwer: The Netherlands, 2012, p. 129 – 130.

二、市场份额的意义

市场份额是分析市场结构最为直观的因素。因此,各国的反垄断执法机构,在审查反垄断案件的时候所做的第一步分析总是计算涉案企业的市场份额。市场份额对于反垄断分析的重要性不言而喻。涉及市场份额的主要法律问题有二:一是市场份额的计算,二是市场份额的衡量。

(一)市场份额的计算

我国《反垄断法》中并未涉及如何计算市场份额。我国反垄断执法机构办理的大部分案件,市场份额的计算基本上都没有成为争议的焦点。其主要的原因是目前办理绝大多数滥用案件涉案主体都是垄断性企业。因为缺乏竞争者,所以他们的市场份额均为100%。其中既包括法定垄断,比如,烟草业①、盐业②、天然气行业③、自来水行业④、药业⑤等;也存在事实性的垄断企业,比如,标准必要专利的持有者。⑥ 反垄断执法机构办理过两件非完全垄断的案件。一件发生在有线电视行业。⑦ 在该案中,反垄断执法机构以用户数量为基础计算了市场份额。其主要原因可能是不同有线电视的价格差别较大,适用销售额不能够反映当事人双方的实际市场力量。而在“利乐案”中,反垄断执法机构采用了更为谨慎

---

① 比如,内蒙古自治区工商行政管理局行政处罚决定书,内工商处罚字〔2014〕002号。

② 比如,内蒙古自治区工商行政管理局行政处罚决定书,内工商处罚字〔2016〕4号。

③ 比如,山东省工商行政管理局行政处罚决定书,鲁工商公处字〔2016〕第1号。

④ 比如,广东省工商行政管理局行政处罚决定书,粤工商经处字〔2013〕第2号。

⑤ 比如,重庆市工商行政管理局行政处罚决定书,渝工商经处字〔2015〕15号。

⑥ 国家发展和改革委员会行政处罚决定书,发改办价监处罚〔2015〕1号。

⑦ 内蒙古自治区工商行政管理局行政处罚决定书,内工商处罚字〔2016〕002号。

的处理方法。[①] 比如，在计算利乐公司在纸基无菌包装设备市场的市场份额时，分别计算了三个指标：累计销售并在运行台数、存量设备灌装能力、已销售设备数量；然后发现无论采用哪个标准利乐公司的市场份额均超过 50%。而在计算利乐公司在纸基无菌包装设备技术服务市场时，反垄断执法机构认为技术服务没有统一的计量单位，因而以年度销售金额作为指标来统计市场份额。最后，在分析利乐公司在纸基无菌包装材料市场时，反垄断执法机构也是按照销售金额和销售数量两个角度分别计算了利乐公司的市场份额。

在涉及经营者集中的案件中，我国反垄断执法机构在有些案件中仅仅指出了涉案企业的市场份额但并未具体说明采用何种标准进行计算，[②]这可能是因为无论采用何种标准涉案企业的市场份额均超过 50%。在有些案件中，我国反垄断执法机构给出了具体计算的指标。比如，在啤酒市场中我国反垄断执法机构采用了以销售数量作为基础的计算标准，[③]这可能主要是考虑到不同啤酒之间的价格差距太大；在无线设备市场中，我国反垄断执法机构采用了以营业额为基础的方式来计算市场份额，[④]这可能是因为涉案相关市场中的

---

① 国家工商行政管理总局行政处罚决定书，工商竞争案字〔2016〕1 号。

② 比如，商务部公告 2017 年第 25 号《关于附加限制性条件批准陶氏化学公司与杜邦公司合并案经营者集中反垄断审查决定的公告》，2017 年 5 月 2 日；商务部公告 2016 年第 88 号《关于附加限制性条件批准雅培公司收购圣犹达医疗公司股权案经营者集中反垄断审查决定的公告》，2016 年 12 月 30 日；商务部公告 2015 年第 64 号《关于附加限制性条件批准恩智浦收购飞思卡尔全部股权案经营者集中反垄断审查决定的公告》，2015 年 11 月 27 日；商务部公告 2014 年第 30 号《关于附加限制性条件批准默克公司收购安智电子材料公司案经营者集中反垄断审查决定的公告》。

③ 商务部公告 2016 年第 38 号《关于附加限制性条件批准百威英博啤酒集团收购英国南非米勒酿酒公司股权案经营者集中反垄断审查决定的公告》，2016 年 7 月 29 日。

④ 商务部公告 2015 年第 44 号《关于附加限制性条件批准诺基亚收购阿尔卡特朗讯股权案经营者集中反垄断审查决定的公告》，2015 年 10 月 19 日。

产品过多,无法找到可适用的统一计量单位。

从上述案例分析中,我们可以得出市场份额的计算方式一般情况下不会成为案件争议的焦点。我国尚未出现不同计算标准导致市场份额差别较大的案件。反垄断执法机构慎重起见,往往会采用多种标准来计算市场份额。相关实践也指出执法机构会在相关市场涉及的产品差异化较大的时候采用销售额作为计算标准,而在同质化产品价格差异较大的时候采用销售数量作为计算标准。

(二)市场份额的衡量

计算市场份额的目的是利用市场份额来衡量涉案企业的市场支配地位。鉴于市场份额之于市场支配地位的直观性,各国纷纷建立了以市场份额为依据的法律推定,也即市场份额在何种程度的时候应当推断当事人拥有何种程度的市场地位。比如,在欧盟就存在一个市场份额与市场支配地位一一对应的表(见表5-1)。[①]

表5-1　市场份额与市场支配地位对照(欧盟)

市场份额/%	市场支配地位
0	0不可能会被认定为具有市场支配地位; 0~5%不太可能对竞争产生较大的影响
5	5%或者以上可能会被纳入纵向协议的分析中
10	10%或者以上会被认为可能会对横向竞争产生较大的影响
15	15%或者以上会被认为可能会对纵向竞争产生较大的影响
20	一些批量豁免的横向垄断协议把20%设定为最高标准(如专业化协议、技术转让协议等)
25	一些批量豁免的横向垄断协议把25%设定为最高标准(如共同研发协议等)

① See Richard Whish, *Competition Law*, 6th ed., Oxford University Press, 2009, p. 44-46.

续表

市场份额/%	市场支配地位
30	批量豁免的纵向垄断协议把25%设定为最高标准
35	在国际航运业中35%以下可能会被豁免
40~50	40%或以上开始触发市场支配地位
50~80	50%或以上会被推定为市场支配地位
80~90	80%或以上被称为"超级市场支配地位"(super dominance),此时的经营者会被赋予特别的义务
90~100	近似垄断(quasi-monopoly)
100	垄断

我国《反垄断法》无论是在法律规定层面还是在实务层面都没有欧盟做得这么细致。但是,依据我国《反垄断法》第18条的规定,我国也存在三个基于市场份额的法律推定(见表5-2)。

表5-2 基于市场份额的法律推定

经营者数量	合计市场份额/%	市场支配地位
1	50.0	推定成立
2*	66.7	推定成立
3*	75.0	推定成立

注:排除某个企业的市场份额低于10%的情形。

由此,我们会发现涉案企业的市场份额高于上述标准并不必然意味着这些企业一定拥有市场支配地位。反垄断执法机构必须随后分析我国《反垄断法》第17条中所列举的其他因素。只有其他因素对于市场份额所呈现的市场支配地位进行认定之后,才可以最终认定市场支配地位。此外,关于市场份额,我们还必须明确:100%的市场份额也并不必然意味着当事人拥有市场支配地位。比如,在反垄断执法机构处理的所有涉及法定垄断的案件中,执法部门在发现当事人拥有 100% 的市场份额之外,并未立即停止市场支配地位的分析,而是转而分析了其他因素。[①] 而在国家发改委所处理的“高通案”中,相关市场被界定为每一个标准必要专利。即便在如此狭窄的相关市场被界定之后,国家发改委还是分析了其他因素,才最终确定高通公司的市场支配地位。[②]

我国最高人民法院在《关于审理因垄断行为引发的民事纠纷案件应用法律若干问题的规定》第 9 条中规定,被诉垄断行为属于公用企业或者其他依法具有独占地位的经营者滥用市场支配地位的,人民法院可以根据市场结构和竞争状况的具体情况,认定被告在相关市场内具有支配地位,但有相反证据足以推翻的除外。在反垄断民事诉讼中,当事人往往将该条误解为只要是公用企业或者依法具有独占地位,就可以请求人民法院直接推定为涉案企业的市场支配地位。而在实践中,人民法院对于该条的适用相当严格。首先,时至今日我国最高人民法院或者其他法院也未对公用企业进行界定。其次,在两起起诉中国电信公司的案件中,重庆市第一中级人民法院[③]和陕西省高级人民法院[④]认为“其他依法具有独占地位的企业”应当指的是具有垄断地位的企业。而在这两个案件中的相关市场上,除了中国电信公司之外,还存在中国联通公

① 内蒙古自治区工商行政管理局行政处罚决定书,内工商处罚字〔2014〕002 号;山东省工商行政管理局行政处罚决定书,鲁工商公处字〔2016〕第 1 号;广东省工商行政管理局行政处罚决定书,粤工商经处字〔2013〕第 2 号。

② 国家发展和改革委员会行政处罚决定书,发改办价监处罚〔2015〕1 号。

③ 戴某某诉中国电信重庆分公司案,重庆市第一中级人民法院(2012)渝一中法民初字第 00446 号民事判决书。

④ 李某某诉中国电信陕西分公司案,陕西省高级人民法院(2016)陕民申 697 号民事裁定书。

司和中国移动公司,所以中国电信公司不能被直接推定拥有市场支配地位。因此,《关于审理因垄断行为引发的民事纠纷案件应用法律若干问题的规定》第9条的适用范围还是比较小的。

三、竞争状况

市场份额只是从静态的角度来粗略地描述企业的市场地位,或者说只能表明该企业在某一个时间点上的市场地位。而分析相关市场的竞争状况则是要求动态地看待市场份额。竞争状况的分析主要从如下三个方面进行。

首先,我们必须要比较涉案企业的市场份额与主要竞争者的市场份额。假设涉案经营者市场份额为51%,但是主要竞争者的市场份额为49%的话,那么涉案经营者的行为依然会受到主要竞争者的限制,从而不可能拥有单独市场支配地位。或者,涉案经营者的市场份额虽然低于50%,但是其他主要竞争者的市场份额过低,无法限制涉案经营者的行为,那么我们还是可能在市场份额较低的情形下认定其市场支配地位。比如,在"百威英博收购南非米勒案"中我国反垄断执法机构分析发现:华润雪花(由南非米勒控股)和百威英博是市场份额排名第一和第三的竞争者,合计市场份额达41%,青岛啤酒、燕京啤酒和嘉士伯的市场份额分别为21%、13%和5%;前两者合并之后领先于其他竞争者,缺乏有效的竞争约束。[①] 在该案中,我们就发现虽然涉案企业的市场份额并不是特别高,但是由于其他企业的市场份额过低,因此被我国反垄断执法机构认定为无法受到竞争制约。

---

① 商务部公告2016年第38号《关于附加限制性条件批准百威英博啤酒集团收购英国南非米勒酿酒公司股权案经营者集中反垄断审查决定的公告》,2016年7月29日。

其次,在分析竞争状况的时候我们不但要比较涉案经营者和其他主要竞争者的市场份额,也要比较涉案企业不同时间点的市场份额。比如,在前述的诺基亚案件中,如果我们单单分析2007年和2008年的市场份额,就有可能会认为诺基亚拥有市场支配地位;但是如果我们选择更多的时间点,就会发现诺基亚的市场份额一直处于下降的状态,如图5-1所示①。一个市场份额持续下降的企业,即便在某个时间点上的市场份额高于50%,也不能被认定为拥有市场支配地位。

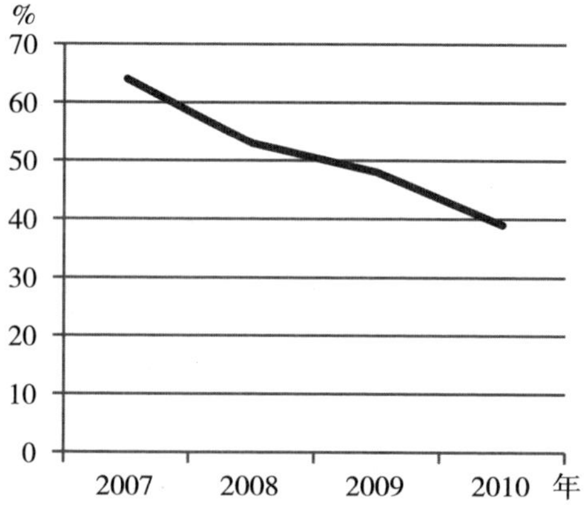

图5-1 诺基亚在智能手机市场中的市场份额

最后,对于市场竞争状况的分析除了研究市场份额的动态变化之外,还需要具体分析竞争者之间是否存在实质竞争的情况。原则上竞争者之间的实质竞争往往表现在市场份额的变化上面。但是在某些特殊的市场中,存在市场份额难以计算的情况,因此需要对于竞争进行实质分析。这种分析方法主要体现在我国最高人

---

① 张君、吾尔亚提·沙塔尔:《诺基亚的衰落对我国电子企业的启示》,载《电子测试》2013年第20期。

民法院审理的“3Q 案”中。本案中的相关市场被界定为全国（不含港澳台）市场即时通信产品。但是即时通信产品的市场份额非常难计算。从销售数量来说，多数消费者往往同时使用多个即时通信软件；从销售金额来说，即时通信软件往往是免费提供的。因此，最高人民法院最终决定采用“用户的有效使用时间、使用频度、活跃用户数等”指标来考察市场份额，并由此推算腾讯公司的市场份额超过 80%。但是最高人民法院认为这个市场份额并不是十分具有说服力，进而分析了相关市场中的竞争状况。最高人民法院发现：第一，在被诉垄断行为发生时，全国（不含港澳台）即时通信领域存在数十款即时通信工具。第二，在被诉垄断行为发生前后，越来越多不同背景和技术的企业纷纷进入即时通信领域。第三，即时通信领域的竞争呈现创新竞争、动态竞争的显著特征。经营者为在市场竞争中站稳脚跟，需要在质量、服务、用户体验等方面持续创新，产品创新周期较短。第四，即时通信领域平台化竞争日趋白热化，同时，一些社交网站和微博也在积聚大量用户的基础上提供即时通信、广告、游戏、微音乐、微数据等多种应用入口。因此，最高人民法院认为，“即时通信领域的竞争格局正在日渐多元化，创新较为活跃，正处于蓬勃发展时期，市场竞争比较充分”。[①]

四、控制能力与依赖程度

我国《反垄断法》第 18 条分别列出了两项要素，“该经营者控制销售市场或者原材料采购市场的能力”及“其他经营者对该经营者在交易上的依赖程度”。这两个要素的逻辑也比较直观。如果涉案企业能够控制销售原材料，或者其他经营者对于涉案企业

---

① 最高人民法院民事判决书，(2013)民三终字第 4 号。

的产品具有很强的依赖性,那么涉案企业的市场支配地位是不言而喻的。但是这两个要素存在两个值得深入分析的问题。

第一,如果这两个要素存在,那么涉案企业必定拥有非常高的市场份额。如果市场份额不高,相关市场中又存在较多的替代产品,那么涉案企业就不可能控制销售或者原材料市场;消费者在有了较多的选择权之后,也不可能对涉案企业的产品具有很强的依赖性。因此,这两个要素的背后一定是非常高的市场份额。但是,反之则并不亦然,也即高市场份额并不意味着涉案企业能够控制市场或者其他经营者对涉案企业有依赖性。在进入障碍非常小的市场中,虽然涉案企业具有较高的市场份额,但是其他竞争者在涉案企业出现经营失误的时候,可以很容易地进入该市场并将涉案企业的用户抢走。比如,在我国最高人民法院审理的“3Q 案”中,①由于即时通信软件市场的进入障碍非常低,因此腾讯公司被认为不具有控制能力,并且消费者也对之没有较强的依赖性;所以,虽然腾讯公司的市场份额高达 80% 以上,但依然没有被认定为具有市场支配地位。

第二,原则上来说这两个要素的分析应当是独立的。但是从其实际表现来看,对这两个要素的考察却并未展示出来较大的区别。比如,在国家发改委的“高通案”中,②国家发改委在分析了高通公司在涉案相关市场(无线标准必要专利)中的控制能力后认为,无线终端制造商必须获得高通公司相关无线标准必要专利组合许可,否则不能进入市场参与竞争;绝大多数被许可人与当事人签订的专利许可协议中的许可条件是当事人单方面确定的,被许

---

① 最高人民法院民事判决书,(2013)民三终字第 4 号。

② 国家发展和改革委员会行政处罚决定书,发改办价监处罚〔2015〕1 号。

可人缺乏制约当事人市场力量的客观条件和实际能力。而在分析依赖性要素的时候,国家发改委实际上是重复了上述的分析,认为无线通信终端制造商必须使用高通公司的无线标准必要专利组合,因此,无线通信终端制造商对当事人的无线标准必要专利组合许可高度依赖。另外,在反垄断执法机构所处理的案件中,我们甚至可以看到有的案件直接将这两个因素合并分析。比如,在"惠州大亚湾溢源净水有限公司案"中,广东省工商局认为,由于当事人是唯一经营者,因此可以控制原材料市场;并且也正是因为其垄断地位,其他经营者对于当事人具有很强的依赖性。[①] 如果仔细分析的话,我们会发现这两个要素是一种能力的两个方面。如果涉案经营者具有控制销售市场或者原材料采购市场的能力的话,那么就必然意味着其他经营者对于该经营者具有很强的依赖性。如果没有依赖性的话,那么其他经营者就可以转而去购买其他人的产品,这也意味着涉案经营者不具有控制能力。因此这两个要素存在内在关联,无法截然分开。这其实在欧盟竞争法的分析中也有所体现。在欧盟,控制原材料市场也是认定市场支配地位的要素之一。但是,欧盟委员会是将控制市场和依赖性两个要素结合分析的。[②]

不过,从理论上来说这两个要素也可以呈现不同的结果,这就是所谓的买方和卖方呈现双垄断的情形。虽然卖方控制了销售市场或者原材料市场(卖方在卖方市场中具有市场支配地位),但同时买方也在买方市场具有市场支配地位。面对强势的买方,卖方即便拥有市场支配地位,也无法最终控制价格。这即是存在抵消

---

① 广东省工商行政管理局行政处罚决定书,粤工商经处字〔2013〕第2号。

② See Alison Jones & Brenda Sufrin, *EU Competition Law: Text, Cases and Materials*, Oxford University Press, 1990, p. 338.

性购买力量(countervailing buying power)的情形。在欧盟,欧盟委员会认为“抵消性的购买力量存在于两种情形:或者存在具有替代性的其他卖方,或者买方可以支持新的市场进入者(new entrants)”。[①] 但是,抵消性购买力量的认定还是非常困难的。迄今为止,我国反垄断执法机构也只在两个案件——“西部数据收购日立存储案”[②]和“希捷收购三星硬盘案”[③]中对抵消性购买力量进行了分析,分析认为:“对于大型电脑生产商,硬盘厂商的涨价如不是针对特定企业,一般不会遭到大型电脑生产商的反对。大型电脑生产商有能力通过提高电脑产品的价格,将硬盘价格的上涨转嫁给最终消费者,因此缺乏行使抵消性购买力量的意愿。最终消费者高度分散,对硬盘和电脑价格的上涨没有议价能力。”

五、财力与技术条件

财力和技术条件也是证明涉案企业具有市场支配地位的因素之一。这往往表现在拥有市场支配地位的企业大都具有很强的财力和技术条件。但是该因素的运用却值得商榷。在欧盟竞争法中也可以看到与我国《反垄断法》第 18 条类似的规定。比如,在“联合商标公司案”中欧盟法院认为财力和技术条件可以成为衡量市场支配地位的指标之一。[④] 但这个因素只是认定市场支配地位的

---

① Case COMP/E c1/38. 113, *Prokent Tomra*, European Commission Decision C (2006) 734 final of 29 March 2006, para. 89.

② 商务部公告 2012 年第 9 号《关于附加限制性条件批准西部数据收购日立存储经营者集中反垄断审查决定的公告》,2012 年 3 月 2 日。

③ 商务部公告 2011 年第 90 号《关于附条件批准希捷科技公司收购三星电子有限公司硬盘驱动器业务反垄断审查决定的公告》,2011 年 12 月 12 日。

④ See Case C – 27/76, *United Brands*, [1978] ECR 207, para. 102.

辅助因素,从来没有作为主要因素来认定过市场支配地位。[1] 我国最高人民法院在"3Q案"中对于涉案企业腾讯公司的材料和技术条件也进行了分析,但是最后认为相关市场中的多个竞争者均有雄厚的财力和技术条件,因此被上诉人的财力和技术条件对其市场力量的影响非常有限。[2] 因此,本书认为,该要素可以成为市场支配地位的充分条件,但是并不能作为必要条件。

六、进入相关市场的难易程度

"进入相关市场的难易程度"英文为 entry barriers,经济学中往往被翻译为市场进入壁垒,或者进入门槛。"进入壁垒"这个概念最早是由哈佛学派的创始人之一贝恩提出来的。哈佛学派对于反垄断分析的最大贡献就是创制了 SCP 的分析模式,即市场结构(structure)、市场行为(conduct)、市场表现(performance)的三要素分析。[3] 贝恩认为,进入壁垒是 SCP 分析模式的中心。贝恩将进入壁垒定义为"某一产业中的在位者能够将价格提高到竞争价格水平之上,而又不会引起新厂商的进入"。[4] 贝恩通过计算行业价格和平均成本的差额来判断进入壁垒的高低。差额越大,则进入壁垒越高;差额越小,则进入壁垒越低。另外,他把进入壁垒分为三类:一是在位厂商对于潜在进入者所具有的产品差别化优势;二

---

① See Liyang Hou, *The Assessment of Single SMP: Lessons Learned from the First Round of Market Review*, Competition and Regulation in Network Industries, Vol. 9:1, p. 49 – 75 (2008).

② 最高人民法院民事判决书,(2013)民三终字第4号。

③ 参见李剑:《论结构性要素在我国〈反垄断法〉中的基础地位——相对优势地位滥用理论之否定》,载《政治与法律》2009年第10期。

④ J. S. Bain (1956), *Barriers to New Competition*, Cambridge: Harvard University Press.

是在位厂商对于潜在进入者所具有的绝对成本优势；三是因规模经济的存在而产生的在位者相对于潜在进入者的优势。同时，他还提出在面临进入威胁的时候，在位厂商能采取的策略有进入封锁、进入遏制和进入容纳。[①] 在贝恩看来正是由于进入壁垒的存在，以及在位厂商维护并且加深进入壁垒的愿望，才最终导致了各种垄断行为的出现。虽然贝恩提出了进入壁垒的概念，但是其他经济学家对于他的定义并不认同。斯蒂格勒认为，"进入壁垒是一种生产成本（在某些或每个产出水平上），这种成本是打算进入一行业的新厂商必须负担，而在位厂商无需负担的"。[②] 由于二者的研究目的和定义不同，他们所认为的进入壁垒的因素也存在较大分歧。贝恩认为规模经济、资本需求量、产品差别化都是进入壁垒的范畴；但是斯蒂格勒认为这些因素在位厂商也必须承担，因此不是进入壁垒。贝恩和斯蒂格勒认为进入壁垒都是客观存在的 。随着 20 世纪 70 年代之后产业经济学的兴起，萨勒博（Salop）提出了"策略性进入壁垒"（strategic entry barriers）的概念。策略性进入壁垒实质是企业故意操纵的，行为上有意针对潜在进入者所设置的进入壁垒。构造策略性进入壁垒主要有三种手段：单独承诺、共同提高成本、可信的或不可信的威胁。单独承诺是指在进入者的成本不变时，在位者采取策略性进入壁垒来改变进入者对在位者的行为，从而使进入者相信进入无利可图。共同提高成本是指在在位者与进入者成本结构大致相同的情形下，在位者采取策略行为使进入者的成本共同提高从而达到阻止其进入的目的。威胁是指在位者的威胁行为相对于自己是理性的行为时，可以阻止其

① 参见黄佩红：《市场进入壁垒理论述评》，载《北方经贸》2014 年第 6 期。

② ［美］斯蒂格勒：《产业组织与政府管制》，上海三联书店 1996 年版，第108 页。

进入。[1] 除却这些在市场内部形成的进入壁垒之外,还存在外部机制形成的进入壁垒,这就是法定垄断(legal or regulatory entry barriers)。法定垄断直接限制潜在竞争者进入某一市场的可能性,其限制强度往往要高于市场内部形成的进入壁垒。[2]

进入壁垒对于反垄断的分析至关重要。在我国"3Q案"中,腾讯公司虽然拥有80%以上的市场份额,但是我国最高人民法院最终没有认定市场支配地位,其主要原因就是涉案市场中的进入壁垒过低,潜在竞争者很容易进入。但是,经济学家对于进入壁垒理解的不一致使进入壁垒的反垄断分析存在很大的困难。这种困难主要来自选择何种要素来衡量进入壁垒的大小。根据我国反垄断执法机构以及法院的相关实践,被认定构成衡量进入壁垒的因素主要有以下几种:

第一,法定垄断。在我国虽然绝大多数的行业都已经实行了市场化运营,在这些行业中存在多个竞争者;但是依然存在很多法定垄断经营的行业,比如,烟草业[3]、盐业[4]、天然气[5]、自来水[6]、电力[7]等。在这些行业中,某个地区只存在唯一的经营者。想要进入该行业的企业要面临众多的审批工作,因此往往无法直接对在

---

① 参见李太勇:《进入壁垒理论评述》,载《经济学动态》1998年第12期。

② See Liyang Hou, *Competition Law and Regulation in the EU Electronic Communications Sector: A Comparative Legal Approach*, Wolters Kluwer: The Netherlands, 2012, p. 102.

③ 比如,内蒙古自治区工商行政管理局行政处罚决定书,内工商处罚字〔2014〕002号。

④ 比如,内蒙古自治区工商行政管理局行政处罚决定书,内工商处罚字〔2016〕4号。

⑤ 比如,山东省工商行政管理局行政处罚决定书,鲁工商公处字〔2016〕第1号。

⑥ 比如,广东省工商行政管理局行政处罚决定书,粤工商经处字〔2013〕第2号。

⑦ 比如,山东省工商行政管理局垄断案件中止调查决定书,鲁工商公处字〔2016〕第29号。

位企业进行竞争限制。

第二,规模经济。规模经济是指经营者的产量随其生产规模的扩大而增加,并且每单位产出成本逐渐下降的经济现象。[①] 任何市场都会或多或少存在规模经济的情形。但是在某些市场中,规模经济的临界点若和整个市场的消费量趋近,就会产生自然垄断的情形。自然垄断状态的规模经济也会成为阻碍潜在竞争者进入该市场的壁垒。在现实中自然垄断行业往往属于法定垄断的范畴。比如,在上述的天然气行业、自来水行业、电力行业的案件中,反垄断执法机构就指出了规模经济作为进入壁垒因素的重要性。

第三,知识产权。知识产权(无论是专利、商业秘密、著作权或者商标)都是生产某种商品的途径或者方法。大多数的知识产权都存在替代性产品,因此知识产权本身并不必然构成进入壁垒。但是,在知识产权与标准结合的时候就会构成进入壁垒。比如,在"高通案"中,国家发改委就指出:"无线通信技术标准是实现无线通信终端兼容、互联和互通的技术规范,在一项专利成为 CDMA、WCDMA 和 LTE 技术标准的无线标准必要专利的同时,其他竞争性技术则可能被排除在该技术标准之外。CDMA、WCDMA 和 LTE 技术标准被实施后,任何被纳入标准的技术若要改变,通常会给运营商和相关制造商带来难以承受的成本,其他竞争性技术客观上难以被纳入该技术标准。"[②]此外,我国反垄断执法机构在"微软收购诺基亚"[③]以及"谷歌收购摩托罗拉"[④]等案件中也认为无线

① 参见胡标英:《企业规模经济理论研究》,载《时代经贸》2006 年第 4 期。

② 国家发展和改革委员会行政处罚决定书,发改办价监处罚〔2015〕1 号。

③ 商务部公告 2014 年第 24 号《关于附加限制性条件批准微软收购诺基亚设备和服务业务案经营者集中反垄断审查决定的公告》,2014 年 4 月 8 日。

④ 商务部公告 2012 年第 25 号《关于附加限制性条件批准谷歌收购摩托罗拉移动经营者集中反垄断审查决定的公告》,2012 年 5 月 19 日。

通信市场中的标准必要专利可以构成进入壁垒。

第四,近年来新进入厂商的数量。这个属于非常直观的因素。我国反垄断执法机构在经营者集中案件中[①]经常使用这个因素来认定市场进入壁垒。如果近年来始终没有看到新的市场进入者,则这些市场往往会被认定为存在较高的市场进入壁垒。但是我们必须明确的是该要素是市场进入壁垒存在的结果,并非原因。这并不是说所有不存在新进入厂商的市场都必然具有较高的市场进入壁垒。

第五,其他因素。这些因素包括巨大的资金要求和研发费用、已经成型的销售网络等。反垄断执法机构在“利乐案”中就应用了这些因素来确立相关市场存在较高的进入壁垒。但是就像前面分析的那样,关于这些因素的使用,经济学界也存在较大争议,因为这些因素是在位厂商也必须要承担的。

第三节　共同市场支配地位

共同市场支配地位由我国《反垄断法》第19条规定,但该条只是构建了三个基于市场份额的法律推定:(1)两个经营者在相关市场的市场份额合计达到2/3的,可以推定为共同市场支配地位;(2)三个经营者在相关市场的市场份额合计达到3/4的,可以推定

---

① 比如,商务部公告2017年第25号《关于附加限制性条件批准陶氏化学公司与杜邦公司合并案经营者集中反垄断审查决定的公告》,2017年5月2日;商务部公告2012年第9号《关于附加限制性条件批准西部数据收购日立存储经营者集中反垄断审查决定的公告》,2012年3月2日;商务部公告2011年第90号《关于附条件批准希捷科技公司收购三星电子有限公司硬盘驱动器业务反垄断审查决定的公告》,2011年12月12日。

为共同市场支配地位;(3)前两项中的经营者市场份额不足1/10的,不应当推定该经营者具有市场支配地位。此外,第19条还规定,被推定具有市场支配地位的经营者,有证据证明不具有市场支配地位的,不应当认定其具有市场支配地位。这也说明上述的三个法律推定都是可以反驳的法律推定。从上述规定中,我们可以推导出共同市场支配地位的两大特征:第一,共同市场支配地位处理的是寡头垄断的市场结构,也即少数经营者控制大量市场份额的情形;第二,拥有共同市场支配地位的经营者,虽然形式上独立,但实质上已经没有竞争关系,否则他们不可能共同拥有市场支配地位。但由此也产生了一个问题——为何这些寡头经营者的竞争关系消失了?第19条既没有共同市场支配地位的定义,也没有具体解释共同市场支配地位因何而生。具体到实务而言,我们无法从第19条得知相对方在上述法律推定完成之后如何进行反驳。此外,在《反垄断法》颁布之后,相关解释主体①也未对共同市场支配地位进行过任何理论拓展,因此我们也无法从相关法律法规获取更多的信息。在下面的论述中,我们首先研究分析与共同市场支配地位相关的经济学原理,其次了解美国和欧盟的相关实践,最后构建我国共同市场支配地位的分析框架。

一、寡头垄断经济学

经济学家对于市场竞争的研究始于狭义的垄断(monopoly),也即相关市场中只存在一个卖方或者买方的情形。经济学家对于垄断的研究主要是建立在与“完美竞争”(perfect competition)相对

① 根据我国《反垄断法》及《立法法》相关规定,我国有权解释共同市场支配地位的主体包括国务院、最高人民法院、反垄断委员会、国家发展和改革委员会、国家市场监督管理总局、商务部等。

比的基础之上。由于垄断会造成社会福利的净损失(deadweight loss),经济学家即使认为完美竞争可以促进生产效率、分配效率以及动态效率,①但还是建议立法者对垄断形态进行规制,并由此产生了反垄断法。② 无论是狭义的垄断还是完美竞争都属于极端的市场结构类型,在平常的社会生活中并不常见。为此,经济学家又开始研究介于狭义的垄断和完美竞争之间的市场结构,这包括寡头垄断(oligopoly)和垄断竞争(monopolistic competition)。③ 前者是指相关市场中存在为数不多的买方或者卖方,是一种较为接近垄断的状态;后者则指市场中的卖方或者买方为数众多,但是相关产品具有不完全替代的差异性,是更为接近完美竞争的一种状态。

寡头垄断状态在第一次工业革命之后的19世纪就开始广为存在了,但是起初经济学者对于寡头垄断的态度却存在很大的差别。④ 古诺(Cournot)是最早开始研究寡头垄断的经济学者,他于1838年基于产量的研究发现寡头垄断的价格要高于边际成本(marginal costs),这证明寡头垄断会降低生产效率。⑤ 随后,伯川德(Bertrand)在1883年以价格视角对寡头垄断进行了研究,得出了相反的结论,他认为寡头垄断的价格会接近于边际成本。⑥ 二

---

① 参见[美]理查德·A.波斯纳:《反托拉斯法》(第2版),孙秋宁译,中国政法大学出版社2003年版,第17~18页。

② 参见[美]戴维·J.格伯尔:《二十世纪欧洲的法律与竞争》,冯克利、魏志梅译,中国社会科学出版社2004年版,第9~10页。

③ 参见闵宗陶、杨秀云:《寡头垄断:优化产业市场结构的选择》,载《当代经济科学》2001年第4期。

④ 参见张宏:《发达国家市场结构寡头垄断化趋势及其对我国的启示》,载《东岳论丛》2006年第3期。

⑤ 参见史旗凯、史凯歌:《破解伯川德悖论的新视角——修改前提下的古诺模型分析》,载《西南交通大学学报》2004年第2期。

⑥ 参见史旗凯、史凯歌:《破解伯川德悖论的新视角——修改前提下的古诺模型分析》,载《西南交通大学学报》2004年第2期。

者代表古典经济学派对于寡头垄断的两种截然相反的态度。寡头垄断理论的突破性进展出现在 1929 年,张伯伦(Chamberlin)认为,"任何企业(寡头垄断者)降低价格的结果都会降低自身的利润,因此没有人会降价;并且,尽管寡头垄断者是完全独立的,但是如此的结果跟他们之间签订垄断协议的结果是完全一样的"。[①] 张伯伦的研究实际上指出了寡头垄断市场(或者共同市场支配地位)的两种负面效应:一是寡头市场会导致寡头垄断者共同提价的平行行为;二是这种平行行为的后果跟垄断协议没有任何区别。但是张伯伦并未给出这些负面效应产生的条件,他自己也承认他的研究存在很大的"不确定性"。[②] 张伯伦的研究被后来的学者称为"张伯伦合谋论"。

"张伯伦合谋论"迅速被反垄断经济学分支之一的哈佛学派接受。哈佛学派的代表性人物贝恩以此为基础进行了一系列的实证研究,发现寡头市场和超竞争水平利润之间存在正相关性。[③] 贝恩等的研究由此激发了哈佛学派的 SCP 分析模式。[④] 哈佛学派认为,这些超竞争水平利润产生的主要原因就是寡头垄断者控制了不合理的市场力量;因此寡头垄断的效果跟垄断类似。正是基于这种相似性,哈佛学派强烈主张美国《谢尔曼法案》第 2 条(禁止滥用市场支配地位)应当适用于寡头垄断,并主张对寡头垄断者

---

① Edward Chamberlin, *Duopoly: Value Where Sellers Are Few*, Quarterly Journal of Economics, Vol. 11:1, p. 80 (1929).

② Edward Chamberlin, *Duopoly: Value Where Sellers Are Few*, Quarterly Journal of Economics, Vol. 11:1, p. 98 (1929).

③ See Joe Bain, *Relation of Profit Rate to Industry Concentration: American Manufacturing* 1936 – 1940, Quarterly Journal of Economics 65(3), p. 293 – 324 (1951).

④ 参见李剑:《论结构性要素在我国〈反垄断法〉中的基础地位——相对优势地位滥用理论之否定》,载《政治与法律》2009 年第 10 期。

施以结构救济的反垄断处罚。[①]

随后反垄断经济学的另一分支——芝加哥学派则批评哈佛学派的观点过于偏激,他们认为哈佛学派忽视了寡头垄断者的高利润也可能是由于他们的高生产效率。芝加哥学派的代表性人物斯蒂格勒认为,大多数寡头垄断对于社会没有危害,只有在极特殊的情况下才会产生危害;因此寡头垄断和社会损害之间并没有必然的因果关系。[②] 但是斯蒂格勒并未做出寡头垄断在什么情形下才能造成社会损害的模型。该模型直至弗里德曼(Friedman)引入博弈论之后才得以解决。[③] 弗里德曼研究的出发点是一个经典的囚徒困境,也即分析追求利益最大化的寡头垄断者可能如何应对竞争者的行为和策略。那就是,假定市场中存在两个寡头垄断者(A、B),且 A 和 B 是完全一样的。

通过表 5 – 3 可以看出,如果 A 想获得更多的利润,那么 A 最好的选择是策略 2,也即 A 降价并且期待 B 提价;此时 A 获得的收益最高,为 1000。但是 B 和 A 是完全相同的,那么 A 的最好策略也是 B 的最好策略。所以,最后的结果反而是策略 1,也就是 A 和 B 都降价。在一次博弈中寡头垄断的效果跟完美市场基本类似。

---

① 参见[美]欧内斯特·盖尔霍恩、[美]威廉姆·科瓦契奇、[美]斯蒂芬·卡尔金斯:《反垄断法与经济学》,任勇、邓志松、尹建平译,法律出版社 2009 年版,第 73 ~ 74 页。

② See George Stigler, *Theory of Oligopoly*, Journal of Political Economy, Vol. 72:1, p. 44 – 61(1964).

③ See James Friedman, *A Non-cooperative Equilibrium for Supergames: A Correction*, Review of Economic Studies, Vol. 38:1, p. 1 – 12 (1971).

表 5－3　一次博弈中 A 的策略

情形	B 降价	B 提价
A 降价	策略 1(500)	策略 2(1000)
A 提价	策略 2(200)	策略 3(900)

随后,弗里德曼又研究了多次博弈的情形。经过表 5－4 中的多次博弈,A 和 B 不但会了解自己的最佳策略,而且也会了解对方的最佳策略。多次的博弈可能会让 A 和 B 共同意识到,共同降价并不是二者最好的选择。最好的策略是 4,也即双方共同提价。如此,虽然双方都不能获得策略 2 中的利润,但这确实是双方共同的最好选择。此时,寡头垄断的效果就和垄断一般无二。

表 5－4　多次博弈中 A 和 B 的策略

情形	B 降价	B 提价
A 降价	策略 1(500,500)	策略 2(1000,200)
A 提价	策略 2(200,1000)	策略 4(900,900)

博弈论的引入修正了“张伯伦合谋论”中的阶段结论,即寡头垄断也会产生促进竞争的效果;但同时将“张伯伦合谋论”中寡头垄断的损害进行了模型化。经济学往往将策略 4 中的情况称为“寡头依赖”(oligopolistic interdependence)。在这种情形下,虽然这些寡头垄断者都是独立的竞争者,但是他们的行为保持高度一致,因此他们之间的竞争状态消失。但是某一寡头垄断者的利润的提高又要依赖于其他寡头垄断者做出提价的平行行为,因此他们的博弈又跟其他市场结构中的竞争存在很大区别。①

---

① See Félix Mezzanotte, *The Anti-Collusion Toolkit: Limits of a Policy that Combats the Facilitation of Collusion*, European Law Review, Vol. 17:4, p. 495－512 (2011).

为了实施表5－4中的策略4，寡头垄断者们有两个选择。第一，签订垄断协议。该协议的签订既可以明示，也可以暗示。无论是明示的还是暗示的垄断协议都是各国反垄断法（如我国《反垄断法》第14条）的执法重点。第二，寡头垄断者们也可以根据市场情况各自做出选择。此时就需要利用共同市场支配地位对之进行规制。但我们从弗里德曼构建的模型也可以看出，寡头垄断者做出提价的选择面临巨大的风险——其他寡头垄断者总是可以通过降价使提价的一方遭受巨大损失。因此，策略4的形成必定存在严格的经济条件，也即“寡头依赖性”产生的条件。令人遗憾的是，对此经济学家尚未形成通论。

波斯纳是较早提出为寡头依赖性设置条件的学者。他在《反托拉斯法》一书中为寡头依赖性的成立设置了17个条件：（1）市场上卖方集中度较高；（2）外围企业的市场份额较小；（3）相关产品的需求弹性较小；（4）高市场进入障碍；（5）买方的抗衡力量较低；（6）产品差异性较小；（7）相关产品的耐用性较低；（8）寡头垄断者处于生产链条上的较高层级；（9）价格竞争比其他形式的竞争重要；（10）固定成本的占比较高；（11）相似的成本结构和生产过程；（12）消费需求保持不变或者下降；（13）价格可以迅速变化；（14）存在秘密投标的情形；（15）相关地域市场较小；（16）寡头垄断者的合作非常频繁；（17）相关市场中曾经有过反垄断案件。①

波斯纳的观点出台之后迅速招来了激烈的批评。反对者认为，这种方法有两个弊端：第一，这些条件是不充分的；第二，这些

① 参见［美］理查德·A.波斯纳：《反托拉斯法》（第2版），孙秋宁译，中国政法大学出版社2003年版，第81～92页。

条件之间可能存在冲突;第三,无法搜集到充分的证据。[①] 鉴于波斯纳观点中的不足,雷伊(Rey)将所有的条件按照与寡头依赖可能性关联程度的高低,分为必备条件、重要条件和其他条件。必备条件包括高市场进入障碍、寡头垄断者之间的高频交往、低创新度等。重要条件包括寡头垄断者数量较少、寡头垄断者相似度较高、存在其他形式的合作协议等。其他条件有市场透明度较高、消费需求较强、产品差异性较低等。[②] 但是这些要件也被其他学者批评,认为其无法在具体案件中被具体应用。[③]

二、美国反托拉斯法

虽然经济学家完美地解释了共同市场支配地位的成因,但是在创建共同市场支配地位(或者寡头依赖)的分析框架时却存在重大争议。鉴于经济学研究的不足,本章拟通过对美国和欧盟的反垄断执法实践进行比较研究,希望以此探寻共同市场支配地位的解决之道。选择美国和欧盟作为比较法的研究对象主要有两个原因:第一,美国不但是现代反垄断法的鼻祖,而且从事寡头垄断经济学研究的学者也多为美国人。第二,欧盟的反垄断法律是我国《反垄断法》的蓝本,其执法经验应当对我国有直接的借鉴意义。

---

① See Frederick Scherer, *The Posnerian Harvest: Separating Wheat from Chaff*, Yale Law Journal, Vol. 86:5, p. 974 – 1002 (1977).

② See Patrick Rey, *Collective Dominance and the Telecommunications Industry*, in Pierre Buigues and Patrick Rey, eds., The Economics of Antitrust and Regulation in Telecommunications: A Perspective for the New European Regulatory Framework, Cheltenham: Edward Elgar, 2004, p. 91 – 113.

③ See Liyang Hou, *Competition Law and Regulation in the EU Electronic Communications Sector: A Comparative Legal Approach*, The Netherlands: Wolters Kluwer, 2012, p. 155 – 173.

美国《谢尔曼法》并未对共同市场支配地位进行规定，与之大致相似的概念是“平行行为”（paralleled behavior）或者“共享垄断”（shared monopoly）。寡头垄断在美国反垄断法执法之初也并未引起业界的注意，但随着哈佛学派在20世纪30年代后的逐渐兴起，到了20世纪中叶美国司法界和学术界才开始真正关注共同市场支配地位。

在《谢尔曼法》第2条的框架下，美国最高法院审查的共同市场支配地位案件只有一个，即1953年的“影院公司诉派拉蒙公司案”。① 在该案中，影院公司诉称，派拉蒙等电影公司合谋决定不对其授权电影的首放权，并称其违反了《谢尔曼法》第2条。美国最高法院发现被告方的确存在不授权的平行行为。这个案件其实涉及《谢尔曼法》第1条（禁止垄断协议）和第2条的交叉。美国最高法院认为，如果被告方之间存在合谋的协议，那么应当由第1条管辖；反之则可能由第2条管辖。但是美国最高法院在该案中并未对共同市场支配地位进行任何明确的解释。由于原告无法提供证据证明存在垄断协议，并且美国最高法院认为平行行为本身并不违反《谢尔曼法》，②原告最终被判决败诉。

随后，美国最高法院再也没有审查过共同市场支配地位的案件，反而是在巡回法院和地区法院有一些案例。③ 但是在这些案件中，这些法院均指出：“《谢尔曼法》第2条中的垄断不包含共享垄断或者寡头垄断，而仅仅指的是一个经济体具有市场支配地位

---

① Case Theatre Enterprises v. Paramount Distributing, 346 U. S. 537 (1953).

② Case Theatre Enterprises v. Paramount Distributing, 346 U. S. 537 (1953), para. 540 – 541.

③ Case American Tel. and Tel. Co. v. Delta Communications Corp., 579 F. 2d 972 (5th Cir., 1978); Case Kramer v. Pollock-Krasner Foundation, 890 F. Supp. 250, 256 (S. D. N. Y. 1995).

的情形。”此外，虽然《谢尔曼法》第 2 条也禁止多个企业合谋垄断的情形，但是“这必须建立在这些企业最终组成了一个单独的经济体”。“当两个或以上的竞争者合谋去限制竞争，但是随后的市场力量继续由这些竞争者共享，这并不构成《谢尔曼法》第 2 条中的合谋垄断。”①最后，在 2010 年的“杰克逊案”中，美国亚拉巴马州北部地区法院将共享垄断定义为“多个企业共同拥有垄断力量”，但是其依然认为《谢尔曼法》第 2 条只适用于单个企业垄断的案件。②

从上段中提及的“影院公司诉派拉蒙公司案”中我们可以看出，美国也认为寡头依赖跟协同行为具有一定的联系。那么能否将协同行为的适用范围扩张至寡头依赖呢？关于这个问题，美国存在两种观点。一种是以特纳（Turner）为代表的反对派。特纳等人认为寡头依赖是寡头垄断者根据市场情形所做出的合理选择。反垄断法既不能禁止市场主体的合理选择，也无法为寡头依赖的情形提供有效救济。③ 但是，以波斯纳为代表的另外一批学者则支持运用协同行为来规制寡头依赖。波斯纳认为，如果不对寡头依赖情形进行规制则会降低反垄断法的威慑性；此外尽管不存在最有效的救济措施，但是反垄断处罚对于寡头垄断者的震慑作用是不可忽视的。④ 而美国法院从未在任何判决中认为《谢尔曼法》

---

① Case *Sun Dun, Inc. v. Coca-Cola Co.*, 740 F. Supp. 381, 391 (D. Md. 1990), p. 12.

② Case *Precision CPAP v. Jackson*, No. 2:05cv1096 – MHT (M. D. Ala. Mar. 8, 2010), p. 14 – 15.

③ See Donald Turner, *The Definition of Agreement under Sherman Act: Conscious Parallelism and Refusals to Deal*, Harvard Law Review, Vol. 75:4, p. 655 – 706 (1962).

④ 参见[美]理查德·A. 波斯纳：《反托拉斯法》（第 2 版），孙秋宁译，中国政法大学出版社 2003 年版，第 114 页。

第 1 条可以适用于寡头依赖情形。①

三、欧盟竞争法

与我国类似,欧盟直接将共同市场支配地位规定在《欧盟运行条约》(The Treaty on the Functioning of the European Union, TFEU)第 102 条。但该条也没有解释共同市场支配地位的定义和分析方法。直至 20 世纪 90 年代,欧盟法院才正式确立了共同市场支配地位的两种分析路径,一种是依据经济联系进行确立,另一种是根据寡头依赖性确立。

共同支配地位这个概念早在 1957 年《罗马条约》中已经出现,是指两个以上的企业共同拥有市场支配地位。但是该条约既没有阐述这个概念的定义也没有明确说明分析方法。共同市场支配地位的分析框架完全是基于欧盟法院和欧盟委员会的判例。

1988 年"阿尔萨电信公司(Alsatel)案"中首次提到了共同市场支配地位问题。② 但欧盟法院直到四年之后才在平板玻璃(Flat Glass)判决③中给出了共同支配地位的定义。随后,又出现了两个里程碑式的案例,此即"比利时海运公司(Compagnie Maritime Belge)案"④和"简科公司案"⑤。这两个判决最终确定了两种分析共同支配地位问题的方法。不过自此关于共同市场支配地位的确

---

① See George Hey, *Oligopoly Shared Monopoly and Antitrust Law*, Cornell Law Review, Vol. 67:3, p. 440 – 481(1982).

② C – 247/86, Alsatel v. Novasam, [1988] ECR 5987, para. 21 – 22.

③ Joint Cases T-Case T – 68, 77, 78/89, Societa Italiana Vetro Spa and other v. the Commission, [1992] ECR II 1403, para. 358.

④ C – 395/96P 和 C – 396/96P, Compagnie maritime Belge transports SA, Compagnie maritime belge SA and Dafra-Lines A/S v. Commission, ECR I – 01365 [2000]。

⑤ T – 102/96, Gencor v. Commission, II – 879, [1999] 4 CMLR 971.

定是建立在经济联系(结构)还是寡头市场结构基础之上便争论不断。[①] 在另外两个案例中,即“航空旅游公司(Airtours)案”[②]和“独立音乐版权协会(Impala)案”[③],欧盟法院进一步地阐述了在不涉及经济联系的寡头市场中如何评估共同市场支配地位。直到2004年,欧盟修正了经营者集中审查规则,从市场支配地位分析路径转变为考虑“严重妨碍有效竞争”(significant impedance to effective competition,SIEC)的效果分析路径。[④] 这个新的分析路径将关注点转移到了多方效应或者非多方效应(单方效应),而非市场支配地位本身。这种方法论意义上的转变对于共同市场支配地位的应用有着深远的影响。下面本书将首先介绍确定共同市场支配地位的两种方法,其次讨论这两种方法适用的可能性。

(一)经济联系

欧盟法院指出,为获得共同市场支配地位,两家以上企业会通过经济联系使他们在一定程度上拥有独立于竞争者、消费者、最终消费者行动的市场力量。[⑤] 经济联系也被称为结构联系。关于经济联系的例子有“比利时海运公司案”中的班轮联盟,也有“爱尔兰糖

---

① Commission Guidelines of July 11,2002 on market analysis and the assessment of significant market power under the Community regulatory framework for electronic communications networks and services,O. J. 2002 C165/6,para. 90.

② T-342/99,Airtours v. Commission,[2002] ECR Ⅱ-2585,[2002] 4 CMLR 317.

③ T-464/04,Impala v. Commission,Order of 30 June 2009,unpublished.

④ European Commission Guidelines on the Assessment of Horizontal Mergers under the Council Regulation on the Control of Concentrations between Undertakings,OJ C 31/5, February 2004.

⑤ Case T-68,77,78/89,Societa Italiana Vetro SpA and other v. the Commission, [1992] ECR II 1403,para. 358;C-395/96 P and C-396/96 P,Compagnie maritime Belge transports SA, Compagnie maritime belge SA and Dafra-Lines A/S v. the Commission,ECR 2000 Page I-01365,para. 130.

业公司(Irish Suger)案”[①]中两家企业的相互控股(一家企业拥有另一家企业 51% 的股份,但前者对后者并不具有经营权),还有“皮奥(Piau)案”[②]中球员俱乐部服务市场上的国际足球联盟(FIFA)。

然而,欧盟法院却从未就什么是经济联系作详细说明。有关文献指出,经济联系可能是一种合同安排(如企业之间达成的价格协议),也可能是企业之间股权的结构(如交叉持股、共同管理)。[③]但学者对于该术语的内涵争议较大。[④]

企业联合与默示的共谋有很大的联系。[⑤] 因此,当基于经济联系来确立共同市场支配地位时,《欧盟运行条约》第 102 条的适用在一定程度上会与该条约第 101 条关于协同行为的规定竞合。[⑥]对此,欧盟法院也表示:“当条约第 85 条(现 TFEU 第 101 条)和第 86 条(现 TFEU 第 102 条)的适用条件均满足时,第 85 条的适用性并不能阻却第 86 条对同一行为的适用性。”[⑦]

---

① T-228/97 Irish Sugar v. Euroepan Commission, [1999] ECR Ⅱ -2969, para, 52; C-497/99 P, Irish Sugar v. Euroepan Commission, Decision on July 10, 2001, ECR [2001] I-5333, para. 47.

② T-193/02, Piau v. Euroepan Commission, [2005] E. C. R. Ⅱ-209, para. 115-116 (“Piau I”); C-171/05 P, Piau v. European Commission, [2006] ECR Ⅰ-37, para. 58 (“Piau II”).

③ See Jonathan Faull & Ali Nikpay (2007), *The EC Law of Competition*, 2nd ed., Cambridge, para. 4.112-4.114.

④ See Richard Whish (2009), *Competition Law*, 6th ed., Cambridge, p. 558-564.

⑤ See Craig Callery (2011), *Considering the Oligopoly Problem*, European Competition Law Review, 32(3), 142-152.

⑥ C-395/96 P and C-396/96 P, Compagnie maritime Belge transports SA, Compagnie maritime belge SA and Dafra-Lines A/S v. the Commission, ECR 2000 Page I-01365, para. 48.

⑦ C-395/96 P and C-396/96 P, Compagnie maritime Belge transports SA, Compagnie maritime belge SA and Dafra-Lines A/S v. the Commission, ECR 2000 Page I-01365, para. 130.

关于此种竞合，欧盟法院也表明违反 TFEU 第 101 条的共同市场支配地位行为在一定程度上也可以被视为违反第 102 条规制的滥用行为。[①] 因此，从程序上来讲，这种竞合使欧盟委员会能够选择适用第 101 条或第 102 条。举例来说，在“爱尔兰糖业公司案”[②]中有学者指出欧盟委员会实际上有四种选择：(1)证明爱尔兰糖业公司和 SDL 拥有共同市场支配地位；(2)证明两家企业为一家企业，拥有单独市场支配地位并滥用市场支配地位，违反 TFEU 第 102 条；(3)证明两家企业的行为是协同行为，违反 TFEU 第 101 条；(4)证明两家企业分别滥用在批发市场和零售市场的单独市场支配地位。[③] 由于其他三种路径存在实际的困难，欧盟委员会最终选择了第一种路径。

(二)寡占市场结构

学者关于经济联系的适用范围一直存有争议。一些学者认为，此概念只适用于明示的共谋，而不适用于默示的共谋。[④] 欧盟执法机构对此并未有过正面回应。但欧盟法院在“简科公司案”中提道：“在寡头垄断的市场中不仅仅存在法律或经济上的原因使得经营者之间存在相互依赖关系；同时，寡头垄断市场中如果存在市场集中度、透明度、商品同质性等显著的特征，那么经营者可能可以判断其他竞争者的行为，从而进行联盟行动；经营者可能会通

---

① C－395/96 P and C－396/96 P, Compagnie maritime Belge transports SA, Compagnie maritime belge SA and Dafra-Lines A/S v. the Commission, ECR 2000 Page Ⅰ－01365, para. 359.

② T－228/97 Irish Sugar v. Commission, [1999] ECR Ⅱ－2969.

③ See Giorgio Monti, *The Scope of Collective Dominance under Article* 82 *EC*, Common Market Law Review, Vol. 38:1, p. 131－157(2001).

④ See Felix E. Mezzanotte, *Tacit Collusion as Economic Links in Article* 82 *Revisited*, European Competition Law Review, Vol. 30:3, p. 137－142 (2009).

过限制产量、提高价格来使他们的利益最大化。"①

此时，确定共同市场支配地位的另一种方法就确立了，即寡占市场结构。然而，在此案中，欧盟并没有形成基于寡占市场结构确立共同市场支配地位的一般分析框架。欧盟委员会的分析基于对市场特征的考察，进而说明经营者具有寡占市场支配地位。这些市场特征包括高市场份额、成本结构的相似性、市场透明度、发展前景、供给与需求的平衡、供给的替代来源、结构联系、除技术发展之外的竞争手段、利益相关方的反应以及寡占趋势。企业数量、市场集中程度、市场透明度以及企业分布的对称性这些市场特征也很重要。② 但值得注意的是，在分析市场支配地位的时候，欧盟执法机构并没有分析所有的特征，而是根据案情的需要选取部分进行分析。③ 欧盟委员会在"航空旅游公司案"中也适用了这种列表检查式的方法，在此案中欧盟委员会"为证明共同市场支配地位"并没有考虑"所有因为合并而呈现的市场特征"。④ 然而，寡占市场经营者之间的依赖性并不总是意味着企业会通过默示的共谋来让他们利益最大化，⑤因此仅仅依靠列表式检查的方法会导致假阳性错误。欧盟委员会在这两个案例中均以败诉告结，主要原因

---

① T-102/96, Gencor v. the Commission, Ⅱ-879, [1999] 4 CMLR 971, para. 276.

② See Ioannis Kokkoris, *The Development of the Concept of Collective Dominance in the ECMR. From its inception to its current status*, World Competition, Vol. 30:3, p. 419-448 (2007).

③ See Valerie Rabassa and Peder Christensen, *The Airtours Decision: Is There a New Commission Approach to Collective Dominance*, European Competition Law Review, Vol. 22:6, p. 227-237 (2001).

④ Case No. Ⅳ/M. 1524-Airtours/First Choice, C(1999) 3022 final, para. 55.

⑤ See Gunnar Niels, *Collective Dominance: More Than Just Oligopolistic Interdependence*, European Competition Law Review, Vol. 22:5, p. 168-172 (2001).

就是未能证明涉案经营者之间存在协调的动机。①

可能是考虑到了这个漏洞,欧盟法院将默示协同行为的经济学理论纳入共同市场支配地位的分析之中,并在“航空旅游公司案”这个里程碑式的案件中提出了三个必不可少的要件。这三个要件是:

第一,每一个寡头垄断的成员均有能力知晓其他成员如何行动,并可以监测所有成员是否遵循了共同的政策。欧盟委员会特别强调,仅仅意识到相互依赖的市场行为对他们有利是不够的,每一个成员必须有一套办法知晓其他成员是否适用同样的市场策略,以及他们对这些策略是否一以贯之。因此,在寡头垄断市场中,足够高的市场透明度对于所有成员及时准确地观测竞争者如何行动是必要的。

第二,默示的协作必须能够持续一段时间,也就是说,必须存在某种动机使经营者不背离共同政策行事。欧盟委员会认为,此种动机就是实施共同行为能够使所有寡占市场支配地位的成员获利,而背离共同政策的行为是不利于集体利益的。在此种情况下,共同市场支配地位才是可行的。此时,各成员方意识到为了长期的利益他们最好遵循共同的政策。如果不这么做的话,成员方知道他们为自己利益而为的竞争行为会激发其他成员方同样的行为,从而导致大家均无利可图。

第三,为证明达到法定要求的共同市场支配地位,欧盟委员会还须证明在位和潜在的竞争者以及消费者的反应行为不会危及共

---

① See Kai-Uwe Kuhn (2002), *Closing Pandora's Box? Joint Dominance after the "Airtours" Judgment*, Michigan Law and Economics Research Paper No. 02 – 013, available at: http://ssrn.com/abstract=349521.

同政策的可预期后果。①

在“航空旅游公司案”的判决中,欧盟法院作了三个显著的改变,并形成了以下的分析路径:

第一,欧盟法院要求欧盟委员会在寡头垄断市场结构与协同行为(共同政策)之间建立普遍联系。事实上,在“简科公司案”或欧盟委员会关于“航空旅游公司案”的裁定中,许多为证明此联系的市场特征,诸如市场透明度、对抗性的买方力量和报复行动,均被分析过。然而,三要件的分析路径要求欧盟委员会对这些标准进行系统地观察,而不是仅仅如前所述的列表式审查方法。因此,要形成共同市场支配地位,企业所处的市场必须具有以下特征:(1)市场特征得有利于形成协同行为(共同政策);(2)市场足够透明,所有成员均能监测其他成员的行为,尤其是背离共同政策的行为;(3)对于违背共同政策的企业有一套行之有效的惩罚机制;(4)隐蔽的协同行为不会被诸如潜在竞争、对抗性买方力量等外部约束影响。

第二,欧盟法院坚称为证实共同市场支配地位的结论,欧盟委员会应该加强定量分析。共同市场支配地位的分析应该基于定性分析和定量分析。其中定性分析基于企业内部文件、消费者市场调查以及第三方报告等;为便于理解,定量分析应基于数据和数学工具以及实证分析方法等。② 欧盟委员会关于“简科公司案”的分析仅仅建立在定性分析上,几乎未提及市场数据。欧盟法院在最近的判决

---

① T - 342/99, Airtours v. the Commission, [2002] ECR Ⅱ - 2585, [2002] 4 CMLR 317, para. 62.

② See Frances Dethmers, *Collective Dominance under EU Merger Control-After Airtours and the Introduction of Unilateral Effects is There still a Future for Collective Dominance?*, European Competition Law Review, Vol. 26:11, p. 638 - 649 (2005).

中多次批评欧盟委员会未能够提供经济分析来充分地证明其结论。[①]

第三,欧盟法院也坚称,必须以发展的眼光、根据寡占市场内部关系来分析共同市场支配地位。[②] 欧盟委员会应当详细说明特定的市场结构对竞争造成可预期的损害的原因。

尽管在“航空旅游公司案”中欧盟法院引入了经济学方法,但这份判决遭到学界很多诟病。最大的问题便是虽然欧盟法院在此案中要求的证明标准要比在“简科公司案”中严格很多,但它却没有明确欧盟委员会要遵守的证据标准具体是什么。[③] 因此,这使共同市场支配地位的分析方法存在不确定性。[④] 这也是欧盟法院在“独立音乐版权协会案”(欧盟基于寡占市场内部联系的一个最新的市场支配地位案例)中面临的一个问题。尽管这个案例很复杂,但关于市场支配地位的核心概念和分析仍然是完整的。值得关注的是,“独立音乐版权协会案”关于共同市场的支配地位概念在以下三方面有显著的发展:

第一,欧盟法院第一次有机会审查并最终支持初审法院在“航空旅游公司案”中确立的寡占市场结构分析方法。[⑤] 自此,分析共同市场支配地位的方法得以确立。

---

① C－413/06 P, Bertelsmann and Sony Corporation of America / Impala ECR 2008 p. Ⅰ－4951, 10 July 2008, para. 173－175.

② C－413/06 P, Bertelsmann and Sony Corporation of America / Impala ECR 2008 p. Ⅰ－4951, 10 July 2008, para. 192 and 294.

③ See Ioannis Kokkoris, *The Development of the Concept of Collective Dominance in the ECMR. From its inception to its current status*, World Competition, Vol. 30:3, p. 419－448 (2007).

④ See Kai-Uwe Kuhn (2002), *Closing Pandora's Box? Joint Dominance after the "Airtours" Judgment*, Michigan Law and Economics Research Paper No. 02－013, available at: http://ssrn.com/abstract=349521.

⑤ C－413/06 P, Bertelsmann and Sony Corporation of America / Impala ECR 2008 p. Ⅰ－4951, 10 July 2008.

第二,也是最为重要的一点,尽管一些文献指出,欧盟委员会关于确立共同市场支配地位的证据标准有所降低,但欧盟法院认可了初审法院关于共同市场支配地位证明标准提出的指导性方针。① 初审法院指出,在"航空旅游公司案"中提出的三个要件是必不可少的,同时,最终确定共同市场支配地位还应该考虑一些间接的因素,比如,具有共同市场支配地位表现出的各种迹象。② 它进一步提出了两种证据:第一种证据涉及平行行为,初审法院指出如果对一段时间的价格联盟行为,尤其是超出正常竞争水平的价格联盟行为没有合理的解释,那么结合其他共同市场支配地位的典型特征就足以说明企业具有共同市场支配地位,而不必要求具备其他的,诸如高市场透明度等证据。③ 第二种证据涉及报复机制的识别,初审法院认为,没有必要确定潜在报复机制的存在,原则上存在有效的威慑机制就足够了,因为如果寡占垄断结构中成员遵守共同政策,就没有必要诉诸惩罚机制。④

第三,关于共同市场支配地位,在初审法院撤销欧盟委员会的第一份裁定后,⑤欧盟委员会提出了"一种在合并规制程序中彻底的

---

① See Ben van Rompuy, *The Standard of Proof in EC Merger Control: Conclusions from the Sony BMG Saga*, in C. Pauwels, H. Kalimo, K. Donders & B. van Rompuy, eds., Rethinking Media and Communications Policies, Brussels: VUB Press, 2009, p. 295 – 318; and GiselaAigner, Oliver Budzinski and Arndt Christiansen, *The Analysis of Coordinated Effects in EU Merger Control: Where Do We Stand after Sony/BMG and Impala?*, European Competition Journal, Vol. 2:2, p. 311 – 336 (2006).

② T – 464/04, Independent Music Publishers and Labels Association (Impala) v. the Commission, ECR 2006 p. Ⅱ – 2289, 13 July 2006, para. 251.

③ T – 464/04, Independent Music Publishers and Labels Association (Impala) v. the Commission, ECR 2006 p. Ⅱ – 2289, 13 July 2006, para. 252.

④ T – 464/04, Independent Music Publishers and Labels Association (Impala) v. the Commission, ECR 2006 p. Ⅱ – 2289, 13 July 2006, para. 466.

⑤ Case No. COMP/M. 3333, SONY/BMG, Commission Decision of 03/10/2007.

分析方法”。[①] 与“航空旅游公司案”类似，初审法院推翻委员会裁定的原因是欧盟委员会未使用充分的经济学定量分析来证实它的结论。[②] 欧盟初审法院需要更为详细的对市场和企业特征可能造成影响的分析，需要一份对未来分析有指导性意义的分析。一些学者认为，前文所述的较为宽松的证据标准是一种平衡。[③] 欧盟委员会的第二份裁决为如何用经济学方法分析共同市场支配地位提供了范本。

第四节 欧盟电信法中的相关实践

欧盟在 2002 年的电信改革中，通过电信法引入了欧盟竞争法的分析方法。市场支配地位作为一个重要的概念，也被引入。但是欧盟电信法并没有直接使用市场支配地位这个概念，而是创造了一个新的概念——显著市场力量（significant market power）。不过欧盟也一直强调显著市场力量跟市场支配地位的定义相同，二者分析方法不存在任何区别，甚至在欧盟委员会随后发布的《显著市场力量指南》中就直接将二者作为同义词反复使用。[④] 之所以

---

① European Commission IP/07/1437 of 3 October 2007, Mergers: Commission Confirms Approval of Recorded Music Joint Venture Between Sony and Bertelsmann after Reassessment Subsequent to Court Decision.

② T－228/97 Irish Sugar v. Commission, [1999] ECR Ⅱ－2969, para. 306, 327－459, and 460－474.

③ See Gisela Aigner, Oliver Budzinski and Arndt Christiansen, *The Analysis of Coordinated Effects in EU Merger Control: Where Do We Stand after Sony/BMG and Impala?*, European Competition Journal, Vol. 2:2, p. 311－336 (2006).

④ Commission Guidelines of July 11, 2002 on market analysis and the assessment of significant market power under the Community regulatory framework for electronic communications networks and services, O. J. 2002 C165/6.

使用显著市场力量这个概念，主要是因为历史传承。在20世纪90年代加入世界贸易组织时，欧盟为转化“主导的电信业务经营者”，创造了“显著市场力量”这个概念。当时的显著市场力量被界定为在相关市场中拥有25%以上的市场份额。[①] 因此，在后续制定欧盟电信法的时候这个概念也就被保留了下来。从后续的执法实践来看，欧盟对于单独显著市场力量的应用跟单独市场支配地位完全一样，没有任何差异。本书在前面已经论述了单独市场支配地位的分析方法，因此在这里就不再赘述。但值得一提的是，欧盟委员会在一些案件中对于共同市场支配地位的分析进行了拓展，细化了很多分析共同市场支配地位的因素。因此，本节将侧重于介绍欧盟电信法中的共同市场支配地位。《显著市场力量指南》明确了考察共同显著市场力量时必须考虑的四个因素：(1)有利于企业协同行为的寡占市场特征；(2)协同行为的动机；(3)报复的能力；(4)抵制市场约束的能力。[②] 下面我们就这四个因素逐一分析欧盟委员会在电信法领域对于共同市场支配地位的认定。

一、有利于企业协同行为的寡占市场特征

《显著市场力量指南》规定了一系列有利于企业协同行为的寡占市场特征：成熟的市场、稳定或稍微增长的市场需求、较低的需求弹性、产品同质、相似的成本结构、相似的市场份额、缺乏技术

---

① Commission Note on Determination of Organizations with Significant Market Power for Implementing the ONP Directives, March 1, 1999, Article 7.

② Commission Guidelines of July 11, 2002 on market analysis and the assessment of significant market power under the Community regulatory framework for electronic communications networks and services, O. J. 2002 C165/6, para. 96.

革新、成熟的技术、不存在过剩生产能力、较大的市场进入障碍、对抗性购买力的缺乏、潜在竞争的缺乏、涉案企业间各种各样的联系、报复机制以及价格竞争的缺乏或日益消减。① 然而,欧盟委员会自己也说上述因素既不是穷尽的列举,也不是说这些因素需要累加适用。但这也引发了一个问题——在分析不同的因素时如果出现冲突,那么应当以哪些因素为准?欧盟委员会并没有直接回答这一问题。但是为了更好地理解这些因素,我们可以基于经济学者的研究成果将所有的因素按照重要性程度分为三类:(1)决定性市场特征;(2)重要市场特征;(3)模糊不清的市场特征。②

(一)决定性市场特征

决定性市场特征是指那些对确认共同显著市场力量有重大意义的市场特征,他们之所以重要是因为以下两个原因:第一,它们是确认共同显著市场力量必不可少的要件。第二,决定性市场特征在现实中容易鉴别,这是这类特征与第二类特征(重要市场特征)的主要区别。下文我们将考察三个决定性市场特征:(1)稳定的市场份额;(2)较大的市场进入障碍;(3)相似的成本结构。

1. 稳定的市场份额

共同显著市场力量是为了排除"俱乐部"成员之间的竞争。

---

① Commission Guidelines of July 11,2002 on market analysis and the assessment of significant market power under the Community regulatory framework for electronic communications networks and services,O. J. 2002 C165/6,para. 97.

② See Patrick Rey, *Collective Dominance and the Telecommunications Industry*, in Pierre Buigues & Patrick Rey, eds., The Economics of Antitrust and Regulation in Telecommunications: A Perspective for the New European Regulatory Framework, Cheltenham: Edward Elgar,2004,p. 91 - 113.

因此当一个共同显著市场力量俱乐部成立后，市场中最显著的特征就是一段时间内各成员的市场份额保持相对稳定。不稳定的市场份额能够表明竞争的存在，因而能够排除隐蔽共谋的可能性。为满足共同重要力量分析的需求，对市场份额的分析应该是动态分析而不是静态分析。换句话说，即使市场份额在过去是保持不变的，如果在可预见的将来其会发生重大变化，其仍然是不稳定的。当市场份额不稳定时，可以直接否定共同显著市场力量的存在。

2. 较大的市场进入障碍

众所周知，当不存在市场进入障碍或者进入障碍较低时，共同显著市场力量不能长久地持续。当市场进入障碍较低时，高于竞争水平的价格会刺激新的进入者从而威胁到共同显著市场力量的存续。[①] 因此，一旦在被考察的市场中发现市场进入障碍较低，就可以及时否定共同显著市场力量的存在。在实践中，通常是通过考察建设在位垄断者基础设备的成本，来考察是否存在较大的市场进入障碍。成本与市场进入障碍正相关。

3. 相似的成本结构

当企业间具有相同的成本结构时，它们更容易进行隐蔽共谋；当企业间成本结构存在较大差异时，维持隐蔽共谋是比较困难的。[②] 因此，当电信主管部门调查到企业成本结构存在较大差异时，就可以排除共同显著市场力量的存在。我们发现在几个案例中，

---

① See Patrick Rey, *Collective Dominance and the Telecommunications Industry*, in Pierre Buigues & Patrick Rey eds., The Economics of Antitrust and Regulation in Telecommunications: A Perspective for the New European Regulatory Framework, Cheltenham: Edward Elgar, 2004, p. 91 – 113.

② Revised ERG Working Paper on the SMP Concept for the New Regulatory Framework, ERG(03)09rev3, September 2005, p. 32.

电信主管部门以企业之间成本结构存在较大差异为由，否定了共同显著市场力量的存在。[①] 电信主管部门运用各种方法评估企业的成本结构，欧盟委员会对于这些方法没有提出异议。举例来说，西班牙通过考察固定成本和可变成本的比例来评估成本结构；[②]马耳他则通过考察所有经营者的技术和基础设施来评估成本结构；[③]而波兰则通过考察客户取得成本和其他可变成本来评估成本结构。[④]

（二）重要市场特征

重要市场特征是指具有理论重要性，但因电信行业特殊的行业环境没有太大实践相关性的市场特征。重要市场特征包括：（1）市场集中度；（2）非对称性的市场份额；（3）成熟的市场、成熟的技术、缺乏技术革新；（4）同质产品；（5）涉案企业之间非正式或其他的联系。

1. 市场集中度

理论上来说，高市场集中度是评估共同显著市场力量的一个重要因素。考察市场集中度依赖两个因素：企业的数量（当竞争者较多时，达成隐蔽合谋较为困难）和企业的市场份额（当市场集中度较高，即较少的经营者拥有较大的市场份额时，更有可能形成共

---

① SE/2005/0203：Access and call origination on public mobile telephone networks, 15. 7. 2005；EL/2006/0492：Access and call origination on public mobile telephone networks, 29. 9. 2006；UK/2003/0001：Mobile access and call origination, 29. 8. 2003；CZ/2006/0405：Access and call origination on public mobile telephone networks, 23. 6. 2006；and PL/2008/0756：Wholesale mobile access and call origination, 26. 03. 2008.

② ES/2005/0330：Access and call origination on public mobile telephone networks in spain, Brussels, 30. 1. 2006.

③ MT/2007/0563：Wholesale broadband access, 29. 1. 2007.

④ PL/2008/0756：Wholesale mobile access and call origination, 26. 3. 2008.

同显著市场力量)。[①]

但是,考察市场集中度有现实性的问题:关于“在一个市场中企业数量达到多少是低集中度”这个问题学界并没有达成共识。为考察是否存在这样一个临界点,我们首先考察了在经营者集中审查领域是否存在答案。在这些案例中,欧盟委员会关于共同支配地位案例有一半左右考察的是“三到二”的合并,有 1/3 考察的是“四到三”的合并。[②] 这似乎表明临界值是 3 家或 4 家活跃的企业。随后我们研究了电信领域的案件,发现在电信规制领域存在同样的实践情况。举例来说,在欧盟委员会发现存在共同重要力量的 4 个案例中,市场中的经营者不超过 3 家。[③] 此外,在另外 9 个案例中(怀疑存在共同显著市场力量,但最终并未发现)经营者数量超过了 3 个(见表 5 – 5)。这也许表明当市场中企业数量不超过 3 家时,共同显著市场力量的问题更为严重。

表 5 – 5　超过三家经营者的案例清单

案例	企业数量/家
“奥地利电信案”15/2003[①]	5
“捷克电信案”10/2003[②]	10
“德国电信案”15/2003[③]	4

---

① Revised ERG Working Paper on the SMP Concept for the New Regulatory Framework, ERG(03)09rev3, September 2005, p. 10.

② See Baxter, S. and Dethmers, *F. Collective Dominance under EC Merger Control-After Airtours and the Introduction of Unilateral Effects Is There Still a Future for Collective Dominance*, European Competition Law Review 27(3), 148 – 160(2006).

③ IE/2004/0121: Access and call origination on public mobile telephone networks, Jan. 20, 2005; MT/2006/0443: Access and call origination on public mobile telephone networks, August 10, 2006.

续表

案例	企业数量/家
“希腊电信案”15/2003④	4
“意大利电信案”15/2003⑤	4
“拉脱维亚电信案”15/2003⑥	4
“荷兰电信案”15/2003⑦	5
“斯洛文尼亚电信案”14/2003⑧	6
“瑞典电信案”15/2003⑨	5

①AT/2004/0063：Access and call origination on public mobile telephone networks, June 25,2004.

②CZ/2006/0448：Transit services in the fixed public telephone network, August 10, 2006.

③DE/2007/0627：Market for access and call origination on public mobile telephone networks, May 21,2007.

④EL/2006/0492：Access and call origination on public mobile telephone networks, 29.9.2006.

⑤IT/2005/0259：Access and call origination on public mobile telephone networks, Dec. 9,2005.

⑥LV/2006/0545：Mobile access and call origination on public mobile telephone networks, Dec. 15,2006.

⑦NL/2005/0242：Wholesale access and call origination on public mobile telephone networks, Oct. 13,2005.

⑧SI/2006/0362：Wholesale trunk segments of leased lines, April 21,2006.

⑨SE/2005/0203：Access and call origination on public mobile telephone networks, 15.07.2005.

此外，在欧盟竞争法框架下，市场集中度是通过赫氏指数（herfindahl-hirschman index，HHI）①来测量的。HHI 关注企业规模

① HHI 是市场中各企业市场份额平方之和。譬如市场中存在四家企业，市场份额分别为 30%、30%、20% 和 20%。则该市场 HHI 为 2600（$30^2+30^2+20^2+20^2=2600$）。参见王继荣：《合并审查中市场集中度测量的经济和法律分析》，载《当代法学》2016 年第 3 期。

大小以及企业之间竞争情况。当市场的HHI在2000以下时,这种市场通常被认为是适度集中的;当HHI达到2000以上时,这种市场通常被认为是集中的。[①] 欧盟委员会使用HHI测量市场集中度。但是,HHI却不适用于电信行业,因为在涉及共同显著市场力量的案例中,所有市场的HHI均超过了2000。由于这种大的背景,欧盟并没有运用传统的方法对HHI进行评估。譬如,在关于批量运输的环节,捷克认为2525的HHI体现出较低的市场集中度。[②] 除考察HHI的净数值外,一些国家也通过对比自己国家与其他国家相同市场的HHI来进行分析。然而,欧盟委员会指出,一个国家HHI比其他国家低并不能说明这个国家的市场不存在共同市场支配地位。[③] 因此,HHI的适用并不能改善市场集中度的不确定性。

另外,欧盟委员会指出其他指标(如市场集中比率)也能够反映市场集中度,[④]但又指出在电信行业适用HHI存在实际困难。一个行业的市场集中比率能够反映整个行业企业的规模大小。这对确定行业的市场形式也是有帮助的。举例来说,行业前四名份额集中度指标(four-firm concentration ratio,CR4)是一种常用的市场集中度比率,它是行业中最大的四家企业的市场份额之和。譬如,行业中最大的四家企业的市场份额分别是30%、25%、20%和

---

① European Commission Guidelines on the Assessment of Horizontal Mergers under the Council Regulation on the Control of Concentrations between Undertakings, O. J. C 31/5, February 2004, para. 20.

② CZ/2006/0448: Transit services in the fixed public telephone network, August 10, 2006.

③ UK/2003/0001: Mobile access and call origination, 29. 8. 2003.

④ UK/2003/0001: Mobile access and call origination, 29. 8. 2003.

15%，则市场集中比率为 90%。一般来说，CRn 是市场中最大的 n 家企业市场份额之和。[①]

尽管欧盟委员会推荐使用市场集中比率这种方法，但真正适用这种方法的案例并不多。为考察市场集中率的重要性，我们考察了涉及共同显著市场力量的公告，并分析了市场集中比率能否成为分析共同显著市场力量的重要因素。因为电信行业多呈现双头寡占的特点，我们利用 CR2 对市场进行分析，分析结果如图5－2所示。该图表明 CR2 通常超过60%，值得一提的是只有两个案例中的 CR2 未超过 75%。另外，在 CR2 未超过 75% 的两个案例中，第三大企业通常存在一个非对称的规模。此外，在欧盟委员会确认存在共同显著市场力量的四个案例中（意大利的案例没有提供市场份额[②]）CR2 分别是 84.1%[③]、94%[④]和 100%。[⑤] 综合这些数据可知，当 CR2 超过 75% 时，共同显著市场力量似乎更可能被确认。但这个结论并未获得欧盟委员会的官方认可，因此市场集中度仅仅被视为重要市场特征。

① 这种方法可以在欧盟委员会 2008 年 9 月 23 日公布的 No COMP/M. 4980－ABF/GBI Business 案中找到，第 147 段。

② IT/2006/0424：Broadcasting transmission services，to deliver content to end users，27. 7. 2006.

③ ES/2005/0330：Access and call origination on public mobile telephone networks in spain，Brussels，30. 1. 2006.

④ IE/2004/0121：Access and call origination on public mobile telephone networks，20. 1. 2005.

⑤ MT/2006/0443：Access and call origination on public mobile telephone networks，10. 8. 2006.

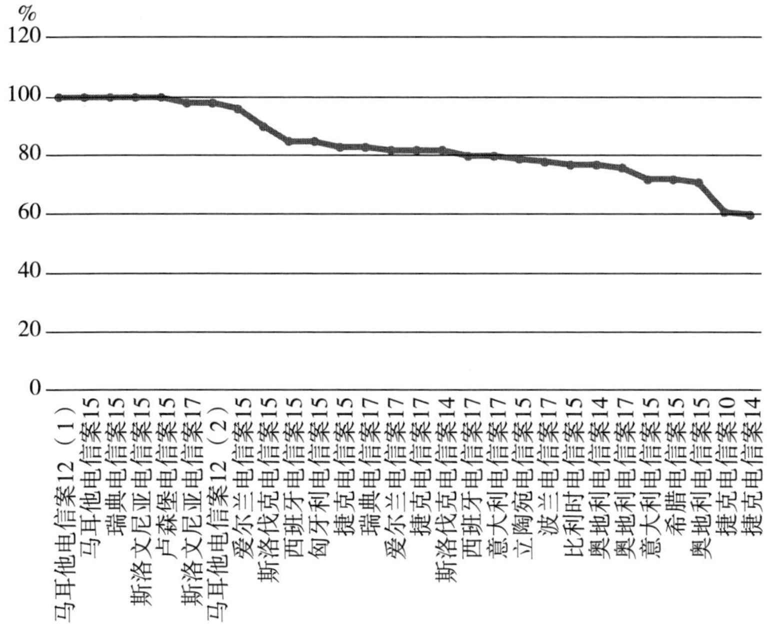

图 5－2　共同显著市场力量案件中的 CR2

注：此处分析了 28 个案例，因为在其他案例中市场份额是保密信息，无法获得。

2. 非对称性的市场份额

企业之间相似的市场份额对于评估共同显著市场力量来说也是关键因素，因为供应商市场份额的重度不平衡很难形成共同市场支配地位。[①] 然而，如同对市场集中度的评价一般，量化企业之间的相似性在实践中也存在不确定性，因此这个特征也未被归入决定性市场特征。

与关于市场集中度的研究类似，对共同显著市场力量案件中

① Revised ERG Working Paper on the SMP Concept for the New Regulatory Framework, ERG(03)09rev3, September 2005, p. 11.

第一、二大企业比例的研究基础仍然是基于电信行业双寡头垄断的特征，因此，我们的研究仍集中在市场中最大的两个企业上面。为体现关于市场份额非对称性的综合性研究，我们考察了三个因素：第一，市场中第一大企业和第二大企业的比率（比率=第一大企业的市场份额/第二大企业的市场份额）；第二，第一大企业市场份额的范围；第三，第二大企业市场份额的范围。对于第一个因素的考察结果如图5-3所示。

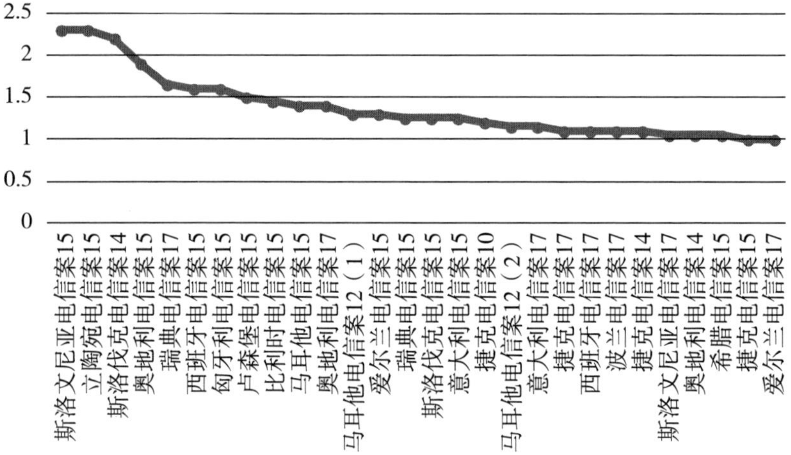

图5-3　共同显著市场力量案件中第一、第二大企业比例

从图5-3可以得出两个结论：其一，第一大和第二大企业比率一般集中在1~2，只有三个案例比率在此范围之外；换句话说，第一大企业的比率通常不能比第二大企业大一倍多。其二，在75%的案例中第一大企业规模不会超过第二大企业的1.5倍。这两个结论或许能够说明电信主管部门对共同显著市场力量成员之间相似市场份额的理解。

关于第二个因素（第一大企业市场份额的范围），第一大企业的市场份额均小于60%。此点与以下研究相对应:要形成单独显著市场力量,除特殊案例之外,企业市场份额通常要超过60%。若那些企业能够形成单独显著市场力量,则没有必要分析共同显著市场力量。因此,市场份额60%是单独显著市场力量和共同市场力量关于市场份额的边界线。这个结论同戴维斯(Davies)、奥克扎克(Olczak)和科尔斯(Coles)关于合并控制中形成共同市场支配地位时最大企业市场份额在60%以下的结论一致。①

关于第三个因素(第二大企业市场份额的范围),第二大企业的市场份额不小于24%。这个数据与欧盟委员会在英国的一份报告较一致,该报告指出,"一旦移动网络运营商占据20% ~25%的市场量,规模经济的作用就变得十分有限"。② 欧盟委员会为使移动网络运营商有效经营,已经接受了这个数据。如果一个经营商不具有规模效应,那么对市场在位者来说,其不是一个有效的竞争者。另外,对于没有达到规模效应的新进入者来说,其会努力增加产量以降低成本,因而它们没有多大的动机去和最大的企业共同建立共同显著市场力量。通常来说,在市场自由化之前,市场在位者已经达到了规模效应。只有达到这个临界值之后,新进入者才会考虑与已经达到规模效应的在位企业进行隐蔽的协同行为。因此,24%的市场份额也许是要达到规模效应第二大企业必须达到的最低市场份额值,也是要形成共同显著市场力量"俱乐部"的临界值。

---

① See Stephen Davies, Matthew Olczak and Heather Coles, *Tacit Collusion, Firm Asymmetries and Numbers: Evidence from EC Merger Cases*, CCP Working Paper No. 07 - 7(Apr. 25,2007), http://ssrn.com/abstract = 982531.

② Revised Common Position on the Approach to Appropriate Remedies in the ECNS Regulatory Framework, ERG (06) 33, Final Version May 2006.

因此,关于市场份额非对称性的研究表明,要形成共同显著市场力量,市场应该是双头寡占结构,第一大企业市场份额不超过60%,第二大企业市场份额不少于24%,两企业间比率在1.5左右。

3. 成熟的市场、成熟的技术、缺乏技术革新

一个成熟的市场会缺乏重要的增长,缺乏技术革新。相较技术驱动性市场而言,在缺乏技术革新的成熟市场中共谋是更容易维持的。[①] 这主要有三方面的原因:第一,技术革新伴随产品差异化,这使得达成一个共同利润最大化的协议较难。第二,一旦革新是可能的,垄断利益就会吸引新的进入者。第三,由于未来市场的不确定性,技术革新竞争者希望通过激烈的竞争在即将来临的市场中有一个好的初始地位。[②]

电信市场给人第一印象似乎是革新驱动性的市场。但在电信领域,商业化革新所需要的前期投资很大,而这些投资很大一部分是沉没成本,更不要说要发展一个足够大的消费者基础所要花费的时间成本。在一个较大成员国内建立一个全国覆盖性的网络通常来说是相当困难的。因此,在这些国家的技术革新通常很难立刻转变为市场力量。

然而,在一个较小的成员国内,新进入者很容易基于新技术建立全国性的覆盖网络。更为重要的是,新进入者能够成为在位共同显著市场力量参与者的挑战者,因为其要从在位企业处争夺消费者。举例来说,2007年6月之前,马耳他的宽带接入市场只有

---

① See Patrick Rey, *Collective Dominance and the Telecommunications Industry*, in Pierre Buigues & Patrick Rey eds., The Economics of Antitrust and Regulation in Telecommunications: A Perspective for the New European Regulatory Framework, Cheltenham: Edward Elgar, 2004, p. 91 - 113.

② Revised ERG Working Paper on the SMP Concept for the New Regulatory Framework, ERG(03)09rev3, September 2005, p. 11.

两个固定经营者。马耳他认为这两个经营者具有共同显著市场力量,但欧盟委员会对此持怀疑态度。[①] 2007 年 6 月之后,一家新的宽带经营者迅速地建立了覆盖全国的无线网络。尽管新进入者市场份额较小,但它却能同在位经营者进行竞争。欧盟委员会最终否定了涉案企业之间存在共同显著市场力量,理由就是在该市场中存在拥有无线技术的新进入者。[②]

4. 产品同质性

产品越相似,其被消费者感知的相似程度也越高,商品供应商之间价格竞争的潜在性也就越大,增加共谋动机和能力的共同控制也就越容易。相反,如果产品差异较大,市场竞争将是多维度的,而不会仅仅集中在价格竞争上,那么垄断协议(或者说共谋)是很难达成的。[③] 然而,在电信领域,新技术出现较慢,旧的技术一直是占支配地位的。另外,可供选择的经营者主要依赖市场在位者的网络提供服务。这意味着可供选择的经营者很难与既有的经营者竞争,因此他们提供的大多是相似的产品。欧盟委员会关于欧盟咨询程序的绝大部分裁定体现了上述情形,因此这个标准在实践中对审查共同显著市场力量也没有太大的意义。

5. 涉案企业之间非正式或其他联系

企业如果不能预测未来他们之间的相互反应,就很难心照不宣地达成共谋。当企业间缺乏频繁互动时,中断一个价格共谋或许可以获得短期利益,但在不确定的未来肯定会受到惩罚。因此,当企业很少互动时,共谋难以达成;但是,当企业之间频繁互动时,

---

① MT/2007/0563: Wholesale broadband access, 29. 1. 2007.

② MT/2008/0803: Wholesale broadband access, 7. 11. 2008.

③ Revised ERG Working Paper on the SMP Concept for the New Regulatory Framework, ERG(03)09rev3, September 2005, p. 11.

共谋就很容易达成，因为它们能够及时矫正行为偏差，而报复行动也更为有效。[①] 能够证明结构联系并使企业间共谋变得容易的证据包括但不限于共同持股、私人间联系、生产安排、市场营销协议以及合营企业等。

然而，事实上，电信企业之间存在诸如以上形式的相当多的联系，如接入协议、基础设施互联互通和共享、以月计的需求众多的消费者。[②] 电信领域的这些特征使得该标准在此行业难以适用。另外，欧盟委员会曾指出，两家或两家以上企业通过协议或者行业协会决议联系在一起，或者具有 TFEU 第 102 条项下的协同做法，并不理所当然构成共同显著市场力量的基础。[③] 实践中，欧盟咨询程序中欧盟委员会的裁定没有基于企业之间非正式或者其他的联系来断定企业具有共同显著市场力量。

因此，这个标准在审查共同显著市场力量过程中或许具有协助作用，但却不能仅凭此点证明具有显著市场力量。

（三）两个模糊不清的市场特征

在《显著市场力量指南》中，停滞或稍稍增长的需求、较低的需求弹性是审查共同显著市场力量的两个因素。但是，由于不同案件之间以及欧盟委员会的观点，和电信主管部门联盟的观点存在矛盾，因此这两个标准的意义就模糊不清了。

---

① See Patrick Rey, *Collective Dominance and the Telecommunications Industry*, in Pierre Buigues & Patrick Rey eds., The Economics of Antitrust and Regulation in Telecommunications: A Perspective for the New European Regulatory Framework, Cheltenham: Edward Elgar, 2004, p. 91 – 113.

② IE/2004/0121: Access and call origination on public mobile telephone networks, 20. 1. 2005.

③ Commission Guidelines of July 11, 2002 on market analysis and the assessment of significant market power under the Community regulatory framework for electronic communications networks and services, O. J. 2002 C165/6, para. 93.

1. 停滞或稍稍增长的需求

根据《显著市场力量指南》的规定，欧盟委员会将停滞或稍稍增长的需求视为一项很有利于隐蔽共谋的因素。但是电信主管部门联盟持不同观点，认为当市场中需求增长较快时（通常是市场形成早期），共谋更容易达成。[①] 经济学家雷伊（Rey）支持电信主管部门联盟的观点："如果一个市场中明天的收益比今天的高，也即市场是增长型市场时，共谋更为容易。相反地，如果一个市场中明天的收益比今天的低，也即市场是下降型市场时，共谋难以维持。例如，在市场即将崩溃几近没有未来的极端情况下，没有什么因素会刺激企业进行共谋。"[②]

除学术上的争论之外，欧盟咨询程序中欧盟委员会的裁定也存在相互矛盾的情况。举例来说，爱尔兰确定移动批量接入和呼叫终端市场存在共同显著市场力量的原因是这个市场中需求在稳定地增长。[③] 然而，匈牙利却因为移动批量接入和呼叫终端市场存在增长的市场需求而否认市场经营者存在共同支配地位。[④] 欧盟委员会对这两个结论都予以了支持。

2. 较低的需求弹性

《显著市场力量指南》中还指出较低的需求弹性会促成共谋

---

① Revised ERG Working Paper on the SMP Concept for the New Regulatory Framework, ERG(03)09rev3, September 2005, p. 10.

② Patrick Rey, *Collective Dominance and the Telecommunications Industry*, in Pierre Buigues & Patrick Rey eds., The Economics of Antitrust and Regulation in Telecommunications: A Perspective for the New European Regulatory Framework, Cheltenham: Edward Elgar, 2004, p. 91 – 113.

③ IE/2004/0121: Access and call origination on public mobile telephone networks, 20. 1. 2005.

④ HU/2004/0096: Market for access and call origination on public mobile telephone networks, Commissiondecision of 20. 1. 2005.

的达成。然而电信主管部门联盟却驳斥需求弹性在审查共同显著市场力量时是一个自相矛盾的因素,因为较高或者较低的需求弹性都会促成共谋的达成。① 雷伊也同意这个观点,并指出:"事实上,需求弹性对价格共谋没有清晰的影响;这是因为需求弹性(更一般地讲即消费者需求模型)对打击对手从而获得短期利益和进行共谋带来长期成本损失的影响是一致的。"②尽管存在这样的矛盾,很多欧盟委员会的裁定仍然将较低的需求弹性作为判断共同显著市场力量的一个因素。③

二、协同行为的动机

隐蔽共谋并不仅存在于具有上述特征的市场中。欧盟委员会在审查完上述市场特征之外,还会继续分析"市场经营者是否有强烈的动机进行协同活动"。④ 根据对包含共同显著市场力量分析公告的审查,为考察协同行为动机,欧盟委员会通常会首先选定一个或者两个假定的共同政策(也被称为焦点,同在竞争法框架下审查共同支配地位一般),然后考虑在市场具有一定透明度情况下假定的共同政策能否维持。在不同的市场中共同政策会呈现不同的

---

① Revised ERG Working Paper on the SMP Concept for the New Regulatory Framework, ERG(03)09rev3, September 2005, p. 10.

② Patrick Rey, *Collective Dominance and the Telecommunications Industry*, in Pierre Buigues & Patrick Rey eds., The Economics of Antitrust and Regulation in Telecommunications: A Perspective for the New European Regulatory Framework, Cheltenham: Edward Elgar, 2004, p. 91 – 113.

③ MT/2006/0443: Access and call origination on public mobile telephone networks, 10. 8. 2006.

④ Commission Guidelines of July 11, 2002 on market analysis and the assessment of significant market power under the community regulatory framework for electronic communications networks and services, O. J. 2002 C165/6, para. 99.

形式。但是单单考虑电信市场,共同政策通常呈现两种形式:基于接入的协同行为和基于价格的协同行为。

(一)基于接入的协同行为

1. 假定的共同政策

欧盟委员会仅在批发运营商运营阶段调查和发现企业是否具有共同显著市场力量。电信行业批发市场一个最为重要的特征是批发运营商掌控着零售运营商为向消费者提供服务所必需的投入。在一定条件下,批发运营商可能协调他们的行为不向零售运营商提供服务,从而使他们在零售运营市场能够获得垄断利益。因此拒绝提供接入对于批发运营商来说是协调行为的一个简单的共同政策。基于接入的协同行为作为一种假定的共同政策,是容易被监测的,因为对于这种共谋的违背意味着零售运营商的数量增加或者零售运营市场中服务的增加。被欧盟委员会支持的四份确立共同显著市场力量的公告中均将此作为假定的公共政策。①

随后欧盟委员会会考察假定的共同政策是否能够维持。涉及共同显著市场力量的案件表明这个考察主要分为两步:第一,电信主管部门分析是否存在被抑制的需求;如果答案是肯定的,则会进行第二步,即考察在零售运营市场是否存在垄断利益。只有当两个答案均是肯定时才能确定存在进行协同行为的动机。

2. 被抑制的需求

被抑制的需求是指抑制零售运营商批量接入的需求。若企业施行基于接入的协同行为,则肯定存在接入请求被拒绝的情况,进而就会在相关市场上存在未被满足的需求。欧盟委员会

① NL/2005/0242: Wholesale access and call origination on public mobile telephone networks,13. 10. 2005.

经常使用被抑制的需求来测量基于接入的协同行为的持续性,尤其是在分析移动批量接入和呼叫终端市场时。共有18个案件涉及这个问题。在这些案件中,有3个最终确立了共同显著市场力量,[①]而其余15个没有。值得注意的是,在前3个案件中均存在被抑制的需求,而在其余15个案件中则找不到被抑制需求存在的证据。涉及比利时的1个案件能够充分证明被抑制的需求在共同显著市场力量审查过程中的价值。在这个案件中,比利时否定共同显著市场力量存在的主要原因就是市场中不存在被抑制的需求。[②]

在考察被抑制的需求时,欧盟委员会要求进一步考察涉案企业过去的行为。但是,欧盟委员会也强调,如果"没有接入需求,也就没有共同的对接入的拒绝"。[③] 实践中,很多成员国基于拒绝接入的诉请进行查案。没有拒绝接入的诉请通常也被视为不存在接入需求的证据。[④] 但是,也有一些案件承认当存在自愿的接入许可时,也不必考虑协同行为的存在。[⑤] 另外,单独的诉请并不能证明存在共同的拒绝接入,比如德国指出的"当市场上不存在任何供

① ES/2005/0330: Access and call origination on public mobile telephone networks in spain, Brussels, 30. 1. 2006.

② BE/2007/0610: Mobile access and call origination on public mobile telephone networks, 23. 4. 2007.

③ SI/2008/0806: wholesale access and call origination on public mobile telephone networks, 13. 11. 2008.

④ SK/2006/0442: Access and call origination on public mobile telephone networks, 10. 8. 2006; LU/2006/0369: Mobile access and call origination on public mobile telephone networks, 3. 5. 2006.

⑤ DK/2005/0243: Wholesale access and call origination on public mobile telephone networks, 21. 10. 2005; LT/2006/0406: Access and call origination on public mobile telephone networks, 28. 7. 2006.

应时才有必要考察拒绝接入”。[①]

3. 零售运营市场垄断利益

为了增强经营者在批发运营市场存在隐蔽共谋动机的可信度，欧盟委员会建议分析零售运营环节的利润是否足够高，从而审查共同拒绝接入是否有利可图。如果在零售运营环节没有垄断利益，批发商共同拒绝接入的动机就难以得到维系。[②] 通常用来检验零售运营环节利润是否足够高的方法是，与其他成员国或欧盟平均水平的零售价格或者利益进行比较。在涉及共同显著市场力量的所有公告中，只有两份因为欧盟委员会的严重质疑而被撤回。[③] 在这两份公告中，委员会的质疑均集中在零售运营市场中价格并非“特别地”[④]或“过分地”[⑤]高于欧盟平均价格。即便“巧合地”存在平行行为，但如果在零售运营市场没有垄断利益，就不能得出存在进行协同行为的动机。关于移动批量接入和呼叫终端市场，斯洛文尼亚认为当两个最大企业同时拒绝第三方企业的接入请求时，可以得出存在进行协同行为动机的结论。然而，欧盟委员会对这个结论持怀疑态度，因为斯洛文尼亚并没有证明两个最大企业“能够持续一段时间产生高于竞争水平的利益或者至少有

① DE/2007/0627: Market for access and call origination on public mobile telephone networks, 21. 5. 2007.

② ES/2005/0330: Access and call origination on public mobile telephone networks in spain, Brussels, 30. 1. 2006.

③ SI/2008/0806: wholesale access and call origination on public mobile telephone networks, 13. 11. 2008.

④ MT/2008/0803: Wholesale broadband access, 7. 11. 2008.

⑤ SI/2008/0806: Wholesale access and call origination on public mobile telephone networks, 13. 11. 2008.

在一段时间内产生高水平利益的前景”。[①] 的确，当不存在垄断利益时，拒绝接入可能是出于个体动机而非共同政策。

（二）基于价格的协同行为

在批发运营市场接入问题并不明显的时候，价格由于它的天然属性能够充当另外一个假设的共同政策。当考察基于价格的协同行为时，欧盟委员会通常关注市场透明度，换句话说，他们考察所涉市场是否足够透明，使经营者能够观察到其他经营者的价格行为。在考察市场透明度时有几项要遵循的原则。首先，不要假设经营者在一个不稳定的市场中掌握了其他经营者的价格行为，尤其是一个不稳定的价格趋势，比如一个逐步下降的价格[②]或者一个波动的价格[③]，否则监测其他经营者的行为会变得困难。其次，能够通过公开途径获得其他经营者的价格，这些公开途径包括公布的价格，[④]或者与消费者协商时披露的信息。[⑤] 最后，尽管企业提供同质的商品或服务，价格不同也会使市场缺乏透明度。举例来说，爱尔兰就认为电信服务价格的复杂性使经营者在零售运营市场达成共谋存在困难。[⑥]

---

① SI/2008/0806：Wholesale access and call origination on public mobile telephone networks, 13. 11. 2008.

② CZ/2006/0405：Access and call origination on public mobile telephone networks, 23. 6. 2006.

③ UK/2003/0001：Mobile access and call origination, 29.

④ IE/2004/0121：Access and call origination on public mobile telephone networks, 20. 1. 2005.

⑤ SI/2008/0806：Wholesale access and call origination on public mobile telephone networks, 13. 11. 2008.

⑥ IE/2004/0121：Access and call origination on public mobile telephone networks, 20. 1. 2005.

(三)案例研究

以上关于协同行为动机的分析是基于事后分析的方法;换句话说,欧盟委员会基于经营者过往的行为分析其进行协同行为的动机。那么就引发了一个问题:我们是否可以以及应怎样基于事前分析的方法来分析协同行为的动机?这可能是共同显著市场力量和共同市场支配地位的主要区别。原则上,滥用共同市场支配地位的行为应该采用事后分析方法。马耳他电信主管部门关于固定宽带市场的案件①在这方面或许能够给我们一些启示。

这个市场中最开始有两家企业,马耳他电信公司(Maltacom)和美利达有线电视公司(Melita Cable)。马耳他电信主管部门认为这个市场是成熟的市场,有着较高的进入障碍、不对称的成本结构、较高的市场集中度,两家企业有相似的市场份额并提供同质产品。这些特征使该市场满足第一个因素,即该市场是寡头垄断市场。

在分析第二个因素(协同行为的动机)时,马耳他电信主管部门观察到:第一,马耳他电信公司具有接入开放义务,所以向一家企业开放了自己的网络,这家企业在宽带市场具有 30% 的市场份额;第二,另外一家企业美利达有线电视公司不承担规制意义上的义务,所以有权拒绝向第三方提供接入服务。马耳他电信主管部门考虑如果马耳他电信公司也不承担规制意义上的接入开放义务,其将有强烈的动机拒绝提供接入服务而与美利达有线电视公司建立共同显著市场力量。因此马耳他电信主管部门认定马耳他电信公司和美利达有线电视公司具有共同显著市场力量。然而,欧盟委员会对此结论持怀疑态度。欧盟委员会指出,“如果马耳他

① MT/2008/0803: Wholesale broadband access, 7. 11. 2008.

电信公司终止向 ISPs(互联网服务提供商)提供接入服务,其将面临丧失从这些零售商处获得的批发利益;而流失的终端消费者会转向有线电视或者新出现的平台,比如无线网络”。[①]

这个案件有三点内容值得思考。第一,孤立地拒绝提供接入服务的行为不能成为具有隐蔽共谋动机的证据。在这个案例中,美利达有线电视公司拒绝提供接入服务不能成为马耳他电信公司和美利达有线电视公司具有共同显著市场力量的证据。第二,在分析中止供应或不尝试供应(当市场目前不存在供应时)的行为表现时,被涉企业拒绝供应的动机应该特别强烈。在这个案例中,欧盟委员会指出,马耳他电信公司如果拒绝供应,其会在批发市场中丧失客户。另外,这些客户在零售环节的市场份额很大(达30%),马耳他电信公司很难保证能够立即获得这些客户在零售环节的消费者。如果马耳他电信公司拒绝提供接入服务,它必定会遭遇来自美利达有线电视公司的竞争,如此会降低两者进行隐蔽共谋的可能性。第三,拒绝向第三方提供接入服务的隐蔽共谋必定以在零售运营环节获得垄断利益为基础。在这个案例中,欧盟委员会认为马耳他电信公司和美利达有线电视公司不会在零售环节获得超高利益。所有这些均否定了马耳他电信公司具有停止向其客户提供接入服务而与美利达有线电视公司进行共谋的动机。

三、报复的能力

如果没有足够的机制保证协同行为具有长期利益,即成员不会背离共同政策,就难以说协同行为具有动机。共同显著市场力量的成员应该意识到其自身为提高市场份额而进行的竞争

---

① MT/2008/0803: Wholesale broadband access, 7. 11. 2008.

行为会引起其他成员相同的行为，因此它难以从它的先发行为中获得利益。[①] 因此，为证明共同显著市场力量的存在，电信主管部门需要进一步证明有效的报复机制不但存在，而且能够确保成员方不会背离共同政策。[②] 不同的假定共同政策会引发不同的报复机制。电信行业主要存在两种：基于接入的报复机制和基于价格的报复机制。

（一）基于接入的报复机制

对于此问题的考察应该集中在发现背离行为并实施报复行为的企业是否能够立即与第三方签订关于接入服务的合同。此时分析的重点是背离企业是否具有先发优势。[③] 在实践中，报复企业通常有两个选择：第一，吸引由背离企业提供接入服务的企业加入自己的网络；第二，吸引其他企业加入自己的网络。[④] 对于第一个选择，有两个相关的因素需要考虑：其一，背离企业与其客户之间的合同是否存在排他性条款。其二，交易成本（包括与非背离企业协商的成本）是否过高以致第三方不愿从背离企业处转变网络。对于第二个选择，我们必须认识到协商接入服务合同需要的时间是非常重要的。如果协商时间很长，那么背离企业的先动优势就很强，报复机制的有效性就值得怀疑。

（二）基于价格的报复机制

其他企业也可以通过引起价格战来进行报复。价格报复通常

---

① T－342/99，Airtours v. the Commission，[2002] ECR Ⅱ－2585，[2002] 4 CMLR 317，para. 62.

② T－342/99，Airtours v. the Commission，[2002] ECR Ⅱ－2585，[2002] 4 CMLR 317，para. 195.

③ ES/2005/0330：Access and call origination on public mobile telephone networks in spain，Brussels，30. 1. 2006.

④ MT/2006/0443：Access and call origination on public mobile telephone networks，10. 8. 2006.

发生在零售环节。因此,执法机构应该关注非背离企业在零售运营环节进行价格战的可能性。相关标准是消费者可转换经营者的范围。一个有效的报复机制依赖于零售运营环节的竞争环境。如果消费者已经被既有的经营者锁定,或者说转换成本相对较高,在零售运营环节发动价格战就不能有效地阻止背离行为。[①] 另外,价格竞争的范围也受到市场成熟度的限制。欧盟委员会认为,成熟的市场并没有为价格战预留太多的空间,因为即使实施较低的价格,企业的市场份额也不会有太大的变化。[②]

四、抵制市场约束的能力

以上三个因素可以确保被涉企业是一个紧密的共同联盟。为建立一个有效的共同显著市场力量,这个共同联盟需要具有独立于竞争者、消费者以及终端消费者行动的能力。因此,考察共同显著市场力量的最后一步需要关注这个问题:消费者及竞争者的力量是否对这个共同联盟产生约束?检验这个问题的相关因素是买方对抗力量及潜在竞争。

第一,如果买方具有强大的对抗力量,具有显著市场力量的企业难以实施高价,那么进行共谋的可能性也会降低。[③] 然而,消费者的对抗力量很大程度上依赖于市场上存在较多的替代商品。例如,在批发市场上,可供选择的替代品指在相关市场上能够获得的其他基础设施。在电信行业有一个特殊点,即在实践中具

---

① ES/2005/0330: Access and call origination on public mobile telephone networks in spain, Brussels, 30. 1. 2006.

② MT/2006/0443: Access and call origination on public mobile telephone networks, 10. 8. 2006.

③ Revised ERG Working Paper on the SMP Concept for the New Regulatory Framework, ERG(03)09rev3, September 2005, p. 5.

有基础设施的企业通常都是共同显著市场力量的成员，消费者在共同显著市场力量成员之外其实没有其他选择，因此也就没有对抗力量。

第二，潜在竞争者几乎很少来自电信领域之外，其最大的潜在竞争者可能来自电信领域内具有过剩生产能力的经营者，他们通过利用过剩生产能力来降低价格从而打破由具有共同显著市场力量的经营者进行的隐蔽共谋。[①] 这些企业可能被分成两种类型。第一种类型是建立了与在位企业兼容的网络，但还没有足够的消费者基础的新进入者，换句话说，就是那些还没有达到规模效应的企业。这些企业如果想要扩大业务，就不会与既有的经营者合谋。第二种类型是指能够很轻松地从内部销售转换为商业性销售的企业。[②] 尽管这些企业现在不向第三方提供或仅提供一小部分商品，因而在批发市场上居于边缘性的地位，但它们却可以在短时间内提升商业性销售的数量。如果它们发现拥有共同显著市场力量的企业之间的超高定价，它们也能迅速瓦解这些企业之间的隐蔽共谋。这两种类型的企业能够以不同的方式对较大企业施加竞争压力。如果这些企业存在，共同显著市场力量就难以维持。

---

① See Patrick Rey, *Collective Dominance and the Telecommunications Industry*, in Pierre Buigues & Patrick Rey eds., The Economics of Antitrust and Regulation in Telecommunications: A Perspective for the New European Regulatory Framework, Cheltenham: Edward Elgar, 2004, p. 91 – 113.

② 商业性销售是内部销售的反义词，在批发市场，企业能够向第三方销售自己的商品也能够向自己的零售部门“销售”产品，前者被称为商业性销售，后者被称为内部销售。

第五节 主导的电信业务经营者

从前述分析我们可以看出,反垄断法为市场支配地位的分析提供了非常完备的分析方法。另外,从国际实践来看,欧盟也已经充分利用反垄断法的分析体系来构建电信法中具有市场地位的主体,或者说是主导的电信业务经营者。在总结了反垄断法体系的分析方法之后,下面将从电信法的角度分析主导的电信业务经营者的判断方法。

一、单独主导的电信业务经营者

我国电信法中对于主导的电信业务经营者的定义基本上指的是单独主导的电信业务经营者。目前我国电信法对于主导的电信业务经营者存在三个分析因素:(1)控制必要的基础电信设施;(2)经营的固定本地电话业务占本地网范围内同类业务市场50%以上的市场份额;(3)能够对其他电信业务经营者进入电信业务市场构成实质性影响。首先,我国目前对于主导的电信业务经营者市场份额的规定是50%以上,因此,在同一个电信业务的相关市场中只会有一个运营商被认定为主导的电信业务经营者,这与单独市场支配地位的概念是完全一致的。本书称之为“单独主导的电信业务经营者”。其次,必须明确的是,我国目前主导的电信业务经营者是针对拥有电信网络的经营者(主要是国有的电信运营商)之间的互联互通而言的。此概念尚未扩充到其他电信业务的相关市场。考虑到我国目前许多电信业务领域已经被放开经营,除了传统的三大电信运营商之外还存在广电系统的电信运营商以及民营的电信运营商，为了促进所有电信业务领域的竞争，我们有必要将这个概念的适用范围扩张到所有的电信业务领域，也即所有电信业务的相关市场。最后，目前关于主导的电信业务经营者的三种分析因素中，第一个因素“控制必要的基础电信设施”比较容易理解，也非常明确，但是对于第二个分析要素“市场份额”和第三个分析要素“能够对其他电信业务经营者进入电信业务市场构成实质性影响”却没有任何指导细则出台，因此有必要通过反垄断法中的相关内容对之进行填充。

关于市场份额，《公用电信网间互联管理规定》对之要求是50%以上。首先，根据反垄断法的相关操作，50%以上的市场份额确实是分析市场支配地位的重要因素，但并非唯一因素。因此，依据市场份额所作的认定只能是可被反驳的法律推定。电信主管部门应当允许该运营商通过其他方式进行辩驳。其次，市场份额只能显示相关经营者的绝对市场力量，但却无法显示该经营者相对于其他经营者的相对市场力量。即便某市场中最大的电信运营商的市场份额超过50%，但是如果另外存在一个运营商的市场份额接近该运营商，那么我们就需要分析其他因素，而不能单单依据该超过50%的市场份额简单断定该经营者属于主导的电信业务经营者。最后，电信业务相关市场份额的计算大致存在两种方式：一是计算该电信业务的用户数量；二是计算运营商在相关电信业务的营业额。电信行业相较于其他行业来说具有更为明显的网络效应。电信行业的网络效应一方面来自电信网络本身，另一方面也来自电信运营商的用户数量。尤其是在电信业务的零售市场中，电信用户数量的作用和意义相对来说要高于电信业务的营业额。因此，本书认为电信主管部门在分析电信零售市场的时候应当尽量使用电信用户的数量来计算电信运营商的市场份额。此外,电信业务的批发市场涉及电信运营商之间的互联互通服务。因此,电信用户的数量对于计算电信批发市场的市场份额意义不大。这时候更为有效的计算方式是衡量电信运营商在相关业务领域内的营业额。当营业额不好计算的时候,电信主管部门也可以通过测量运营商在该业务领域的通信能力来计算市场份额,比如光缆线路长度、移动电话基站数、互联网宽带接入端口等。

由于市场份额并非分析主导的电信业务经营者的唯一要素,而且即便发现某电信运营商在某个相关市场拥有超过50%的市场份额,电信主管部门也应当分析"能够对其他电信业务经营者进入电信业务市场构成实质性影响"。此时,我们就可以借助反垄断法中的相关实践来分析对于电信业务市场的实质性影响。我国《反垄断法》第18条列举了五个其他因素可资分析:(1)相关市场的竞争状况;(2)该经营者控制销售市场或者原材料采购市场的能力;(3)该经营者的财力和技术条件;(4)其他经营者对该经营者在交易上的依赖程度;(5)其他经营者进入相关市场的难易程度。这些因素也应当作为电信主管部门认定单独主导的电信业务经营者主要分析的因素。

根据上文中的分析,我国的固定电信业务的地域市场都是地方市场:在省级区域一般以地级市为单位,在直辖市区域一般是以整个直辖市为单位。我国工信部和三大电信机构并未公开发布过以地方为单位的数据,目前公开的数据均为全国数据。因此,我们无法对于固定电信业务相关市场中的市场支配地位进行定量分析。但是本书将移动通信业务零售市场的地域市场界定为全国(不含港澳台),关于这方面倒是存在公开性的数据。下面我们将以移动通信业务的零售市场为例简单说明如何在电信领域中认定主导的电信业务经营者。

首先,如果单以用户数量来计算每个移动通信运营商的市场份额的话,我们会发现中国移动公司在 2019 年 3 月的市场额为 58.4%(见表 5-6),高于 50% 这个认定市场支配地位的推定标准。因此,根据市场份额这个分析因素,我们可以推定中国移动为主导的电信业务经营者。其次,市场份额只是分析市场支配地位的因素之一,而且并非决定性因素,因此我们还有必要分析一下其他相关因素。

表 5-6　2019 年 3 月我国移动通信零售市场竞争状况

运营商	用户数量/亿元	市场份额/%
中国移动	9.32	58.4
中国联通	3.23	20.2
中国电信	3.15	19.7
虚拟运营商	0.27	1.7
总计	15.97	100

资料来源:工信部《2019 年通信业统计公报》,中国移动、中国联通、中国电信 2019 年年报。

对于相关市场的竞争状况这个因素来说,须分析经营者之间市场份额的比值,以及主要经营者市场份额的变化情况。中国移动的市场份额在最近几年一直在下降,从 2014 年至 2020 年已经下降了 4.6%,平均每年下降 1%。但这个幅度本身还不足以证明中国移动的市场竞争力被严重削弱。因此,我们还需要分析中国电信的相对市场力量,以及主要电信运营商之间的相对市场份额。在 2019 年 3 月,中国联通和中国电信的市场份额都在 20% 上下。中国移动的市场份额是这两个公司的 2.5 倍以上。在反垄断法领域,当一个经营者的市场份额是另外一个经营者市场份额两倍以上的话,一般我们会认为其他经营者无法通过竞争来限制该经营者的市场行为。因此,从市场竞争状况来看中国移动依然具有市场支配地位。

接着我们看一下控制销售市场或者原材料采购市场的能力这个因素。对于电信业务的零售市场来说原材料市场或者说零售业务的上游市场是电信业务的基础网络。而对移动通信的零售市场来说就是支持移动通信的基站。从表5－7可以看出,中国移动的4G基站数量依然超过50%,基本上和中国移动在零售市场的表现保持一致。因此,从控制原材料市场的相关情况来看,中国移动也属于主导的电信业务经营者的范畴。但是我们也应当注意到,中国移动的市场份额已经非常趋近于50%这个基本线。可以相信,随着未来市场竞争的发展,中国移动非常有可能被解除主导的电信业务经营者的状态。此外,通过前述我国的反垄断执法机构对于“其他经营者对该经营者在交易上的依赖程度”这个因素的分析可以看出,反垄断执法机构基本上将这两个因素合一分析。这主要是因为对于移动通信业务的零售市场来说,其他移动通信业务的零售商也都必须依赖移动通信的网络设施来提供移动通信服务。因此,他们的依赖性也就体现在移动通信的运营商在网络市场的表现上。由于电信业务的网络效应,移动通信零售商所依赖的正是在移动通信网络中拥有最大网络设施的运营商。因此,本书认为,即便通过衡量“其他经营者对该经营者在交易上的依赖程度”这个因素,中国移动依然是移动通信市场中拥有主导力量的电信业务经营者。

表5-7　2019年3月我国移动通信基站建设状况

运营商	用户数量/万人	市场份额/%
中国移动	241	50.4
中国电信	138	28.9
中国联通	99	20.7
总计	478	100

资料来源：中国移动、中国联通、中国电信2019年年报。

我们再来分析“该经营者的财力和技术条件”这个因素。从三大电信运营商2018年的营运数据来看，中国移动依然是三大电信运营商中最大的经营者，其营业收入在三大运营商中占据52.7%的比例，是排名第二的中国电信的将近两倍，详见表5-8。因此，通过这个因素的分析可以认为，中国移动依然还是主导的电信业务经营者。

表5-8　2018年我国三大电信运营商的营业收入情况

运营商	营业收入/亿元	市场份额/%
中国移动	7368	52.7
中国电信	3771	30.0
中国联通	2908	17.3
总计	13,987	100

资料来源：中国移动、中国联通、中国电信2018年年报。

最后一个因素是其他经营者进入相关市场的难易程度。电信业务依然受到国家的严格管控，运营商进入该市场会受到较多的限制。另外由于电信业务网络效应的影响，新进入的运营商很难在短时间内取得较好的市场成绩。因为，既有电信运营商的市场力量很难在短期内受到较大的冲击。

综合各种因素的分析，我们认为，虽然我国的移动通信行业在过去的改革中已经体现出了非常强劲的竞争效果，但是中国移动依然可以说是移动通信零售市场中主导的电信业务经营者。

二、共同主导的电信业务经营者

共同主导的电信业务经营者指的是寡头垄断的情形。相对于单独电信业务经营者的市场状态，共同主导电信业务经营者所在的电信市场竞争相对来说比较充分。但是由于市场条件的限制，这些电信业务经营者之间呈现相对不竞争的状态，因此也需要对之进行规制。下面将简单分析如何确定共同主导的电信业务经营者。

（一）我国反垄断法中的共同市场支配地位

我国《反垄断法》虽然没有具体规定共同市场支配地位的分析方法，但国家市场监督管理总局《禁止滥用市场支配地位行为暂行规定》第 13 条对之进行了细化，认为“认定两个以上的经营者具有市场支配地位，除考虑本规定第六条至第十二条规定的因素外，还应当考虑市场结构、相关市场透明度、相关商品同质化程度、经营者行为一致性等因素”。这与欧盟的认定方法基本保持一致。另外，我国在实践中也已经出现认定共同市场支配地位的案件。此即涉及经营者集中案件“希捷收购三星案”[①]与“西部数据收购日立存储案”[②]。下面将结合这两个案例对我国认定共同市场支配地位的方法进行说明。

这两个案件涉及的相关产品市场均为用于计算机和其他消费

---

① 商务部公告 2011 年第 90 号。

② 商务部公告 2012 年第 9 号。

电子产品的硬盘。在集中发生之前,全世界只有5家硬盘生产商(这5家生产商的市场份额如表5-9所示)。在这两个案件中五家企业两两合并变为三家:西部数据与日立储存合并后成为第一大硬盘生产商,市场份额变为47%;希捷与三星合并后位列第二,市场份额为43%。初步来看,合并之后消费者的选择权将会大大降低,并且合并后的市场集中度将会大大提高,这非常有可能会产生寡头依赖的情形。

表5-9　2010年硬盘生产商的市场份额

	希捷	西部数据	日立存储	东芝	三星
市场份额/%	33	29	18	10	10

首先,分析相关市场透明度的目的在于证明寡头垄断者之间存在共同提价的可能性。第一,合并后相关市场的集中度将大大提高,合并后三家经营者的集体市场份额为100%,这符合我国《反垄断法》第19条的法律推定。由于东芝的市场份额为10%,合并后呈现两家经营者共同拥有市场支配地位的局面。第二,硬盘市场的透明度较高。寡头垄断的脆弱性表现在寡头垄断者的最优选择依然是单独降价。如果寡头垄断者无法判断竞争对手的价格,那么就无法形成稳固的寡头垄断联盟。在本案中,我国反垄断执法机构认为"硬盘厂商能凭借相关事实和经验确定竞争对手的产品价格或价格区间"。[①] 第三,硬盘产品的同质化明显,"各硬盘厂商的硬盘产品之间差异不大"。[②] 产品的同质化使得寡头垄断可以真正地对比竞争对手的价格。如果产品差异过大,一方即便

① 商务部公告2011年第90号;商务部公告2012年第9号。

② 商务部公告2011年第90号;商务部公告2012年第9号。

知道竞争对手产品的价格,依然无法得知对方是否降价。而同质化的产品则使得寡头垄断者可以很容易地判断竞争对手的价格行为。这意味着硬盘市场中的寡头垄断者具有共同提价的可能性。

其次,分析经营者是否会采取一致性行为的目的在于确认寡头垄断者不会为了自己的单独利益而降价。我国反垄断执法机构发现硬盘行业的产能利用率非常高,“2010 年第四季度全部 5 家硬盘生产商的平均产能利用率约 90%,剩余产能有限”。[①] 剩余产能有限意味着即便某个寡头垄断者单独降价,其获利的可能性也不大。单独降价的目的是实现薄利多销;但是既然剩余产能不多,即便降价也无法实现多销的局面。因此,对于硬盘市场中的寡头垄断者来说,与其他寡头垄断者共同提价将会是最好的选择。

最后,分析市场机构的目的之一在于衡量是否存在制约寡头垄断联盟的外部机制。第一,硬盘市场的市场进入难度很大,“近十年来,没有新的竞争者进入相关市场”。[②] 因此,寡头垄断联盟不会受到潜在竞争的冲击。第二,硬盘市场中不存在买方议价能力。硬盘市场中的主要买方为大型电脑生产商,但他们“有能力通过提高电脑产品的价格,将硬盘价格的上涨转嫁给最终消费者”。因此,寡头垄断者的共同提价行为,“如不是针对特定企业,一般不会遭到大型电脑生产商的反对”。[③]

上述的分析似乎意味着这两个案件必然会导致协同效应。但是我国反垄断执法机构在分析中发现了两个可能降低寡头垄断稳定性的因素。一是创新。我国反垄断执法机构发现创新对硬盘行业影响重大,率先推出创新产品可以获得较高的市场份额和利润。

① 商务部公告 2011 年第 90 号;商务部公告 2012 年第 9 号。
② 商务部公告 2011 年第 90 号;商务部公告 2012 年第 9 号。
③ 商务部公告 2011 年第 90 号;商务部公告 2012 年第 9 号。

因此,这两个案件中协同效应可能因此而受到冲击。但是我国反垄断执法机构又分析指出,硬盘市场的竞争是维持产品创新的重要前提。所以这两项集中完成之后硬盘生产商是否还会继续维持先前的竞争状态是存疑的。① 二是硬盘市场的采购模式。大型电脑生产商是硬盘市场中的主要买方,他们在硬盘采购中通常采用不公开竞标方式,胜者会获得较大的订单份额,并且"这种采购模式促使硬盘生产商为了获得订单和获得更大的订单份额而竞争"。②

综上所述,虽然我国反垄断执法机构在分析中发现大量导致协同效应的证据,但是也存在一些影响协同效应成立的证据。因此,我国反垄断执法机构最终并未禁止这两项集中,而是作出了附加限制性条件批准的决定。这些限制性条件的核心是要求集中完成后西部数据和希捷必须分别维持 Viviti(日立的硬盘部门)和三星硬盘(三星的硬盘部门)独立竞争者的地位,从而在未来观测协同效应是否能够真正发生。事实证明,该案中的协同效应并未在现实中出现。我国反垄断执法机构在 2015 年解除了"希捷收购三星案"中的限制性条件。③ 对于"西部数据收购日立存储案",由于西部数据在执行过程中的违规行为,我国反垄断执法机构维持了原先的限制性条件。④ 电信领域中共同主导的电信业务经营者也应当遵循类似的思路。

(二)移动通信零售业务市场中的共同市场支配地位分析

本书第四章将我国固定电信业务(包括固定通话相关业务与

---

① 商务部公告 2011 年第 90 号;商务部公告 2012 年第 9 号。

② 商务部公告 2011 年第 90 号;商务部公告 2012 年第 9 号。

③ 商务部公告 2015 年第 43 号。

④ 商务部公告 2015 年第 41 号。

固定宽带相关业务)的相关市场界定为省市级别,而将移动业务的相关市场界定为全国市场。但无论是工信部还是各国有电信运营商在统计市场数据的时候,都没有按照省级市场进行统计,由于缺乏相关市场的具体数据,笔者无法针对固定电信业务和固定宽带业务进行共同市场支配地位的分析。因此,下面仅就移动业务的零售市场进行共同市场中支配地位的分析。

根据表 3 – 1 的统计,2019 年年底,我国三家国有电信运营商的合计市场份额达到 97.3%,且没有任何一家的市场份额低于 10%。因此,我国移动业务零售市场的市场份额满足《反垄断法》第 19 条对于共同市场支配地位的推定。根据上一部分对于共同市场支配地位其他分析因素的分析,为了确定三家运营商之间存在共同市场支配地位,还需要分析市场透明度、一致性行为、市场结构等因素。

第一个要件是市场透明度。我国移动业务市场和我国电信市场的各种信息非常透明,工信部定期会公布市场中的各种基建信息,因此每个运营商对于其他运营商的网络覆盖情况非常了解。移动通信的技术也非常成熟。虽然每个运营商的通信技术有所区别,但每种技术的差距非常细微。尤其对于消费者而言,我们甚至可以认为每种技术不存在任何区别。此外,移动通信产品需要面对数量众多的消费者,每个运营商很难隐藏自己的价格策略,只要到对方的网站上进行简单查阅,就可以了解对方的定价及各种优惠信息。因此,我们认为运营商所提供的移动通信产品基本为同质化的产品,这也意味着这三家运营商存在共同提价的可能性。

第二个要件是某个运营商是否会在其他运营商提价的时候降价。前述的硬盘案中,硬盘生产商不会提价的重要原因是市场中的剩余产能不多。但电信行业存在较为明显的网络效应,也即当电信运营商的网络建成之后,每增加一个消费者的边际成本几乎为零。因此对于电信运营商来说,在多数情况下,增加电信消费者数量的动力要远远大于提价获得短期利益的动力。电信运营商通过获得更多的消费者,扩大生产规模,可以在长期运营中获得更多的利益。因此,我们认为,当某个电信运营商大幅度提价的时候,其他电信运营商最好的价格策略是降价,从而吸收更多的消费者。同时,我们认为电信运营商不存在共同提价的可行性。

第三个要件是市场结构。共同市场支配地位在竞争较为平淡的市场出现的可能性更高。如果市场中的竞争比较激烈,又或者存在潜在竞争的时候,共同市场支配地位出现的可能比较低。但我国的移动通信市场存在两种现象,可以说明三家运营商之间不存在共同市场支配地位。第一,三家运营商之间的竞争非常激烈。[①] 这一方面表现在中国移动的市场份额连续下降;另一方面也表现在中国联通与中国电信在最近几年进行了非常激烈的第二名和第三名之间的竞争,甚至在 2018 年第二名的身份发生了变化,从中国联通变为中国电信。这说明三家运营商至少在短期内更多的是竞争关系,而不是合谋关系。第二,我国的电信行业存在潜在竞争。潜在竞争一方面来自虚拟运营商的冲击,另一方面中国广电也获得了移动通信业务的经营资格。这些新的运营商的加入会使三大运营商之间的合谋非常困难。

综上所述,本书以为在我国的移动通信业务的零售市场中,短期内不大会呈现三大运营商拥有共同市场支配地位的情形。

---

① 参见《2019 年 2 月三大运营商竞争格局分析:中国移动增速放缓　联通/电信稳步增长》,载中商情报网 2019 年 4 月 4 日,https://baijiahao. baidu. com/s? id = 1629852879025820484&wfr = spider&for = pc。

第六章　电信规制义务的确定

我国目前对于主导电信业务经营者的认定仅限于电信网络之间的双向接入。某一经营者被认定为主导的电信业务经营者之后，工信部可以对之施加四项规制义务：单向接入义务、非歧视义务、透明化义务、价格规制义务。根据前述的分析，我国迫切需要转向以单向接入为核心的规制义务体系。因此，在认定了主导的电信业务经营者之后，电信主管部门也应当考虑对于主导的电信业务经营者施加保证双向接入的电信规制义务。每一种电信规制义务都是为了解决特定的电信竞争状态下的问题，因此电信规制义务的施加一定要结合主导的电信业务经营者的市场力量进行。本章将会详细分析电信主管部门给主导的电信业务经营者施加的电信规制义务。

第一节　确定规制义务的基本原则

一、规制义务的选择

由于电信业务的自然垄断性、网络外部性以及经济溢出效应，新进入的电信业务经营者没有办法立即与传统的电信运营商进行竞争。因此，在引入新的竞争者之后，电信主管部门必须对传统的电信运营商施加电信规制义务，使之协助新进入的电信运营商进行竞争。只有待新进入的电信运营商吸纳一定数量的客户并且实现规模效应之后，二者才能形成真正的竞争。因此，电信行业的竞争并非单单放松牌照管制、引入新的竞争者那么简单。这也是确立主导的电信运营商的目的所在。如果对于所有传统的电信运营商都施加竞争扶植的义务，那么就无法体现出电信规制随着市场竞争的提升而逐渐退出这个目的。当市场中的竞争机制逐渐形成，也就不存在主导的电信业务经营者，那么也就不必对电信行业进行竞争方面的规制了。不过值得注意的是，虽然促进竞争方面的义务会随着竞争程度的提升而逐渐消失，但这并不意味着电信行业中所有的规制义务都会消失。电信行业的规制大致存在三个目的：一为促进竞争，二为保护消费者，三为电信网络安全。虽然随着竞争程度的提升，促进竞争方面的规制会逐渐放松；但是保护消费者方面和保护电信网络安全方面的义务会依然存在。不过这些义务也可以通过其他方式存在，如通过特殊的商法等方式。本书主要研究的领域是促进竞争方面的规制义务，因此对于保护消费者方面的规制义务就不作过多讨论。我国《电信条例》针对互联互通的行为对主导的电信业务经营者规定了四种规制义务，分别为接入义务、非歧视义务、透明性义务、价格规制义务。下面对这四种义务逐一进行分析。

(一)接入义务

我国目前对于接入的界定还仅限于双向接入义务,也即“互联互通”。我国《电信条例》第17条第2款规定:“主导的电信业务经营者不得拒绝其他电信业务经营者和专用网运营单位提出的互联互通要求。”根据《公用电信网间互联管理规定》第5条,互联互通是指“建立电信网间的有效通信连接,以使一个电信业务经营者的用户能够与另一个电信业务经营者的用户相互通信或者能够使用另一个电信业务经营者的各种电信业务”。为了实现互联互通,其他的电信运营商必须使用主导的电信业务经营者通信网络以及通信设施。通信网络包括与互联有关的网络功能(含网络组织、信令方式、计费方式、同步方式等)、设备配置(光端机、交换机等)。通信设施指的是与互联相关的楼层院落、管道(孔)、杆路、线缆引入口及槽道等设施。互联既包括两个电信网网间直接相联以实现业务互通的方式,也包括两个电信网通过第三方的网络转接实现业务互通的方式。

我国已经对互联做出了很多有利于非主导的电信运营商的安排。比如,非主导的电信业务经营者的电信网与主导的电信业务经营者的电信网网间互联时,互联点应当设置在互联传输线路的一端,即远离非主导的电信业务经营者侧的设备的一端(例如,当互联传输线路为光缆时,互联点设置在主导的电信业务经营者光配线架外侧)。如此可以节省非主导电信运营商的成本。此外,互联点数量应当根据双方业务发展以及网间通信安全的需要协商确定。在一个本地网内各电信网网间互联原则上应当有两个以上(含两个)互联点。互联点两侧的电信设备可以由各电信网共用，也可以由各电信网分设。当互联点两侧的电信设备由各电信网共用时，如果各电信网网间结算标准不一致，双方又不易采用技术手段进行计费核查的，互联中继电路可以分群设置。这些都体现了在互联业务中对非主导的电信运营商的保护。

但是，互联的目的是打破电信网络的网络效应，使得各个网络之间的用户能够实现相互通信的功能。如此，处于某网络之外的用户就不必为了和该网络的用户联通而加入该网络。但是只有互联行为还不足以保障新进入企业的利益。新进入的电信运营商无法马上建立一个覆盖相关市场所有地域范围的网络。为了帮助新进入的电信运营商成长为真正的竞争者，电信主管部门也应当要求主导的电信运营商除了与其他电信运营商实现互联之外，还必须将自己的通信网络以及通信设施租用给其他电信运营商。如此，其他电信运营商可以借助主导的电信运营商的网络发展业务。我国目前对于这种类型的接入义务尚没有进行明确的界定，但在宽带虚拟运营商和移动通信虚拟运营商的相关规定中已经出现了接入义务的相关内容。随着民资电信运营商的进入，为了扶植这些运营商的竞争发展，对于主导的电信运营商施加接入义务也迫在眉睫。

接入义务与放松电信牌照制度同为促进电信行业竞争的两大手段。放松电信牌照制度是为了引入竞争，接入义务则是为了扶植竞争。我国已经基本完成电信运营牌照的放松规制工作，在未来的五到十年，我国电信改革的任务是如何尽快扶植新进入的电信运营商发展成为真正的竞争者。在这个过程中，我们电信改革的主要矛盾将会从引入竞争变为扶植竞争。而扶植竞争中的主要规制措施都是围绕接入义务展开的。只有通过对主导的电信业务经营者施加接入义务，让新进入的电信运营商借助主导电信运营商的网络发展，才能真正实现电信行业的市场机制。其他的规制义务主要都是为了保障接入义务的顺利实施。

（二）非歧视义务

非歧视义务由《电信条例》第18条予以规定。但《电信条例》并未规定非歧视业务的具体内容。非歧视义务的具体内容散见于其他规制细则之中。例如，对于网间互联来说，《公用电信网间互联管理规定》第11、12条规定，主导的电信业务经营者应当在规定的互联时限内提供互联，不得无故拖延互联时间。同时，主导的电信业务经营者应当保证网间通信质量不低于其网络内部同类业务的通信质量。又如，主导的电信业务经营者应当配合非主导的电信业务经营者实现互联互通工作，并不得附加任何不合理的条件。[①] 此外，在对宽带虚拟运营商的规定中，要求基础电信业务经营者向宽带试点企业提供不低于自身业务质量的接入网上联城域网带宽资源。[②] 另外，在对移动通信转售运营商的规定中要求基础电信企业给予转售企业的批发价格应低于基础电信企业同类业务平均业务单价（或套餐价格）。[③]

从上述的规定中我们可以看出，我国对于非歧视义务的核心要求是在非主导的电信业务经营者与主导的电信业务经营者之间展开的。也即要求主导的电信业务经营者必须将非主导的电信业务经营者视为与自己有关联的经营者，在提供接入服务的质量、价格、交易条件等方面不得低于自身网络内部的同等业务。我国尚

---

① 参见《吉林省公用电信网间互联互通管理办法》第12条，载吉林省通信管理局网2015年6月4日，https://jlca.miit.gov.cn/zwgk/txfz/xyfzgh/art/2020/art_b2da6c91d8f7474a8fda8 fda93413db3626c.html。

② 参见工业和信息化部《关于向民间资本开放宽带接入市场的通告》的附件。

③ 参见工业和信息化部《关于移动通信转售业务正式商用的通告》（工信部通信〔2018〕70号）。

未在另外一个层面展开非歧视义务，也即不得对不同的非主导电信业务经营者施加不同的交易条件。但从竞争开展的实质来说，非歧视义务必须同时在两个层面开展才有意义。一方面，主导的电信业务经营者在面对自己的企业或者附属企业和非主导的电信业务经营者时，不得歧视性地对待非主导的电信业务经营者；另一方面，主导的电信业务经营者在面对不同的非主导电信业务经营者的时候，不得对于不同的非主导电信业务经营者施加不同的交易条件。前者保证非主导的电信业务经营者在与主导的电信业务经营者进行竞争的时候，不会处于竞争劣势；后者保证非主导的电信业务经营者在与其他非主导的电信业务经营者进行竞争的时候，不会处于竞争劣势。

（三）透明性义务

透明度义务是要求主导的电信业务经营者公开与接入服务相关的所有信息，包括服务内容、服务价格、服务方式、交易条件等。电信主管部门虽然已经颁布了一些针对各种电信业务的质量标准，但是电信行业的业务非常复杂，涉及的内容也非常多。因此，电信主管部门颁布的质量标准并不能涵盖电信业务的所有方面，在实践中大量电信业务的完成都需要由实际执行的电信业务经营者自行制定相关的规则。我国《电信条例》第18条就明确要求，主导的电信业务经营者应当按照非歧视和透明化的原则，制定包括网间互联的程序、时限、非捆绑网络元素目录等内容的互联规程。这些互联规程应当报国务院工业和信息化主管部门审查同意。该互联规程对主导的电信业务经营者的互联互通活动具有约束力。

综上所述，透明度义务实际上就是限制主导的电信业务经营者利用自己的市场地位在每次与非主导的电信业务经营者进行商业谈判时获利。通过施加透明度义务，主导的电信业务经营者必须事先公开自己所提供的接入义务的各种细节。这种事先公开可以实现两个方面限制主导的电信业务经营者滥用主导地位的目的:一方面,这些细节需要经过电信主管部门的审核,这个审核过程体现了对于主导的电信业务经营者的限制;另一方面,提供接入义务的各种细节是被事先公布的,非主导的电信业务经营者在寻求接入服务时会对各种运营成本和收益有一个清晰的预判,从而可以更好地进行竞争行为。

(四)价格规制义务

当市场竞争不充分的时候,价格无法正确反映商品或者服务的成本。因此,在这种情形下行业监管机构往往会进行价格方面的规制,使价格尽可能地和成本相结合。电信行业长期由国家垄断经营,各种网络设施都通过国家财政进行建设。到目前为止,虽然我国的电信行业已经商业化运行二十多年,但是电信市场中的竞争并未充分到可以让价格机制自行运行。因此,我们依然要对电信行业进行一定程度的价格规制。但我们必须明确的是,价格规制是对经营者经营自主权最大的破坏。受到价格规制的经营者不再是自由的市场主体,从而也无法让竞争机制最大化运行。因此,电信主管部门应当慎用价格规制,并且只能在竞争程度最低的电信市场中进行价格规制。

我国早期对于电信行业实行全业务的价格规制,但随着电信市场竞争机制的提升,我国在2014年放开了对于电信零售市场的价格规制。① 此次放开的电信零售业务包括固定和移动的本地、长途、漫游语音、短消息、数据业务等。此次放松电信零售业务市

① 参见工业和信息化部、国家发展改革委《关于电信业务资费实行市场调节价的通告》(工信部联通〔2014〕182号)。

场的价格规制,主要也是希望通过进一步鼓励市场竞争来推动电信业务资费水平下降,充分发挥市场"无形的手"对资费的调控作用,全面提高电信市场经济运行效率。放松价格规制并不意味着没有规制,电信运营商依然承担着保证透明度的义务,其应当建立资费方案公示制度,通过营业厅、代理代办点、网站等方式公布所有面向公众市场的在售资费方案。此外,电信企业进行打包销售的时候,必须另外提供包内单项业务单独的资费方案。同时,电信企业也有非歧视的义务,应保证具有同等交易条件的同类用户对资费方案具有同等的选择权利。

但是,我国在电信批发市场中依然存在价格规制。我国现在的价格规制大致存在两种类型。第一种是最高限价的价格规制。例如,《电信条例》第 22 条规定,网间互联的费用结算与分摊应当执行国家有关规定。而《互联网交换中心网间结算办法》第 4 条将中国电信、中国联通、中国教育和科研计算机网与其他电信运营商进行互联网骨干网网间互联时的结算费用进行了最高限价,也即不超过 1000 元/Mbps/月;同时,这些机构与非经营性互联单位的结算费用标准减半。又如,关于移动通信转售业务,工信部要求移动话音、短信、移动数据流量等业务的批发价格应低于基础电信企业同类业务的平均业务单价。这对电信运营商的要求已经不是简单的非歧视义务了,而是明确要求价格要低于同等业务的价格;这实际上也是将正常价格作为不能超越的最高价格。第二种是建议连续降价。比如,工信部曾经发文鼓励电信运营商对于宽带业务提速降费。[①] 这种以降价为目的的价格规制不具有法律上的强制

① 参见工业和信息化部、国有资产监督管理委员会《关于实施深入推进提速降费、促进实体经济发展 2017 专项行动的意见》(工信部联通信〔2017〕82 号)。

性,但在事实上也会对运营商造成影响,因此也属于价格规制的一部分。总体而言,我国对于价格规制的具体措施并不是很多,而且也没有明确监管部门可以采用的规制措施。

二、比例原则

《电信条例》虽然规定了主导的电信业务经营者的概念,也规定了电信主管部门应当对主导的电信业务经营者施加规制义务。但是《电信条例》并没有规定在什么情况下施加什么样的电信规制义务。电信主管机构对于主导的电信业务经营者施加规制义务也属于行政行为的范畴,也应当遵循行政法的相关规定。我国《行政诉讼法》第 70 条规定,行政行为明显不当的,人民法院判决撤销或者部分撤销,并可以判决被告重新作出行政行为。我国学术界将之称为合理性原则,也即行政行为必须具有合理性。另外,我国学界一般通过比例原则来构建合理性要求。关于比例原则的构成,我国学界存在争议。但从比例原则的实质来看,通说认为应当具有三性的要求:目的的合法性、手段的必要性、目的与手段的比例性。[①] 电信主管机构施加的电信规制义务属于《电信条例》的明确规定,主要是对主导的电信业务经营者施加,那么一般不会产生目的非法或者手段不必要的情形,主要问题就是目的与手段的比例性要求。对于主导的电信业务经营者施加规制义务的主要目的是促进电信市场的竞争,因此在此处对于目的与手段比例性的最大要求应当是如何根据电信市场的竞争状况施加电信规制义务。

---

① 参见湛中乐:《行政法上的比例原则及其司法运用——汇丰实业发展有限公司诉哈尔滨市规划局案的法律分析》,载《行政法学研究》2003 年第 1 期。

在前述的分析中,我们已经呼吁在我国的电信法律体系中建立不对称的规制路径,也即通过反垄断法的分析方法来构建主导的电信业务经营者的规制框架。这种通过界定相关市场、分析市场地位的方式来确定主导的电信业务经营者本身已经比较充分地体现了将规制义务与竞争程度相结合的比例性要求。简言之,如果没有任何电信业务的经营者具有市场支配地位,那么电信主管部门就不应当对电信市场进行规制。当到了对电信经营者施加规制义务这个阶段,我们就应当将每一种规制义务与电信市场的竞争程序关联起来。电信义务应当根据某个电信市场中的具体限制竞争的行为进行确定。同时,电信业务是对电信经营者的一种额外的负担,会降低电信运营商的竞争优势。因此电信主管部门还必须明确,施加的电信义务对实现规制目的不可或缺,且不会严重限制电信运营商的竞争能力。根据比例性原则,本书认为,电信主管部门在对主导的电信业务经营者施加电信规制义务的时候应当遵循如下三个原则。

第一,电信主管部门在前面两步(界定相关市场与分析主导的电信业务经营者)中必须明确涉案市场可能会产生的限制竞争的行为,同时制定对电信业务经营者影响最小的规制义务。不同的规制义务体现了政府对市场不同的介入程度。比如,价格规制义务就比非歧视义务或者透明性义务对运营商参与市场竞争的自由度限制高很多。此外,电信主管部门在确定规制义务的时候必须首先明确涉案的主导电信业务经营者的市场力量,其次分析在该电信市场中主导的电信业务经营者可能会实施的限制竞争行为,最后在所有的规制义务中选取与涉案情景最为契合的规制义务。在这个方面的基本原则是,对于市场行为干预程度最强的规制义务只能施加给市场力量最强的电信经营者。

第二,规制义务的施加必须能够实现成本最优的效果。对于主导的电信业务经营者施加电信规制义务不但会增加电信经营者的经营成本,而且也会增加电信主管部门的监管成本。并且,对于市场干预程度越高的规制义务所产生的经营成本和监管成本也会越高。因此,在确定电信规制义务的时候电信主管部门必须充分考虑各种成本。在某些情形中,可能理论上某个规制义务会产生更好的效果,但由于市场发展的实际情况,另一种规制义务的效果反而会更好。在这种情况下,电信主管部门应当以成本最低作为选取规制义务的基本原则。比如,在进行价格规制的时候,根据成本推导出来的价格应当是最优的规制价格。但是在市场开放之初,各种业务的成本实际上非常难以计算,因此各国的电信主管部门也往往会采用限定最高价格的方式进行价格规制。

第三,在制定规制义务的时候电信主管部门应当尽可能细化规制义务的相关细节。电信行业中的规制义务技术性要求非常高,第三方往往很难得知电信业务背后的种种技术细节。因此,电信行业中的规制义务往往需要电信主管部门经常性的业务监督。另外,很多规制义务可以通过多种形式进行执行。单单一个义务(如非歧视义务、透明度义务等)的施加往往很难涵盖所有的情形。如果电信主管部门在某一个规制义务的框架内经常改变规制义务的内容或者细节,那么就会对电信经营者造成不必要的负担。尤其是电信行业造价成本较高、技术变换较快,如果规制义务不明确的话,就会严重影响电信运营商继续投资的动力。因此,当电信主管机构对于主导的电信业务经营者施加规制义务时,必须事先明确规制义务的具体内容和各种相关的技术细节。

第二节　排除限制竞争的行为

即便是对主导的电信业务经营者,电信主管部门也不能对之任意施加规制义务。规制义务的施加必须针对特定问题,并且按照涉案电信运营商的市场力量进行。但是电信规制中的限制竞争行为与反垄断法中的限制竞争行为存在较大的不同。在进行电信规制的时候电信行业中的竞争问题还没有产生,电信主管部门只是对于这些问题进行预测。在这个过程中,电信主管部门所依据的只有该电信市场的竞争发展状况。因此,对于电信市场中竞争问题的预测实际上对电信主管部门提出了比反垄断执法部门更为严格的要求。在本节中我们首先分析电信行业产生排除限制竞争行为的原因,然后再细化限制竞争问题。

一、垄断问题的缘由

在电信规制时主导的电信运营商并不实施任何排除限制竞争的行为;如果实施的话,那么无论是电信主管部门还是反垄断执法机构都可以介入。可能电信主管部门会依据运营商过去的行为进行判断,但这么判断会存在很多风险:第一,运营商过去的行为和未来的行为并不存在必然的可比性。第二,电信行业过去是受到严格管制的,因此运营商很多行为并没有完全暴露出来。比如,我国在2014年放开了对于电信零售市场的价格规制,在2014年以前运营商肯定不会有任何价格相关的垄断行为,但此后运营商会不会实施垄断行为就跟他们过去的行为没有任何关联了。那么电信主管部门在分析主导的电信运营商可能会实施的排除限制竞争行为的时候，就必须首先考虑电信行业的特征。电信规制的目的之一是实现电信行业的竞争状态。因此，在考虑制定合适的规制义务的时候，电信主管部门首先考虑的是电信行业为什么不能在短时间内实现竞争机制。经济学家一般认为，电信行业存在三种市场失灵的情形，分别为自然垄断、网络外部性、传统垄断。①

（一）自然垄断

自然垄断是经济学中一个传统概念，大致指的是某个市场只能容纳一个最优效率的竞争者，或者在某些情形下没有一个经营者能够实现最有效率的经营。早期的自然垄断概念与资源条件的集中有关，主要是指由于资源条件的分布集中而无法竞争或不适宜竞争所形成的垄断，现在这种情况引起的垄断已不多见。自然垄断理论的发展演进导致了20世纪70年代以来西方发达国家对自然垄断产业的放松规制，许多过去被认为必须加以规制的产业部门都取消或放松了规制。在这一规制改革的背后，实质上隐含着自然垄断理论的革新与进步。②

如此，根据自然垄断的理论，这些市场最好只有一个经营者，从而被迫产生垄断，并且此时的垄断反而是社会利益最大化的最优选择。符合这一特征的产业，其主导业务一般都具有显著的规模经济和范围经济效益，需要投资大量的固定资本，经营的平均成本较低，沉没成本较大，能对潜在进入者形成强大的进入壁垒，并能产生网络效益或具有资源稀缺性等特征。传统观点认为，自然垄断与规模效应密切相关，因为任何生产都是有成本的，要达到盈

① See Australian Productivity Commission (2001), *Telecommunications Competition Regulation* (*final report*), AusInfo, p. 22 – 39.

② 参见牟琪：《美、英、日电信产业民营化比较研究》，吉林大学2010年博士学位论文，第17页。

利,必须使销售收入大于生产成本,而其中的固定成本是不变的,所以生产得越多,分摊到单个产品中的固定成本就越少,盈利就越多。任何行业的生产都存在规模效应,但一般行业的规模效应表现得不是特别明显。在呈现较强规模效应的行业中,生产与需求的关系往往具有明显的"U 形"特征(见图 6 –1)。该行业中的企业在从事生产中,只有在"U 形"曲线的底端才具有效率性。一般行业的总需求往往是超过最低点的需求 Q 的,因此一般行业总是可以支撑多个有效率的企业的生产,从而可以支撑有效竞争。但在某些行业中,行业的总需求会小于单个企业的最优生产数量 Q,从而使所有的企业都处于无效率生产的状态中。传统的理论认为,在这些行业与其允许多个企业无效率的生产,不如只让一个企业垄断经营。

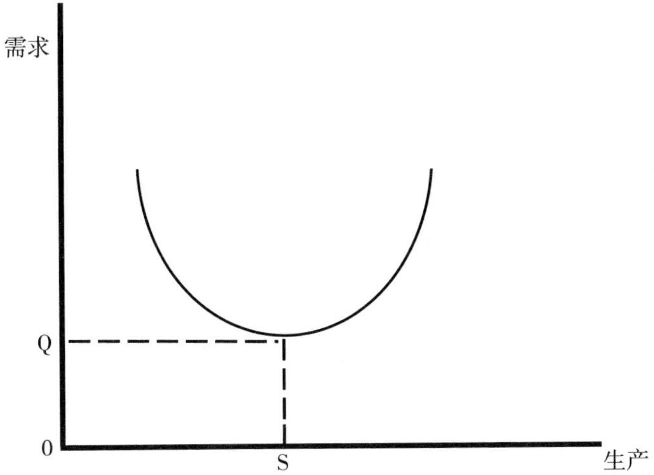

图 6 –1　垄断行业中的规模效应

但后续的经济学家认为,一般的规模经济既不是自然垄断的充分条件,也不是自然垄断的必要条件,或者说,单产品情况下的规模经济和自然垄断基本上没有必然联系,因此发展出了自然垄断弹性的理论。该理论最大的贡献就是提出了判断某一产业自然垄断特性的新标准,即由“成本弱增性”代替规模经济,并据此把自然垄断行业区分为“弱自然垄断”和“强自然垄断”。这种强规模效应也被定义为成本的劣加性(subadditivity),或被称为成本弱增性或成本次可加性,只有符合严格成本劣加性的要求时,自然垄断才会出现。自然垄断的定义或者最显著的特征应该是其成本的劣加性。成本劣加性表明,由一家企业提供整个产业的产量的成本要低于多个企业一起生产的成本之和;也即成本劣加性关注的是,由一个企业提供整个产业的产量以及该企业与另外的企业共同提供相同产量,在这两种情况下哪种成本更低。按照成本劣加性的观点,如果由一个企业生产整个行业产出的总成本比由两个或两个以上的企业同时生产整个行业产出的总成本低,那么这个行业就属于自然垄断行业。①

在现代经济社会中,随着技术创新发生的频率的提高和生产、服务活动的充分融合,“强自然垄断”行业屈指可数,更多的传统自然垄断行业已经变为“弱自然垄断”。例如,当前电信业领域的本地电话网和光缆网还具有自然垄断特征,但长途电话、移动通信部门已经不再具有自然垄断特征。在这些“弱自然垄断”产业领域,国有企业的独家垄断不再适合产业发展,竞争的引入是必须的,政府对行业的干预要以鼓励自由竞争和价格管制为主。

这类产业主要包括那些公用事业或基础设施性产业,如电力、电信、铁路、航空、城市管输煤气、供水等产业。基于自然垄断的特

① 参见牟琪:《美、英、日电信产业民营化比较研究》,吉林大学 2010 年博士学位论文,第 17 页。

性,不管是传统理论还是现代理论都认为在自然垄断情况下,市场机制本身无法实现生产效率和分配效率,需要政府规制来弥补市场结构的缺陷,但不同的理论对规制有不同的要求。对自然垄断产业进行规制的传统理论是公共利益理论。该理论认为在自然垄断的情况下,任何组织都有可能丧失追求成本最小化与效益最大化的动力,从而破坏帕累托最优的资源配置。由于垄断可能带来的诸如产量受到限制、管理松懈、不关心研究与开发以及由寻租行为所产生的利润耗费等问题,所以必须对自然垄断企业(主要指水、电、煤气等公用企业)的进入、退出、价格、投资等方面进行规制,或者由国家直接控制自然垄断产业,因而对自然垄断厂商进行规制是建立在市场失灵和保护公共利益的基础上的。①

当然,传统的经济学理论也不认为自然垄断行业的所有生产环节都具有自然垄断属性。自然垄断产业中的业务分为自然垄断性业务与非自然垄断性业务,前者主要指固定网络性操作业务,如电信产业中的有线通信业务和铁路运输中的铁轨网络业务等;后者不具有自然垄断性,比如供水产业中的水生产和供应是非自然垄断业务。但是,该理论却认为,应该将自然垄断业务与相关非自然垄断业务都包括在自然垄断产业中统一规制。原因在于:一是属于自然垄断性质的管道网络业务和非自然垄断业务密切相关,需要高度协调。比如,长途电话、移动电话和数据通信等电信服务都要依托于本地网,需要各运营商在接入协议等方面密切协调。二是自然垄断产业大都属于国民经济的重要部门和公用事业部门,其公益性要求这些产业追求公共目标,以较低而稳定的价格和

① 参见姚允柱:《自然垄断产业规制理论的演化与我国电信业的规制改革》,载《江西大学学报(社会科学版)》2006 年第 4 期。

优化的非价格行为提供产品或服务。①

(二)网络外部性

网络外部性,或者网络效应,是指连接到一个网络的价值取决于已经连接到该网络的其他人的数量。通俗地说,就是每个用户从使用某产品中得到的效用与用户的总数量正相关。用户人数越多,每个用户得到的效用就越高;网络中每个人的价值与网络中其他人的数量成正比。这也就意味着,网络用户数量的增长,将会带动用户总所得效用的几何级数增长。网络外部性分为直接外部性和间接外部性。直接网络外部性是消费相同产品的用户数量变化所导致的经济收益的变化,即由于消费某一产品的用户数量增加而直接导致商品价值的增大;间接网络外部性是随着某一产品使用者数量的增加,该产品的互补品数量增多、价格降低而产生的价值变化。

事实上,如果说网络效应是指随着产品数量的增多使用该产品的用户的收益就会增加的话,那么网络效应是广为存在的。如果按照这种理解的话,网络效应甚至和规模效应存在一定的交叉。比如,大众公司的桑塔纳轿车是民众喜闻乐见的车型,也被称为"神车",我国目前大致存在 1.37 亿辆桑塔纳。由于桑塔纳汽车的这种规模,拥有桑塔纳的车主就会享受更多的附带性收益,比如只要是个汽车修理厂就有桑塔纳汽车的配件,并且桑塔纳汽车的配件价格也会非常低。严格意义上的网络效应当包括由于规模效应所引发的成本降低或者其他收益增加的情形。

具有最为严格意义上的网络效应的是网络类的产品,最为典

---

① 参见姚允柱:《自然垄断产业规制理论的演化与我国电信业的规制改革》,载《江西大学学报(社会科学版)》2006 年第 4 期。

型的例子是电话网。电话网具有两个特征。第一,用户之间的依赖性。只有一个用户的电话网是没有任何意义的,拥有两个以上用户的电话网才具有经济价值。在电话网中,用户构成了这个网络型产品的节点,这些节点进而形成了整个网络。第二,随着用户数量的增加,不但整个电话网的价值会几何倍数地增加,而且还会形成虹吸效应。电话服务具有非常强烈的同质性,再加上这种虹吸效应的存在,小网络面对大网络的竞争是没有办法生存的。对于电话用户来说,如果要在一个有一亿用户的网络和一个只有一百万用户的网络之间进行选择的话,拥有一亿用户的网络一定会胜出。而这在前述桑塔纳的案例中并不明显。即便桑塔纳已经成为"神车",其他汽车生产商依然可以通过产品差异化来跟桑塔纳进行竞争。所有的电信网络都属于严格意义上的网络。

除严格意义上的网络之外,还存在一种"伪网络"的情形。伪网络只具有严格意义网络的第二个特征,也即随着用户数量的增加,整个网络的价值会几何倍数地增加,而且也会形成虹吸效应。但"伪网络"中用户的依赖性远远低于严格意义上的网络。比如我们通常也会说微软公司的 Office 办公软件具有网络效应。因为办公软件生产的文档存在兼容性的问题。为了保证自己创造的文档能够被他人顺利阅读,不同用户最好使用相同的办公软件。因此,当 Office 办公软件的用户达到一定规模之后,其他办公软件就很难从微软公司那里抢夺市场份额了。虽然 Office 办公软件的用户之间具有一定的依赖性,但这些用户构成了一个个 Office 办公软件这个"网络"的节点。换言之,即便 Office 办公软件只卖给了一个用户,该软件对于这个用户来说依然具有一定的意义,这个用户还是可以利用 Office 办公软件来编辑文档,只是在跟其他用户分享文档的时候会存在一定的问题。虽然"伪网络"并非严格意义上的网络效应,但一般也将之归类为网络效应的一种。

电信网络具有非常强烈的网络效应。在这种网络效应之下,如果没有政府规制的话,大网络在市场经济中一定会将各个小网络逐步兼并,最终形成一家垄断企业。为了破解电信行业的网络效应,各国在电信规制中一般都对电信网络施加了互联互通的义务,也即要求每一个电信网络对其他电信网络的用户进行开放,允许其他用户对自己的用户拨打电话或者发送信息。我国《电信条例》第二节就是针对互联互通专门进行设置的。互联互通义务的施加会降低大网络的网络效应,从而使小网络可以与大网络进行竞争。互联互通是电信行业引入竞争的最为基础的条件。

(三)传统垄断

实际上,自然垄断和网络外部性都还不足以支撑政府管制的必然性和合理性。比如,电脑操作系统也具有非常强烈的自然垄断性和网络外部性,但从来没有任何一个国家尝试对电脑操作系统行业进行规制。即便对微软公司的反垄断调查也招来了学者们的批评。[①] 其主要原因是微软公司的所有资产都是通过私人投资形成,如果政府对这些私人投资进行规制,那么就有违市场机制的本质。但是电信行业的诸多资产几乎都是国家投资形成的,而传统电信运营商的竞争优势也不是通过自身的努力经营而获得的,其竞争优势主要是前期在政府垄断经营的基础之上取得的。尽管电信市场已经开放了,但是这些传统运营商的竞争优势并不会随着电信市场的开放而瞬间消失。相反,这些传统的电信运营商依然在各个电信市场中拥有主导地位。其中最为突出的就是只有主导的电信运

① See Liyang Hou, *The Essential Facilities Doctrine-What was Wrong in Microsoft?*, IIC, Vol. 43:4, p. 251 – 271 (2012).

营商才拥有覆盖全国的电信网络。由于这些电信运营商的主导地位,正常的市场竞争机制并不会马上形成。并且,主导电信运营商的竞争优势是通过国家资产进行构建的,仅通过放松电信运营牌照是不可能让新进入的电信业务经营者马上形成有效竞争的。如果不对这些新进入的经营者进行特殊照顾,那么他们也就很快会从市场中消失。最后,这些特殊照顾也不可能从正常的市场机制中获取,只能以施加电信规制义务的方式,由主导的电信业务经营者来提供。

二、确定潜在垄断行为的原则

施加电信规制义务一方面要针对潜在的垄断问题展开,另一方面也是为了实现规制目标。我国《电信条例》设置的规制目标比较笼统,只是促进竞争。但是促进竞争只是一个终极目标,为了达到这个目标我们还必须要设置一些更为具体的目标。我国目前对于这些具体的规制目标并没有详细的说明。从目前关于电信行业发展的文献来看,我国大致可以设置两个具体的规制目标,并以此来确定潜在的竞争问题。

(一)实施垄断行为的意图

任何一个主导的电信运营商都有实施垄断行为的能力。但具有此种能力并不意味着这些运营商必然会实施垄断行为。即便是经济学家,对于电信垄断企业是否会必然实施垄断行为也存在争议。① 但是,电信主管部门在进行电信规制的时候不可能假设主导的电信运营商不会实施任何垄断行为,否则也就没有电信规制的必

---

① See Patrick Rey and Jean Tirole, *A Primer on Foreclosure*, in M. Arstrong & R. Porter, eds., Handbook of Industrial Organization: Volume Ⅲ, North-Holland: Elsvier, 2006, p. 108; And John Vickers, *Market Power and Inefficiency: A Contracts Perspective*, Oxford Review of Economic Policy, Vol. 12:4, 11 - 26(1996).

要了。因此,该问题在电信规制领域的答案只能是——主导的电信业务经营者具有实施垄断行为的意图。这一点跟反垄断法是存在非常大的区别的。反垄断法并不认为拥有市场支配地位本身是违法的,只有实施了滥用市场支配地位的行为才违法。但在电信规制的时候,电信主管部门拥有的唯一信息就是电信运营商的主导地位,或者说市场支配地位。因此,从这个角度来说,电信规制实际上是假设主导地位(或者说市场支配地位)本身就是违法的。但是,拥有主导地位并不意味着电信运营商会实施所有的垄断行为。根据上文确立的比例原则,电信主管部门在分析潜在竞争行为的时候依然还是要结合具体的市场情况,此外还要结合涉案电信运营商的具体主导地位。原则上来说,主导地位越高的运营商可能会实施的垄断行为就越多,而主导地位越低的运营商可能会实施的垄断行为就越少。

因此,电信主管部门在衡量主导的电信业务经营者可能会实施的垄断行为时应当遵循两个原则:第一,假定主导的电信业务经营者会实施垄断行为;第二,主导的电信业务经营者实施的垄断行为与其主导地位(或者市场支配地位)的高低密切相关。

(二)投资阶梯理论

《电信条例》只是指出了促进竞争这个目的,但没有具体说明促进竞争这个目的究竟如何具体实施。对此,欧盟电信法中实行的"投资阶梯理论"(ladder of investment)可以为我们提供电信规制的思路。该理论假设新进入的电信运营商不可能在短时间内建立完整的电信网络,但是他们会在进入电信市场之后逐步构建起来自己的电信网络。[①] 投资阶梯理论对于降低新进入的电信运营

① See Martin Cave, *Encouraging Infrastructure Competition via the Ladder of Investment*, Telecommunications Policy, Vol. 30:3, p. 223 - 237 (2006).

商的商业风险具有至关重要的作用。电信主管部门可以从新进入的电信运营商的视角审视电信业务提供的难度,基于此,在关键点上通过施加电信规制义务迫使主导的电信业务经营者对新进入的运营商提供帮助,从而实现扶植竞争的目的。

新进入的电信运营商在发展过程遇到的重要时间节点大致可以归结为如下三个阶段。第一个阶段是电信虚拟运营商阶段。在这个阶段,新进入的电信运营商没有任何网络资源,只能从主导的电信运营商那里批量购买电信服务,然后再零售给终端消费者。电信虚拟运营商完全依赖主导电信业务经营者的资源,靠批发市场与零售市场之间的差价为生。第二个阶段是拥有部分网络阶段。通过第一个阶段的发展,电信虚拟运营商开始构建和拥有了一些网络设施。这个阶段的新进入运营商并不能单独提供电信服务,他们需要借助主导的电信业务经营者网络才能提供服务。在第一个阶段,新进入的电信运营商对电信业务的数量与质量几乎没有任何话语权。但在第二个阶段新进入的电信运营商可以借助自身的网络提供与主导的电信业务经营者品质不同的电信业务。第二个阶段的成功发展对于新进入的电信经营者至关重要。第三个阶段就是全网络阶段。经过第二个阶段的顺利发展,新进入的电信运营商终于构建了完整的电信网络,并最终取得和其他传统的电信运营商共同竞争的资格。[①]

投资阶梯理论为观测新进入的电信运营商的具体需求提供了视角。投资阶梯,是将新进入的电信运营商这个从无到有的过程视为梯子上面的横杠。因此,投资阶梯理论也即是通过规制义务

---

① See European Regulators Group, *Revised EGR Common Position on the Approach to Appropriate Remedies in the ECNs Regulatory Framework*, ERG(06)33, p. 62.

的设置帮助新进入的电信运营商从梯子的最底端(无网络)爬升到梯子的最高端(有网络)的过程。依据该理论,电信主管部门所做的就应当是满足新进入的运营商在每个阶段的具体需求。同时,在新进入的电信运营商“爬梯子”的过程中,他们对于主导电信业务经营者依赖程度也会逐步降低。电信主管部门可以利用这种变化的需求来逐步放松对于主导的电信业务经营者的规制,从而通过放松规制来实现电信行业的竞争机制。

三、潜在的垄断行为

规制义务的目的是让主导的电信业务经营者扶助新进入的电信运营商的竞争。从这个角度来说,规制义务是为了在主导的电信业务经营者与新进入的电信运营商之间建立起一种合作关系。但是从另一个角度来说,二者之间又是一种竞争关系。并且合作关系是通过外力强加的,而竞争关系则是主导的电信业务经营者为了自身利益自发产生的。这两者存在本质上的冲突。因此,电信主管部门在设计规制义务的时候,应当假设主导的电信业务经营者并不会主动地、毫无保留地支持新进入的电信运营商的发展,而是会通过各种潜在的方式对之进行阻挠。如果从这个角度来思考主导的电信运营商与非主导的电信运营商之间的关系,再加上非主导的电信运营商在不同发展阶段的需求,那么我们就可以将主导的电信运营商可能会实施的垄断行为归纳为如下四种:拒绝提供接入服务、价格挤压、非价格歧视、超高定价。下面本书将对这四种行为进行逐一论述。

(一)拒绝提供接入服务

投资阶梯理论假设电信市场的进入门槛非常高,新进入的电信运营商是不可能在短期之内完全靠自身的网络提供电信服务的。因此,新进入的电信运营商必须依赖主导的电信业务经营者的网络来提供电信服务。但是,由于新进入的电信运营商与主导的电信业务经营者存在竞争关系,所以后者并不会主动给前者提供网络接入服务,并且非常有可能通过各种方式提供的具体接入服务。这种拒绝提供接入服务的情形既包括直接拒绝,也包括人为设置各种无法接受的条件使得接入服务的提供客观上存在很大的困难。因此,主导的电信业务经营者可能会实施的最重要的垄断行为就是拒绝给非主导的电信运营商提供接入服务。

不过,电信主管部门也不能武断地认为主导的电信业务经营者在任何情况下都会实施拒绝行为。电信主管部门必须首先分析,非主导的电信运营商在没有政府规制的情况下是否可以在正常的市场条件中获得该项接入服务。这主要涉及相关电信市场中的竞争情况。此时,电信主管部门需要分析的是新进入的电信运营商能否从其他非主导的电信运营商那里获得该项接入服务。在这个分析中,电信主管部门可以将实施具体提供接入服务的可能性与主导地位相结合。为此,主管部门可以将主导地位分成三种情况:完全垄断、完全主导、一般主导。

第一种情况和第三种情况的分析比较简单。首先,在完全垄断的情形中,相关市场中只有主导的电信业务经营者可以提供该项接入服务。因此,电信主管部门也不可能假设新进入的电信业务经营者可以从其他电信运营商那里获得该项服务,所以在这种情形中主导的电信运营商必须被施以提供接入服务的义务。其次,在一般主导的情形中,不同电信运营商之间的竞争已经发展到了较好的程度。主导的电信运营商虽然依然在相关市场中占据较大的市场份额,但是要面临其他运营商的强力竞争。新进入的电信运营商在选择接入服务的时候可以有多重选择,既可以请求主导的电信业务经营者提供接入服务,也可以选择其他非主导的电信业务经营者提供。而对于其他非主导的电信业务经营者来说,向新进入的运营商提供接入服务可以加强他们与主导的电信业务经营者的竞争。因此,其他电信运营商也可能会有动力去和新进入的电信经营者进行合作。如果电信主管部门发现这种情况,那么就可以不给主导的电信业务经营者施加必须提供接入服务的义务。但此时电信主管部门必须非常谨慎,必须要明确新进入的运营商在寻找合作伙伴的时候不存在任何被拒绝的风险。

第二种情况相对来说就比较复杂。在这种情形中,主导的电信业务经营者依然具有非常强的主导地位。从这种角度来说,完全主导的情形类似于完全垄断的情形。但是与完全垄断不同,完全主导的市场依然还是存在一定程度的竞争。电信业务具有非常强烈的网络效应。换言之,如果不具有一定数量的市场份额,则不可能对主导的电信业务经营者产生真正的市场冲击。因此,原则上电信主管部门应当对具有完全主导地位的电信运营商施加提供接入服务的义务。但是在某些电信市场中,市场进入障碍可能由于技术下降得非常厉害;或者说,在这些市场中提供该电信业务的规模效应已经不是特别明显。其他非主导的电信业务经营者可以在拥有比较少的市场份额的情况下实现规模效应。那么即便他们的市场份额比较小,但依然还是可以被认为给主导的电信业务经营者施加了真正的竞争压力。我国的电视业务就呈现了这种特征。此时,这些非主导的电信业务经营者为了扩大自己的市场份额,可能给新进入的运营商提供接入服务。在这种情况下,电信主管部门也可以考虑不给主导的电信业务经营者施加必须提供接入服务的义务。

（二）价格挤压

当拒绝提供接入服务的问题解决之后，新进入的电信运营商就可以在市场中提供相应的电信服务，并可以与主导的电信业务经营者以及其他电信运营商进行竞争。但是，获得接入服务只是进入市场的第一步。电信主管部门还必须分析新进入的电信运营商是否可以在经营中获利。反垄断法假设每一个竞争者都是有效率的竞争者，因此是否获利以及获利多少并不是反垄断法所关注的对象。这也是为何反垄断法中存在一个法谚——反垄断法只保护（有效率的）竞争，不保护（无效率的）竞争者。[①] 但电信规制的基本假设是新进入的电信运营商并非有效率的经营者，因此需要对之进行保护。不过电信规制中的竞争扶植并不是无条件的，其另外一个假设是这些运营商通过竞争扶植之后可以发展成为有效率的竞争者。不过在新进入的电信运营商成为有效率的竞争者之前，电信主管部门还是需要对这些企业进行保护和扶植，所以新进入的电信运营商的盈利也就成了电信规制的目的之一。

除拒绝提供接入服务之外，主导的电信业务经营者也可能会通过价格来排挤新进入的电信运营商。对于价格相关的垄断行为来说，价格挤压因其隐蔽性，是一种经常会使用的策略。主导的电信业务经营者与非主导的电信业务经营者存在两种关系：合作关系与竞争关系。二者在提供接入服务方面（电信批发市场）属于合作关系，但在面对终端消费者的时候（电信零售市场）又是竞争关系。因此，主导的电信业务经营者可以操控提供接入服务的价格与零售服务的价格，使得新进入的电信业务经营者无利润可寻，

---

① 参见侯利阳：《大历史视角下的反垄断法与本土化移植》，载《交大法学》2018年第4期。

这就是价格挤压。在实施价格挤压的时候，主导的电信运营商可以通过缩小上下游市场差价来压缩新进入的电信运营商的利润率。比如，主导的电信运营商可以在维持电信零售业务价格不变的情况下提高接入服务的价格，或者在维持接入服务价格不变的情况下降低自己的电信零售业务价格，又或者将两个价格都进行调整，从而挤压竞争的利润空间。①

对于主导的电信业务经营者来说，实施价格挤压有如下几个"优点"。首先，挤压新进入的电信运营商的利润空间可以实现与拒绝提供接入服务类似的效果。但是与明确拒绝提供接入服务相比，价格挤压的隐蔽性更强，更不容易被执法机构或者其他的电信运营商快速察觉。其次，在分析价格挤压的时候，执法机构必须调查主导的电信运营商提供接入服务以及提供零售服务的成本，从而分析他们的价格是否产生挤压竞争利润的效果。但是，传统电信运营商的网络都是在国家垄断经营的时候以国家投资的方式建立。如何将这些投资视为成本并且进行计算是非常困难的。最后，各种电信业务都是基于电信网络进行开发的，这些电信业务之间存在大量的共享成本。如何将这些共享成本分配到不同的电信业务之上也是非常麻烦的事情。由于这些"优点"的存在，与直接拒绝提供接入服务相比价格挤压更容易被主导的电信业务运营商所采纳。

（三）非价格歧视

价格挤压从某种意义来说就是一种价格歧视，也即在同样的交易中对自己的下游企业与非主导的电信运营商施加不同的交易

---

① See Liyang Hou, *The Abusive Nature of Price Squeeze in the EU*, IIC, Vol. 45:1, p. 43 - 74(2014).

条件。但是歧视行为或者差别待遇除了可以在价格层面实施之外,还可以在非价格层面开展。简单来说,主导的电信业务经营者可以对自己的下游企业与非主导的电信运营商制定一样的价格,但可以降低非主导的电信运营商的服务质量。如此,也可以将非主导的电信运营商置于竞争劣势。大体来说,电信市场中经常会出现四种非价格歧视的情形。

第一,最经常使用的非价格歧视行为是搭售或者捆绑销售。简单来说,搭售是指将原来分开销售的两个产品共同出售的市场行为。这种市场行为既可以产生促进竞争的效果,也可以产生限制竞争的效果。从促进竞争的角度来说,搭售可以降低非主导的电信运营商的交易成本。但是,不合理的搭售也会产生限制竞争的效果。搭售一方面可以强迫非主导的电信运营商购买他们不需要的服务,从而提高他们的运行成本;另一方面,搭售可以让主导的电信运营商将他们的主导地位从一个市场渗透到另外一个市场。①

第二,另外一种经常使用的非价格歧视行为是延缓提供服务。主导的电信运营商可以将电信服务在价格层面、质量层面对所有的运营商都保持一致,但是他们可能会向与自己有竞争关系的运营商提供服务的时候延缓提供服务的时间。延缓提供服务可以通过多种形式实现,比如延长谈判时间、假装存在技术难题等。主导的电信业务经营者实施延缓行为可能有两个目的:一是通过延缓提供接入服务可以降低非主导的电信业务经营者的竞争优势;二是如果被请求提供的电信业务是一种新型的电信业务,延缓行为

---

① 参见李剑:《法律经济学的分析与搭售合理性的认知》,载《西南师范大学学报(人文社会科学版)》2006 年第 2 期。

可以让主导的电信业务经营者在市场中领先于其他电信运营商。

第三,主导的电信业务经营者也可以在给其他电信业务经营者提供接入服务的时候降低服务的质量。非主导的电信业务经营者在获得质量较低的电信业务后,就必须通过某种方式来弥补这种质量上的不足,否则他们无法与主导的电信业务经营者在电信零售市场中进行抗衡。那么由此产生的结果或者是提高了非主导的电信业务经营者的经营成本,或者是将非主导的电信业务经营者直接排挤出市场。①

第四,主导的电信业务经营者也可以有意改变他们电信业务的规格、标准、兼容性等方式,从而将非主导的电信业务经营者置于竞争劣势。这种行为被称为策略性设计(strategic design)。如此,主导的电信业务经营者可以提高新进入的电信运营商的经营成本。

此外,除了上述的非价格歧视行为之外,还存在其他众多无法明确定型的非价格歧视行为。这些行为只能在未来的实践中慢慢确认。

(四)超高定价

规制义务的施加,可以迫使主导的电信业务经营者向非主导的电信业务经营者提供接入服务;并且从价格歧视以及非价格歧视两个方面对之进行规制,大致可以保证非主导的电信业务经营者与主导的电信业务经营者站在同等的起跑线上。但是电信规制的目的不只是保护竞争者的利益,同时也需要保护消费者的利益。对于保护消费者的利益而言,最大的市场问题莫过于超高定价。

---

① See Peggy Valcke, Liang Hou, David Stevens and Eleni Kosta, *Guardian Knight or Hangs Off: The European Response to Network Neutrality*, Communications & Strategies, Vol. 72:4, p. 89 – 112 (2008).

在正常的市场条件中,超高定价原则上不是一个大的问题。但在电信市场中,由于主导的电信业务经营者无法受到其他电信运营商的有效制约,因此超高定价也可能会成为比较严重的问题。

电信市场中的超高定价大致有两个起源。第一,我们前面已经假设主导的电信运营商非常有可能会滥用他们的主导地位并从中获利,而获利的最佳手段莫过于提高价格。第二,超高定价可能是电信运营商之间共谋形成的。我国的电信行业已经引入了大量的竞争机制。并且,随着电信改革的日益深入,老牌电信运营商的市场力量将会进一步削弱。但电信市场的竞争发展终究还是要受到规模效应的限制。即便在未来,电信市场的格局也只能是寡头竞争,而寡头竞争则有可能会形成价格共谋。①

此外,电信市场的超高定价也可能是负外部性所引起。负外部性产生的主要原因是合同双方所作出的决定由合同之外的第三方来承担风险或者成本;由于合同双方无须承担这些风险或者成本,他们就没有动力为第三方降低成本或者风险,从而会损害第三方的利益。② 这种情况在国际长途的电信市场尤为突出。国际长途的费率是由国内的电信运营商与国外的电信运营商通过协议确定的,但是具体的费用却需要电信用户来承担,并且最终收益由电信运营商享有。因此,电信运营商并没有很大的动力去降低国家通话的费率,这导致国际通话的费率长期居高不下。③

综上所述,电信规制义务的施加必须针对特定的潜在垄断行

---

① 参见侯利阳:《共同市场支配地位法律分析框架的建构》,载《法学》2018 年第 1 期。

② 参见张维迎:《经济学原理》,西北大学出版社 2015 年版,第 302 ~ 305 页。

③ See Joshua S. Gans & Stephen P. King, *Termination Charges for Mobile Phone Networks Competitive Analysis and Regulatory Options*, University of Melbourne, Mimeo, https://www.academia.edu/2807567/Termination_charges_for_mobile_phone_networks.

为(见图6－2)。但是潜在的垄断行为并非已经实施的垄断行为，因此需要电信主管部门根据市场情况进行具体分析。为了准确地预估可能发生的垄断行为，电信主管部门必须充分考虑电信市场中的各种市场失灵的场景。在这个分析过程中，电信主管部门必须从新进入的电信运营商的视角分析他们的具体需求，并由此来设计合适的投资阶梯，鼓励并且扶植新进入的电信运营商逐步发展成为有效率的竞争者。同时，在判断可能会发生的垄断行为时，电信主管部门还必须分析主导的电信运营商的具体主导地位，将不同的主导地位与具体的垄断行为相结合。

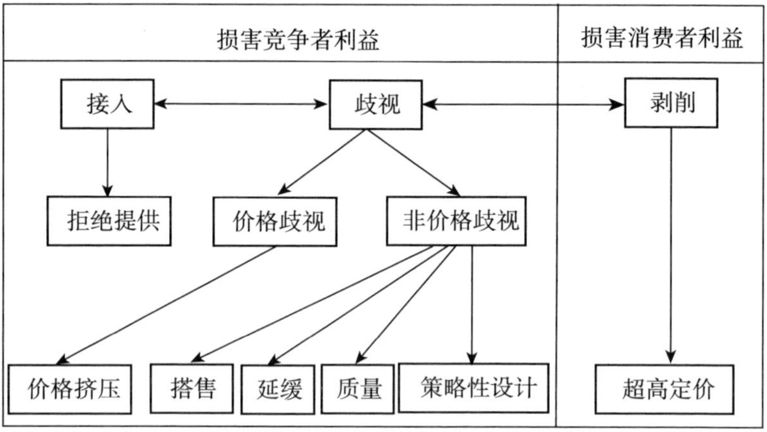

图6－2　电信市场中潜在的垄断问题

第三节　垄断行为与规制义务的结合

上一节确定了主导的电信业务经营者可能会实施的垄断行为：拒绝提供接入服务、价格挤压、非价格歧视、超高定价。那么下面的问题就是如何对于这些潜在的垄断行为通过施加电信规制义务进行管理。我国《电信条例》中规定了四种电信规制义务：提供接入服务、非歧视、透明性及价格规制。但这四种规制义务与上述的垄断行为并非一一对应的关系。电信主管部门也不可能通过施加某一种规制义务的方式来解决某一种垄断问题。本节具体探讨潜在的垄断行为与规制义务之间的逻辑关系。

一、拒绝提供接入服务

在发展成为有效率的竞争者之前，非主导的电信业务经营者一直会存在要主导的电信业务经营者提供接入的需求。同时，主导的电信业务经营者的主导地位越强，他们实施拒绝提供接入服务的可能性就越大。因此，电信主管部门必须基于主导地位来确定给主导的电信业务经营者施加的规制义务。下面，本书将按照规制义务对电信运营商从低到高的干预程度，分析解决该问题的方法。值得注意的是，当电信主管部门选择干预程度较高的解决方案的时候，原则上也应当同时施加干预程度较低的解决方案。换言之，强干预的解决方案自然包含弱干预的解决方案。

(一)善意磋商义务

在正常的市场条件下，任何主体既没有必须和他人交易的义务，也没有必须和他人就合同内容进行磋商的义务。如果没有任何规制义务的话，主导的电信业务经营者可以直接拒绝与非主导的运营商进行谈判。因此，对于解决拒绝接入服务的垄断行为来说，干预程度最轻的规制义务就是强迫主导的电信业务经营者必须在非主导的电信业务经营者提出接入请求之后立即展开磋商。为了促使主导的电信业务经营者进行善意磋商，电信主管部门可以附带施加如下义务。首先,电信主管部门可以规定主导的电信业务经营者必须在收到接入服务的请求之后在一定的时间内展开磋商。其次,电信主管部门可以对主导的电信业务经营者施加透明性的要求,让主导的电信业务经营者就接入服务的相关细节事先发布声明,公开相应的服务内容、服务条件等。但是,善意磋商义务并非指强迫主导的电信业务经营者必须与其他电信运营商签署提供接入服务的协议。因此,该义务要顺利实施,还需要结合相关市场中的竞争状况制定具体的方案,只有在相关市场竞争已经达到相对比较满意的程度时才可以实施。

(二)非歧视义务

因为善意磋商义务的干预程度最低,所以相对来说善意磋商义务的有效性也最差。因此,对于竞争程度不是特别令人满意的相关市场,电信主管部门还需要施加其他规制义务。为此,电信主管部门可以依据接入服务提供的相关情况将竞争程度分为两类。第一,主导的电信业务经营者从未给任何人提供过类似的接入服务,同时自己的下游企业也没有使用过类似的接入服务。第二,主导的电信业务经营者虽然没有给其他运营商提供过类似的接入服务,但是给自己的下游企业提供过。

我国目前的非歧视义务既包括不得在不同的第三方电信运营商之间实施歧视行为,也包括不得对第三方电信运营商和自己的下游企业实施歧视行为。因此,如果电信主管部门判断主导的电信业务经营者可能会实施类似的行为,他们可以通过给主导的电信业务经营者施加非歧视义务来解决这两个问题。

但是电信主管部门也必须认识到实施非歧视义务的弊端。大致来说存在两种弊端。第一,非歧视义务更多是一种原则,缺乏实质性的内容。现实中的歧视行为非常复杂,也不是特别容易判断。

因此，在施加非歧视义务之后电信主管部门还需要施加配套的事后纠纷解决机制，来处理随时发生的歧视行为。第二，非歧视义务只能对新进入的电信义务经营者起到一种鼓励作用，但是无法给予他们明确的指示，至少还不是特别明确他们可以从主导的电信业务经营者那里获得什么样的接入服务。这种缺乏明确性的规制义务可能无法给新进入的电信运营商足够的支撑，因此单单施加非歧视性义务对于促进竞争并不会特别有效。

（三）提供单向接入服务的义务

当非歧视义务并不足以解决相关市场中的拒绝接入问题时，电信主管部门就必须考虑直接施加提供接入服务的义务了。对于制定提供接入服务义务来说，大致存在两种选择。一种是要求主导的电信业务经营者必须满足非主导的电信运营商所有的合理请求；另一种是电信主管部门明确制定关于不同种类接入服务的名单并且要求主导的电信业务经营者必须提供名单内的接入服务。我国现在的接入服务只有两种：一种是电信网络之间的互联互通服务；另一种是给虚拟电信运营商提供的批发业务。由于我国暂时还不允许新进入的电信运营商建设完全的电信网络，因此也没有必要实施第二种方法，使用第一种方法就足以解决拒绝接入服务的问题。主导的电信业务经营者在适用此类型规制义务的电信市场时，原则上应当具备较高的主导地位，其一般应是其他电信运营商寻求接入服务的唯一选择。当然电信主管部门也不能让主导的电信业务经营者提供他们不能提供的接入服务。根据欧盟电信法的相关规定，电信主管部门在考虑是否需要施加提供接入服务的义务的时候，除了需要考虑主导的电信业务经营者的主导地位之外，还需要衡量如下因素：（1）不提供接入服务对于其他电信运营商的影响；（2）给其他电信运营商提供接入服务的技术可行性与经济可行性；(3)主导的电信运营商是否有能力按照其他电信运营商要求的技术指标提供相应的接入服务；(4)主导的电信运营商适用公共资源建设涉案电信设施的情况；(5)提供该服务是否能够促进长期竞争；(6)是否存在知识产权的问题等。[1]

二、价格挤压

价格挤压是指主导的电信业务经营者在提供接入服务的时候，同时又和其他电信运营商在其他电信相关市场中进行竞争；为了实现排挤其他电信运营商的目的，主导的电信业务经营者调整上下游市场中的电信服务价格，使得其他电信运营商无法获取利润。解决价格挤压的方法大致有四种，按照对于市场干预程度的高低依次为：透明性、分立账户、非歧视、价格规制。

透明性义务并不能从源头上解决价格挤压的问题，透明性义务只能要求主导的电信业务经营者公开相关信息。相关信息的公开可以间接地保证主导的电信业务经营者不会实施价格挤压。但必须明确的是，电信主管部门只能在竞争已经相对充分的相关市场中才能依赖透明性义务来解决价格挤压的问题。

分立账户的方式要求主导的电信业务经营者在自己的公司内部设置防火墙，将不同的电信业务（尤其是上下游业务）分别进行记账。与透明度义务相似，分立账户的方式也不能直接解决价格挤压的问题。但是不同种类的电信业务分别记账之后，主导电信业务经营者上下游业务的差价就比较容易计算。电信主管部门如果怀疑主导的电信业务经营者实施价格挤压，也比较容易搜集证

---

① Directive 2002/19 of March 7, 2002 on Access to, and Interconnection of, Electronic Communications Networks and Associated Facilities ("2002 Access Directive"), O. J. 2002 L108/7, Article 12.

据。这会降低主导的电信业务经营者实施价格挤压的动机。

比分立账户干预程度更强烈的规制义务是非歧视义务。非歧视义务可以直接要求主导的电信业务经营者如同对待自己的下游企业一样对待其他电信运营商。前两种义务不能直接解决价格挤压的问题,非歧视义务能够较为直接地解决价格挤压的问题。由于这种义务的干预性较强,因此只在已经开始呈现一定竞争机制的相关市场中适用。但是,非歧视义务更多的是一种原则,不太包含具体的实质性内容。非歧视性义务只有在事后的纠纷解决机制中才能起到实质性的作用。

最后一种方法就是价格规制。在反垄断领域,计算价格挤压在理论上有两种方法:一种是同等效率竞争者测试(equally efficient competitor test),另一种是合理效率竞争者测试(reasonably efficient competitor test)。[①] 前者首先确认垄断企业自身上游市场商品或者服务的价格,以及下游市场相关商品或者服务的价格,然后计算二者的差异。如果垄断企业自己能够获利,那么就不是价格挤压;若垄断企业不能获利,那么可以认定为价格挤压。后者的计算方式跟前者类似,只是不再选取"同等效率的竞争者"(或者说垄断者自身)作为测试的依据,而是选取市场中处于合理效率区间的竞争者,并通过计算该合理效率的竞争者的上下游市场价格来确定是否存在价格挤压。不过,事实上合理效率竞争测试从未在任何案件中被使用过,因此从实际执法层面来说只存在一种方法,也即同等效率竞争者测试。为了防止价格挤压,电信主管部门在价格规制的选择方面大致有三条路径:(1)同时规制上下游市场中电信

① See Liyang Hou, *The Abusive Nature of Price Squeeze in the EU*, IIC, Vol. 45:1, p. 43 – 74(2014).

服务的价格；(2)只规制下游市场的价格；(3)只规制上游市场的价格。第一种规制义务的干预程度最高，适用于主导的电信业务经营者主导地位非常强的相关市场。第二种与第三种相比干预程度差不多。但是从规制效果来说，电信主管部门如果能够不规制零售市场，就应当尽量不规制零售市场。实际上，本书建议的价格规制方法只有前两种。关于如何实施价格规制，本书将会在下面讨论超高定价的规制方法部分具体说明。

三、非价格歧视

非价格歧视也是主导的电信业务经营者经常实施的排挤竞争者的垄断行为。该行为相较于前述行为来说具有相当的隐蔽性。拒绝提供接入服务的隐蔽性最差，其他电信运营商可以马上得知。价格挤压具有一定的隐蔽性，但其他电信运营商迟早会发现他们的经营利润越来越低。而非价格歧视行为可以采用多种手段进行，尤其是电信行业涉及非常多的技术性内容，主导的电信业务经营者可以充分利用技术手段实现歧视的效果。电信主管部门没有办法事先预估所有的非价格歧视行为。尽管非价格歧视的行为种类众多，也比较难判断，但是解决方案却相对简单，电信主管部门只需要施加非价格歧视义务就可以解决了。非价格歧视义务最大的缺点就是其更多的是原则性规定，而不太能够包含实质性的内容，因此，我们需要结合透明性义务以及有效的事后纠纷解决机制才能保证非价格歧视义务的顺利实施。不过也存在可以细化的四种非价格歧视行为(搭售、迟延、质量歧视、策略性设计)，电信主管部门可以针对这几种非价格歧视行为制定具体的非歧视义务。

搭售是比较常见的非价格歧视行为。在一些竞争不是很充分的市场，欧盟电信法除了对于主导的电信业务经营者施加非歧视义务和透明性义务之外，还会实施一个所谓的事先审批制度。主导的电信业务经营者准备实施搭售行为之前，必须向电信主管部门提出申请，然后由电信主管部门进行审查，只有通过审查的搭售行为才可以实施。在进行审查的时候，欧盟委员会建议各国电信主管部门考虑如下四个因素：(1)相关市场的竞争状况；(2)其他电信运营商推出类似搭售产品的可能性；(3)涉案的搭售产品是否存在创新情形；(4)搭售产品推出之后是否会严重排除限制相关市场中的竞争。①

此外，如果电信主管部门感觉主导的电信业务经营者会迟延提供服务的话，可以规定一个服务提供的时限。对于质量方面的歧视行为，电信主管部门可以对接入服务设定一些关键绩效指标(key performance indicators)。最后，对于策略性设计来说，电信主管部门可以要求主导的运营商在改变相关电信业务的技术要求或者相关指标的时候，必须向主管部门提出申请，只有批准之后才可以进行改变。

四、超高定价

其他潜在垄断行为的目的主要是排挤竞争者，防止其他的电信运营商进入市场之后对于主导的电信业务经营者的地位产生冲击。超高定价的目的主要是剥削交易相对方，从交易相对方那里获得更多的利润。能够实施超高定价的电信运营商原则上要具有较强的主导地位，否则其他电信运营商或者最终消费者就会转而选择其他的交易相对方。从世界各国的经验来看，超高定价的规制方法主

---

① See Liyang Hou, *Competition Law and Regulation in the EU Electronic Communications Sector: A comparative legal approach*, Kluwer, 2012, p. 229.

要有五种:(1)合理价格要求(reasonable price requirement);(2)对标法(benchmarking);(3)零售基准法(retail minus);(4)最高限价法(price cap);(5)成本基准定价法(cost orientation)。对于超高定价的处理方法也可以用来解决价格挤压的问题。下面就这几种方法进行简要介绍。

(一)合理价格要求

合理价格要求是干预程度最低的价格规制方法。这种价格规制并不要求主导的电信业务经营者必须按照电信主管部门的要求设定某个价格或者价格区间,而是笼统地要求电信运营商制定的价格必须合理。为了保证运营商的价格处于合理的区间,电信主管部门也可以施以事先的价格审批机制或者事后的价格审查机制。合理价格要求从本质上来说是一种轻度的成本基准定价方法。只是对于成本基准定价来说,电信主管部门往往会对电信运营商的利润率进行要求,而合理价格要求则对于利润率没有严格的和明确的要求。

(二)对标法

对标法则是要求主导的电信业务经营者必须参照某个价格基准进行定价。价格基准可以是涉案电信业务的国际平均价格,或者某个国家的电信服务价格,甚至也可以是某个具体电信企业的价格。这种方法与合理价格要求类似,属于干预程度较轻的价格规制方法。一方面,电信主管部门过多地进行非常复杂的价格分析与测试;另一方面,这两种方法对于电信运营商的自主经营策略都限制得比较少。但同时这也说明这两种价格规制方法只能适用于竞争程度较为满意的相关市场。对标法通过选取合适的对标价格可以取得非常好的监管效果,但是对标法也存在很多弊端,其最大的弊端是选择合适的对标价格非常困难。对标价格往往要求这些价格以及价格所反映的成本与主导的电信业务经营者的成本和价格具有可对比的关系。由于电信业务在世界各国都受严格管制,电信行业的价格除了受到客观成本的限制之外,还受到很多法律成本的限制。而法律成本在各国又不尽相同,这都造成了很难找到合适的对标价格。而对标价格选择错误的话,主导的电信业务经营者要么会获得更多的利益,要么会亏本经营。无论造成哪种结果,都不是价格规制的本意。

（三）零售基准法

零售基准法从某种意义上来说是一种细化的非歧视原则。该方法的主要目的是确定提供接入服务的价格,将使用该接入服务所提供的电信零售业务的价格减去主导的电信业务经营商下游企业的经营成本,则是提供接入服务的价格。这种计算方法的主要目的是保证主导的电信运营商不会为了自己的下游企业而歧视其他电信运营商。从这个计算公式我们也可以看出,零售基准法可以完美地解决价格挤压的问题。这至少可以保证新进入的电信运营商能够获得与主导的电信业务经营者一样的利润率。此外,相对于其他方法来说,零售基准法在电信服务属于创新型产品时也具有非常重要的意义。创新型产品一则成本难以计算,二则市场前景也难以判断,如果采用成本核算的方法（最高限价法或者成本核准定价法）,因为成本以及风险难以测算,那么制定出来的价格可能会让主导的电信业务经营者处于竞争劣势,从而有可能会伤害主导的电信业务经营者推出新型业务的积极性。因此,在这些市场中采用零售基准法更能保护主导的电信业务经营者利益。

但是零售基准法大致存在两个弊端。首先,零售基准法完全按照主导的电信业务经营者的价格和成本来计算接入服务的价格。这无法有效地制约主导的电信业务经营者降低成本,也就无法保证接入服务的价格一定能够反映成本。在极端情形中,零售基准法反而会巩固或者加强主导的电信业务经营者剥削最终消费者的能力。[1] 这使零售基准法更适合用于已经存在一定竞争的相关市场,如此我们可以寄希望于竞争机制能够促使主导的电信业务经营者迫于竞争压力逐渐将自己的价格调整到接近成本。其次,零售基准法的适用需要一个比较严格的条件——基于接入服务一般只能提供一种或者为数不多的几种电信零售服务。如果基于该接入服务能够提供的零售业务过多,那么就会涉及如何确定这些零售业务的成本以及如何在这些零售业务之间分配共同成本的问题。[2] 因此,电信主管部门在决定是否使用零售基准法的时候,应当充分考虑相关市场的竞争状况,以及零售基准法的优点和缺点。

(四)最高限价法

顾名思义,最高限价法是对某种电信服务设定一个最高价格,要求主导的电信业务经营者在提供服务的时候不能超过这个最高价格。我国也在使用这种方法。不过我国的最高限价法相对比较简单。比如,我国《互联网交换中心网间结算办法》将中国电信、中国联通、中国教育和科研计算机网与其他电信运营商进行互联网骨干网网间互联时的结算费用进行了最高限价,也即每月不超过 1000 元/Mbps;同时,这些机构与非经营性互联单位的结算费用标准减半。但这个最高限价没有明确展示其计算方式,同时也没有明确指出该最高限价的时限。这种最高限价的方式往往会随着市场的变化而跟市场状况不再吻合,反而会产生排除限制竞争的效

---

① Case IR/2005/0216: Remedies related to Cases IE/2004/0851, August 5, 2005.

② Case IE/2005/0137 and IE/2005/0138: Retail Minimum Set of Leased Lines and Retail Leased Lines above 2 Mbps, February 16, 2005.

果。比如,国家发展和改革委员会曾经处理的“电信联通案”就涉及电信规制中的最高限价与反垄断法相冲突的问题。[①] 因此,在未来的规制中若电信主管部门继续使用最高限价法,则应当尽量避免使用这种简单的限价规定。

目前国际上比较通行的最高限价法是基于零售物价指数(retail price index,RPI)或者消费物价指数(consumer price index)制定的。在实施这种方法的时候,一般会在零售物价指数后面减去一个 X,得出 RPI - X;主导的电信业务经营者未来的价格不能高于现在的价格乘上 RPI - X。[②] 因此,这种方法也被称为 RPI - X。RPI - X 的方法最早是英国在 20 世纪 80 年代电信改革中创设的。[③] 这个 X 代表了电信主管部门对于电信经营者经营效率的期待值。零售物价指数原则上代表通货膨胀率,也即是说任何一个电信运营商的价格每年大致都要按照通货膨胀率增长。为了促进电信运营商的创新,从而提升生产效率,降低成本,电信主管部门要求电信运营商提价的幅度应当低于通货膨胀率。运营商由于提价的幅度低于通货膨胀率,必须每年持续创新以降低生产成本,最终达到了保护市场的效果。比如,主导的电信业务经营者目前的价格为 100,若当年的零售物价指数为 5,则原则上该运营商的价格可以提升到 105。为了促进该运营商创新,电信主管部门可以将 X 设定为 2,如此运营商的价格最高只能为 103,即 100 + (5 - 2) = 103。

---

① 参见侯利阳:《大历史视角下的反垄断法与本土化移植》,载《交大法学》2018 年第 4 期。

② See Damien Geradin & Michel Kerf, *Controlling Market Power in Telecommunications: Antitrust v. Sector Specific Regulation*, Oxford University Press, 2003, p. 28.

③ See Michael Beesley & Steven Littlechild, *The Regulation of Privatized Monopolies in the UK*, RAND Journal of Economics, Vol. 20:3, p. 454 - 472 (1989).

RPI－X 的价格规制方式可以促使主导的电信业务经营者降低自己的经营成本。X 并不是按照主要的电信业务经营者的生产成本以及创新水平进行制定的,而是依据整个电信行业的发展水平制定的,因此更能代表整个行业的特征。换言之,X 可以代表电信主管部门对于电信服务竞争价格的预期。同时,这种方法也比较少地要求电信主管部门进行更为详细的市场分析。因此,这种方法也被认为与成本基准定价法相比,对电信主管部门更为有利。但是 RPI－X 的方法也存在自己的弊端。首先,这种方法一般只适用于电信零售市场。相对于批发市场或者电信网络市场来说,零售市场的价格一般是比较稳定的,可以长时间地使用这种价格规制的方法;但电信运营商在建设电信网络的时候往往某一段时间的投资要远远高于其他时间段的投资,如果强制使用 RPI－X 的方法,反而不利于电信运营商的投资。其次,这种方法并没有对主导的电信业务经营者的初始价格进行限定,因此其起点有可能是非常高的垄断定价。通过 RPI－X 的方式可能在短时间内很难让价格降低到竞争水平。最后,这种方法在如何确定 X 方面缺乏明确性,可能会导致管制俘获。换言之,电信主管部门制定的价格可能对于主导的电信业务经营者更为有利。①

(五)成本基准定价法

成本基准定价法则是要求主导的电信业务经营者首先核算自己的经营成本,然后由电信主管部门确定一个收益率,从而确定最终的价格。从这个角度来说,成本基准定价法属于利润控制的范畴,而上述的最高限价法并不分析成本,因此属于价格控制的范

---

① See Damien Geradin & Michel Kerf, *Controlling Market Power in Telecommunications: Antitrust v. Sector Specific Regulation*, Oxford University Press, 2003, p. 28.

畴。在竞争比较充分的市场中，价格总是能够反映成本的。因此成本基准定价法能够较好地反映竞争市场中的价格水平。同时，这种方法也能够保证电信行业的利润水平与其他行业大致相当。这对电信行业来说非常重要，因此很多人相信电信行业的利润水平非常高。① 因为其他方法都无法有效地控制成本，这种优势使成本基准定价法从理论上来说是最好的价格规制方法。

但是这并不意味着成本基准法没有任何缺点。成本基准法最大的缺点就是无法有效地约束主导的电信运营商控制成本。因为这种方法主要是利润率的控制，主导的电信业务经营者甚至可以在过度投资或者投资浪费中获益。② 同时，这种方法也对电信主管部门提出了较高的要求。为了确定成本以及收益率，电信主管部门需要进行大量的经济学分析，同时电信主管部门也需要投入更多的资源。

此外，成本基准定价法需要建立合适的成本核算机制。这要求电信主管部门同时设定明确的账户分立制度，并要求主导的电信业务经营者严格执行。账户分立制度需要对于主导的电信业务经营者的收益、成本、资产、责任、资本等方面按照不同的电信业务种类进行分离。但是电信行业是涉及多业务的产业，在这种行业中确立账户分立制度非常复杂，尤其是如何在不同的电信业务种类之间确立成本分配的方法是最为关键的问题。

目前大致存在两种分配共同成本的计算方法，一种是成本完全分配法（fully distributed costs），另一种是长期边际成本分配法

① See Jean-Jacques Laffont & Jean Tirole, *Competition in Telecommunications*, Boston: Kluwer, 2000, p. 84 – 85.

② See David Newbery, *Privatization*, *Restructuring and Regulation of Network Utilities*, Cambridge: MIT Press, 2000, p. 38.

(long-run incremental costs)。成本完全分配法首先要确定涉及某个接入服务的所有的电信零售业务;其次确定提供这些电信零售业务的所有成本;最后按照这些电信业务收益的比例,将所有的成本按照同比例分配给不同的电信零售业务。[①] 长期边际成本分配法的计算方式与成本完全分配法类似,但该方法不使用电信运营商的既有平均成本,而是使用边际成本。[②] 这种方法将电信主管部门对电信行业的运营效率考虑在内,通过计算长期竞争中的变化成本进而计算共同成本的分配。从理论上来说,边际成本应当比平均成本更能反映电信运营商的运营成本,并且也更接近于有效率的电信运营商的运行模式。但边际成本在现实中的计算却非常复杂,也更容易出错。因此,在现实中很多电信主管部门都还在使用成本完全分配法。长期边际成本分配法具有理论上的先进性,但却对于电信主管部门的经济学分析的要求更高,也更容易出错;成本完全分配法虽然在理论上并不能真正将效率考虑在内,但经济学分析的要求相对较低。我国的电信主管部门在衡量使用何种方法的时候,需要充分考虑这些方法的优点和缺点。

当电信主管部门确定了共同成本的计算方法之后,随之而来的问题就是如何明确成本计算的标准,也即哪些成本应该被计算在内以及如何计算。其难点在于传统电信运营商的电信网络都是通过政府投资的方式建立,这些投资应当如何计算。同时,在国有垄断时期政府对于电信运营商的行政拨款也并不是完全按照成本或者电信业务种类进行。换言之,当进行成本计算的时候,究竟是

---

① See Ronald Braeutigam, *An Analysis of Fully Distributed Cost Pricing in Regulated Industries*, The Bell Journal of Economics, Vol. 11:1, p. 182 – 196 (1980).

② See ICT Regulation Toolkit, *Regulating Access Prices*, http://ictregulationtoolkit.org/toolkit/2.4.

应当考虑电信运营商进行网络构建的历史成本(historic costs),还是按照当前构建类似电信网络的成本(current costs)也是一个问题。依据历史成本进行计算当然比较方便,但问题是历史成本是否能够反映当前的市场状况,是否能够保证主导的电信运营商持续创新并且降低成本。另外,历史成本也涉及会计账目中的资产折旧问题。如果将资产折旧考虑在内的话,主导电信运营商的某些成本可能折旧率非常高,这会导致最终计算出来的成本很低。如果依据这个低成本进行低位定价的话,那么主导的电信业务经营者就会被置于竞争劣势。[①] 就这个角度而言,可能依据当前构建类似网络的成本更为合适,但这又需要主导的电信运营商重新衡量每一个网络设施的成本,实际执行起来也存在很大的困难。不过权衡而言,依据当前构建类网络的成本进行核算更为符合市场竞争的本质。因此,本书建议我国的电信主管部门采用当前成本来构建成本基准定价法。

计算核算中的另外一个问题是什么样的成本可以被考虑在内。总体而言,提供电信服务的成本可以分为与电信网络或者服务直接相关的成本以及不直接相关的成本。直接相关的成本包括构建网络设施、提供网络服务、电力等成本。但电信运营商除了这些成本之外还涉及大量与电信业务不直接相关的成本,如社会责任方面的成本。直接相关的成本必须纳入成本核算。这一点一般是不存在争议的。但是,非直接相关的成本是否需要在进行成本基准定价法中进行考虑,目前世界各国尚没有定论。本书认为是否需要考虑非直接相关的成本取决于电信主管部门进行价格规制的目的。如果价格规制的主要目的是降低价格,那么就可以尽量不考虑或者较少

---

① C-55/06, Arcor, ECR [2008] I-2931, para. 104.

考虑非直接相关的成本。但是如果价格规制的主要目的是模拟市场机制的运行,那么非直接相关的成本也应当是一个正常的电信运营商必须承担的成本,因此原则上应当被计算在内。如果将这一点与主导的电信业务经营者主导地位相关联的话,那么本书认为:当市场竞争不充分的时候,可以不考虑非直接相关的成本;而当市场竞争呈现良好势头的时候,则应当考虑计算非直接相关的成本。

第四节 小 结

电信改革的主要目的是对于主导的电信业务经营者施加规制义务,并在扶植新进入的电信业务经营者的基础之上,最终实现电信行业的竞争机制。我国的《电信条例》仅仅规定了四种可以施加的义务,但没有明确在何种情况下可以施加何种义务。本章认为,电信主管部门在对主导的电信业务经营者施加规制义务的时候,必须首先分析主导的电信业务经营者可能会实施的垄断行为,并将规制义务与该电信运营商的主导地位相结合,从而在此基础之上选择最为适合的规制义务。从电信行业的特征来说,主导的电信业务经营者可能会实施拒绝提供接入服务、价格挤压、非价格歧视以及超高定价等四种垄断行为。针对每种垄断行为,本章依据不同的市场竞争状态提供了相应的规制义务的集合。每种规制义务都有自己适合的规制场景,同时每种规制义务也都存在自身的优点和缺点。因此,电信主管部门在选择合适的规制义务的时候,不但需要充分考虑主导的电信业务经营者的主导地位,而且需要考虑自身的执法资源,并结合不同时期所设置的不同的规制目的,才能选择合适的规制义务。总体而言,规制义务的施加一方面要能够实现扶植新进入的电信运营商的目的,另一方面也要充分考虑不能过度限制主导的电信业务经营者自身的竞争优势。如此,方能实现竞争有序的电信规制。

结　论

三网融合的广泛实施使电信网、广播电视网、互联网等原先的单电信业务网络可以跨业务经营。三网融合在促进原先互不交叉的电信网络相互竞争的同时,也大大降低了电信行业的进入门槛。这使三网融合背景下的电信规制展现了与之前完全不同的逻辑基础。作为我国的支柱性行业之一,如何促进电信行业的竞争并使之更好地支撑互联网新型经济的发展是今后我国电信行业改革的首要问题。本书从法律层面分析,如何通过调整我国的电信规制法律,更好地应对三网融合所带来的挑战与机遇。这对于进一步繁荣电信行业的竞争,推动信息网络行业的健康发展,具有一定的理论意义和实践价值。

为了更好地支持电信行业的发展,我国从1994年开始启动电信行业改革,至今已近三十年。我国电信行业的改革以2010年为界,大致可以分为两个阶段。第一阶段的主要特色是在传统电信行业内部,通过多次拆分和重组原先的中国电信公司,最终形成了三家国有电信运营商(中国移动、中国电信、中国联通)寡头竞争的市场格局。但这一阶段的改革存在两大缺憾:其一,虽然三网融合在20世纪90年代已经出现,但我国在这个阶段并未实现真正的三网融合,尤其是广电系统的运营商不能参与到电信业务的经营活动中。其二,未引入民营资本,电信市场主体仅为国有的电信运营商。第二阶段(现阶段)的改革则建立在弥补这两大缺憾的基础之上。这一阶段改革的主要特征有二:一则引入三网融合,将原来属于广电系统的运营商纳入电信业务的范畴;二则开始积极吸引民营资本进入电信行业。新时期的变化带动了电信行业的两个根本性的转型:第一,将电信的内涵从传统的狭义电信扩展到现代的广义电信。具体而言,电信业务的外延从电话与互联网扩张到包含广播、电视等业务。第二,从传统的以放松电信运营牌照为主的电信改革模式逐渐向以扶植新进入的电信运营商的竞争为主的电信规制模式转变。

但是,我国电信业务监管的主要法规《电信条例》是在2000年为了履行进入世界贸易组织的承诺而颁布,其主要内容还是针对第一阶段改革中出现的问题,不足以应对现阶段电信改革中出现的种种问题。此外,目前我国的学术界对于电信改革的研究也主要是以第一阶段的变化为研究对象,研究思路尚未完全转化到如何让电信规制更好地配合新时期的市场变化情况上来。在现阶段,新的经营者已经被大量引入电信行业,但是目前电信行业的市场格局与之前三家国有电信运营商寡头垄断经营的情形变化不大。换言之,引入新的竞争者并未达到令人满意的竞争效果。电信行业是我国信息产业的支柱性行业,电信市场的不繁荣必然会给信息产业的发展造成瓶颈。同时,相关数据显示我国电信行业的各种指标与发达国家之间还有一定距离,有些指标的国际排名还在百名开外。鉴于此,本书认为,我们应当承接上一阶段的改革成果,以现阶段的新问题为抓手,对现有的电信规制法律体系进行相应调整。由于电信行业的自然垄断性、网络外部性以及当年国有垄断所造成的负面影响,本阶段的主要矛盾是——新进入的电信运营商无法在短期内通过自身的努力成为有效的竞争者。因此,下一轮的改革应当集中解决如下三个问题。

第一,我们必须明确的是,扶植新的电信运营商参与竞争就必须给老牌的电信运营商施加不得拒绝提供单向接入服务的义务。这一方面是因为新进入的电信运营商无法在短时间内建立一套完整的电信网络;另一方面也是因为某些电信业务由于许可范围所限,新进入的电信运营商不得建设电信网络。因此,新进入的电信运营商必须依赖老牌电信运营商的接入服务来给消费者提供服务。但是,在正常的市场条件下,这个目的是无法实现的。固然,老牌的电信运营商在给新进入的电信运营商提供接入服务(上游市场)的时候可以赚取一定的利润,但是老牌的电信运营商有电信业务的零售市场(下游市场)同新进入的电信运营商进行竞争,这又会使前者失去大量的利润。两者相结合,对新进入的电信运营商提供接入服务并非老牌电信运营商的最优选择,反而不给这些新进入的电信运营商提供服务才是老牌电信运营商利益最大化的选择。新西兰在20世纪90年代决定改革其电信行业,2002年之前,新西兰寄希望于市场机制和反垄断法来解决接入服务的提供问题。但事实证明,市场机制并没有办法真正解决这个问题。在2002年,新西兰不得不颁布电信法,通过行业规制的方式来解决接入的问题。[①] 美国在1998年电信法颁布之前确实是在反垄断法的框架中解决接入的问题,但该问题的解决是以电信运营商自我承诺的方式解决的,该解决方案的本质还是行业管制。[②] 因此,我国也只能在电信行业规制的范畴来解决该问题。

第二,在解决必须通过电信法来给老牌电信运营商施加提供接入服务的义务之后,下一个问题就是应当对哪些老牌运营商施加电信单向接入服务的义务。这里的选择无非只有两种:一种是对于所有的国有电信运营商都施加该义务,另一种是只对某些电信运营商施加该义务。电信行业规制最终目的是不规制,并且让市场机制单独起作用。如果对所有的国有电信运营商都施加提供接入服务义务的话,那么就无法直接体现出放松规制的目的。同时,国务院在2016年出台了《关于在市场体系建设中建立公平竞争审查制度的意见》。该意见的主要目的是"使市场在资源配置中起决定性作用和更好发挥政府作用",保证政府对于市场的干预仅在必要的情况下实施,而将不存在政府干预必要的情形留给市场自行处理。该意见要求政府在例外情形下才能限制市场竞争。这些例外情形必须同时满足三个要件:(1)相关政策措施对实现社会公共利益的目的不可或缺;(2)不会严重排除和限制市场竞争;(3)相关政策措施具有明确的实施期限。从这个意义上来说,我国原则上不支持对所有的电信运营商都施加不得拒绝

---

① See Damien Geradin & Michel Kerf, *Controlling Market Power in Telecommunications: Antitrust v. Sector-specific Regulation*, Oxford University Press, 2003, p. 162.

② See Fred McChesney, *Be True to Your School: Chicago's Contradictory Views of Antitrust and Regulation*, in Fred McChesney & William Shughart Ⅱ, eds., The Causes and Consequences of Antitrust: The Public-Choice Perspective, University of Chicago Press, 1991, p. 323.

提供单向服务的义务。因此,从我国的法律体系来说,应选择某些电信运营商施加该义务,同时在该义务上面附加规制撤除的条件。综合而言,这也就是国际上比较通行的"不对称规制"(asymmetric regulation)。

不对称规制是相对于对称规制而言(symmetric regulation)而言的。对称规制是对某个行业内的所有经营者不加区别地进行规制。不对称规制则是只监管该行业的部分经营者,对其他经营者则不予规制,其行为完全由市场机制控制。不对称规制起源于美国,[①]之后也被欧盟接受。[②] 不对称规制以市场主体的市场力量作为规制理由,若规制主体失去市场地位则不再对之进行规制。不对称原则非常符合国务院在2016年发布的《关于在市场体系建设中建立公平竞争审查制度的意见》中对于政府规制市场"相关政策措施具有明确的实施期限"的要求。如此,电信行业的政府规制并不是永远存在的,其实施的前提是存在主导地位。将主导地位的认定作为施加规制义务的前提条件就是给电信主管部门的相关政策措施设置"明确的实施期限"。

实际上,不对称规制的原则已经被纳入世界贸易组织《关于电信服务的附件》,而且已经被我国《电信条例》引入。我国《电信条例》第17条关于"主导的电信业务经营者"正是不对称规制的具体体现。首先,网际互联互通的义务仅仅施加于主导的电信业务经营者,而不是所有的电信业务经营者。这明确体现了不对称规

---

① See Robert Grandall, Gregory Sidak & Hal Singer, *The Empirical Case against Asymmetric Regulation of Broadband Internet Access*, Berkeley Technology Law Journal, Vol. 17:1, p. 953 -987(2002).

② See Liyang Hou, *Competition Law and Regulation in the EU Electronic Communications Sector: A Comparative Legal Approach*, Kluwer Law International: The Netherlands, 2012, p. 10.

制的内涵。其次,主导的电信业务经营者是指控制必要的基础电信设施并且在电信业务市场中占有较大份额,能够对其他电信业务经营者进入电信业务市场构成实质性影响的经营者。虽然从目前来看,依然是国有的电信运营商被认定为主导的电信业务经营者。但是可以预见,随着电信行业竞争程度的加剧,老牌的国有电信运营商的市场份额必然会逐步下降,从而主导的电信业务经营者的要求会被取消,其也将不再被施加互联互通的义务。这一点又体现了放松规制的要求,契合《关于在市场体系建设中建立公平竞争审查制度的意见》。但令人遗憾的是,该要求仅仅是针对拥有电信网络的经营者之间的网际互联互通的设置,至少在《电信条例》层面还没有拓展到其他电信业务领域,如固定宽带业务和移动通信转售业务。但是,因为我国的《电信条例》已经存在不对称规制的规定,因此从原则上来讲,该规定拓展到其他电信业务领域并不存在较大的法律障碍。

第三,在确定了引入不对称原则,以及借助"主导的电信业务经营者"这个概念构建不对称原则之后,下一个问题就是如何认定主导的电信业务经营者。我国《电信条例》第 17 条仅对主导的电信业务经营者设置了三个认定条件:(1)控制必要的基础电信设施;(2)在电信业务市场中占有较大份额;(3)能够对其他电信业务经营者进入电信业务市场构成实质性影响。并且,第 17 条也规定认定主导的电信业务经营者的主体为国务院工业和信息化主管部门,目前为工信部。这三个要件完全来自我国在加入世界贸易组织时候的承诺。① 但是这三个要件中的规定非常模糊,缺乏实

① Notes for Scheduling Basic Telecom Services Commitments, S/GBT/W/2/REV/1,16 January 1997.

践中的指导意义,因此还需要继续细化。如果仔细研究的话,我们会发现这三个要件的设置跟我国《反垄断法》中对于市场支配地位的认定几乎一样。我国《反垄断法》第 18 条规定了市场支配地位认定时需要考虑的因素:(1)该经营者在相关市场的市场份额,以及相关市场的竞争状况;(2)该经营者控制销售市场或者原材料采购市场的能力;(3)该经营者的财力和技术条件;(4)其他经营者对该经营者在交易上的依赖程度;(5)其他经营者进入相关市场的难易程度;(6)与认定该经营者市场支配地位有关的其他因素。从这里可以看出,认定市场支配地位的要件与认定主导的电信业务经营者的要件具有实质意义上的重合。另外,从国际实践来看,欧盟在解释主导的电信业务经营者时就完全采用了欧盟竞争法对于市场支配地位的认定。[①] 此外,当认定主导的电信业务经营者时,我们还必须首先界定一下电信业务的相关市场。缺乏相关市场的概念,我们也没办法分析电信运营商的市场份额以及对于市场竞争的实质性影响。对于相关市场的认定,我国反垄断法体系已经具备相当完备的认定方法和认定标准。因此,我国也有必要在电信规制中引入《反垄断法》中相关市场的界定方法和认定市场支配地位的要件,来认定主导的电信业务经营者。

对于界定相关市场来说,本书认为应当首先依据电信业务的不同需求将之划分为固定通话、移动通话、数据、广播电视四大类;其次依据每种业务中交易主体的不同,再将之划分为零售业务和批发业务;最后再在这八大类别中寻找其他的细分因素,如价格等。本书认为我国电信业务可以划分为如下 10 个零售市场和 5

---

① Commission Guidelines of July 11,2002 on market analysis and the assessment of significant market power under the Community regulatory framework for electronic communications networks and services, O. J. 2002 C165/6 (SMP Guidelines).

个批发市场。10个零售市场为:(1)家庭用户的本地固定通话市场;(2)家庭用户的国内长途固定通话市场;(3)家庭用户的国际长途固定通话市场;(4)企业用户的本地固定通话市场;(5)企业用户的国内长途固定通话市场;(6)企业用户的国际长途固定通话市场;(7)家庭固定宽带;(8)企业固定宽带;(9)国内移动通话市场;(10)国际移动通话市场。5个批发市场为:(1)固定电话的呼叫终止服务;(2)宽带服务转售;(3)宽带网络接入;(4)移动电话的主叫服务;(5)移动电话的呼叫终止服务。此外,对于电信业务的地域市场来说,本书认为移动业务的相关市场为全国(不含港澳台),固定业务的相关市场原则上应当界定到地市一级。

电信业务经营者的主导地位只能存在于特定的相关市场中。依据主导地位涉及的主体数量不同,可以将之细分为单独主导地位与共同主导地位。单独主导地位的确定应当基于如下五个因素的综合分析:(1)相关市场的竞争状况;(2)该经营者控制销售市场或者原材料采购市场的能力;(3)该经营者的财力和技术条件;(4)其他经营者对该经营者在交易上的依赖程度;(5)其他经营者进入相关市场的难易程度。循此原则,本书依据最新的市场数据分析了我国移动通信零售市场,认为虽然该市场已经呈现出相对竞争状态,但中国移动依然拥有主导地位。此外,共同主导地位的分析应当结合三个因素进行:(1)高市场透明度;(2)制约机制;(3)无外部对抗能力。由于缺乏相关的市场数据,本书无法对共同主导地位进行定量分析,不过通过定性分析,本书认为共同主导地位可能会存在于某些地区的宽带市场中。

在确定了主导的电信业务经营者之后,我们还必须明确可以对主导的电信业务经营者进行规制的方式,或者对之可以施加的义务。规制义务的设置必须能够满足两个目的:扶植竞争原则、比例性原则。

第一,扶植竞争原则意味着规制义务的施加必须是为了扶植新进入的电信运营商。我国《电信条例》在对互联互通行为进行规制的时候,设置了四种规制方式:必须提供接入服务的义务、透明性义务、非歧视义务、价格规制。这四个方面较好地保障了其他电信运营商互联互通的权利。必须提供的义务保障了其他电信运营商能够获得主导的电信业务经营者的接入服务,从而可以基此提供他们自己的服务。透明性的要求保障了其他电信运营商在和主导的电信业务经营者对于接入服务进行谈判的时候有一定的明确性原则的保障。非歧视义务保障其他电信运营商获得接入服务的质量。而价格规制则避免了其他电信运营商获取的价格过高从而无法购买的情形。我们完全可以基于这四种义务来构建适用于所有电信业务的规制方式。

第二,比例性原则意味着规制义务的施加必须与电信市场中的竞争状态相匹配,不能设置过于严格的规制义务,也不能设置过于宽松的规制义务。设置过于严格的规制义务会大大降低主导的电信业务经营者的竞争优势,同时也会对新进入的电信运营商形成"养懒汉式"的过度保护。而设置过于宽松的规制义务则会大大加强主导的电信业务经营者的竞争优势,从而使新进入的电信运营商无法与主导的电信业务经营者形成良性的竞争。上述的四种规制义务(接入义务、透明性义务、非歧视义务、价格规制)若按照规制的严格程度而言,价格规制的要求应该是最高的,其次是接入义务,再次为非歧视义务,最后为透明性义务。为了实现放松规制并且最终让市场机制单独起作用的目的,我们应当将规制义务的施加与市场中的竞争程度有机结合起来。当市场中的竞争被过于弱化,或者说主导的电信业务经营者的市场力量过于强大,那么应对之施加所有的规制义务,进行严格管控。但随着市场竞争程度的增强,主导的电信业务经营者的市场开始变小,我们也应当逐步降低规制的严格程度,可以按照规制义务的强弱程度逐步放松规制。当主导的电信业务经营者没有市场支配地位的时候,我们也就不用再对之进行规制,而此时市场机制也就顺理成章地取代了电信规制,成为电信市场中唯一起作用的运行机制。

第三,电信主管部门在对主导的电信业务经营者施加规制义务的时候,必须首先分析主导的电信业务经营者可能会实施的垄断行为,并将规制义务与该电信运营商的主导地位相结合,最终选择最为适合的规制义务。为此,本书认为主导的电信业务经营者可能会实施拒绝提供接入服务、价格挤压、非价格歧视以及超高定价四种垄断行为,并明确了可能会滋生每种垄断行为的市场结构。同时,由于每种规制义务都有自己适合的规制场景,也都存在自身的优点和缺点,本书认为电信主管部门在选择规制义务的时候,不但需要充分考虑主导的电信业务经营者的主导地位,而且需要考虑自身的执法资源,如此方能最终确定合适的规制义务。

第四,本书的主要价值在于捕捉目前三网融合所引发的我国电信改革中的转型,也即从以放松运营牌照为主的规制模式向以扶植竞争为主的规制模式的转变。并且,在意识到这个转型之后,本书以我国现行的法律法规入手,寻找通过简单调整就能适应这种转变的法律途径,此即我国《电信条例》中的主导电信业务经营者制度。该制度通过反垄断法相关原则与方法的简单转化,就可以缓和扶植新进入的电信运营商发展带来的主要矛盾。但本书并未停滞在这个层面。随后,本书结合欧美的电信改革实践,将主导的电信业务经营者制度细分为三个法律要件——界定电信业务的相关市场、认定电信运营商的主导地位、施加电信规制义务。并且,通过分析我国电信市场的具体情况,对每一个法律要件都进行了详细的案例和实证分析。

参考文献

一、中文专著

1. 孔祥俊:《反垄断法原理》,中国法制出版社 2001 年版。

2. 苏金生:《电信业管制模式与发展研究》,人民邮电出版社 2007 年版。

3. 李剑:《搭售的经济效果与法律规制》,中国检察出版社 2007 年版。

4. 续俊旗、[德]豪茨纳格等:《中欧电信法比较研究》,法律出版社 2008 年版。

5. 宋杰等编著:《电信行业竞争分析方法与实践》,人民邮电出版社 2009 年版。

6. 娄耀雄:《电信法》,对外经贸大学出版社 2010 年版。

7. 王鸥:《中国电信业的历史发展与体制变迁》,天津古籍出版社 2011 年版。

8. 牟清:《全业务竞争形势下中国电信业规制研究》,上海财经大学出版社 2011 年版。

9. 李虹:《相关市场理论与实践——反垄断

中相关市场界定的经济学分析》,商务印书馆 2011 年版。

10. 罗明伟:《电信竞争规则与市场监管》,人民邮电出版社 2014 年版。

11. 娄耀雄:《电信监管法律问题研究》,北京邮电大学出版社 2015 年版。

12. 陈伟刚:《三网融合模式下的电信运营商竞争策略设计与公共政策选择:基于双边市场理论的研究》,中国社会科学出版社 2015 年版。

13. 张维迎:《经济学原理》,西北大学出版社 2015 年版。

14. 毛春波:《电信技术发展史》,清华大学出版社 2016 年版。

15. 王永强:《电信行业垄断的法律规制》,武汉大学出版社 2017 年版。

二、外文译著

1. [美]斯蒂格勒:《产业组织和政府管制》,潘振民译,上海三联书店 1996 年版。

2. [美]欧内斯特·盖尔霍恩、[美]威廉姆·科瓦契奇、[美]斯蒂芬·卡尔金斯:《反垄断法与经济学》,任勇、邓志松、尹建平译,法律出版社 2009 年版。

3. [美]W. 基普·维斯库斯、[美]小约瑟夫·E. 哈林顿、[美]约翰·M. 弗农:《反垄断与管制经济学》(第 4 版),陈甬军、覃福晓等译,中国人民大学出版社 2010 年版。

4. [英]阿尔佛雷德·马歇尔:《经济学原理》,陈瑞华译,陕西人民出版社 2013 年版。

5. [法]让·雅克·拉丰、[法]让·梯若尔:《电信竞争》,胡汉辉等译,中国人民大学出版社 2017 年版。

三、中文论文

1. 张宇燕:《国家放松管制的博弈——以中国联合通信有限公司的创建为例》,载《经济研究》1995 年第 6 期。

2. 齐兰:《现代市场结构理论述评》,载《经济学动态》1998 年第 4 期。

3. 张维迎、盛洪:《从电信业看中国的反垄断问题》,载《改革》1998 年第 2 期。

4. 李太勇:《进入壁垒理论评述》,载《经济学动态》1998 年第 12 期。

5. 肖立武:《电信产业并非"自然垄断"——对美国电信业发展的历史考察及与中国的现实比照》,载《中国工业经济》1999 年第 9 期。

6. 王学庆:《中国电信业重组:改革的目标、步骤与方案设计》,载《管理世界》2001 年第 6 期。

7. 湛中乐:《行政法上的比例原则及其司法运用——汇丰实业发展有限公司诉哈尔滨市规划局案的法律分析》,载《行政法学研究》2003 年第 1 期。

8. [美]斯科特·沃尔斯顿:《在规制和民营化之间:改革的顺序选择——以电信行业改革为例》,费丽萍、孙宽平译,载《经济社会体制比较》2003 年第 3 期。

9. 刘戒骄:《英国电信产业的放松管制和对主导运营商 BT 的再管制》,载《中国工业经济》2002 年第 1 期。

10. 戴双兴:《英国电信业的规制改革及其启示》,载《经济前沿》2004 年第 5 期。

11. 王万山:《市场规制理论研究述评》,载《江苏社会科学》

2004 年第 6 期。

12. 谢佩芬:《行政管制走向下反托拉斯法规范手段之研究——以“协议裁决”为中心》,载《公平交易季刊》2005 年第 1 期。

13. 史际春、肖竹:《反公用事业垄断若干问题研究——以电信业和电力业的改革为例》,载《法商研究》2005 年第 3 期。

14. 姚允柱:《自然垄断产业规制理论的演化与我国电信业的规制改革》,载《江西大学学报(社会科学版)》2006 年第 4 期。

15. 杨凤:《政府监管的一种规范分析——传统公共利益理论述评及其政策应用》,载《经济纵横》2007 年第 24 期。

16. 胡瑜熙、郑毅:《三网融合发展现状探讨》,载《电讯技术》2008 年第 5 期。

17. 毛丹瑶、杜振华:《对中国电信重组后非对称管制的思考》,载《全国商情(经济理论研究)》2009 年第 13 期。

18. 袁正、高伟:《中国电信业改革回顾、经验与问题》,载《宏观经济研究》2009 年第 9 期。

19. 廖红伟:《国有电信垄断行业寡占竞争策略分析》,载《经济体制改革》2009 年第 6 期。

20. 李剑:《反垄断法中核心设施的界定标准——相关市场的视角》,载《现代法学》2009 年第 3 期。

21. 李剑:《论结构性要素在我国〈反垄断法〉中的基础地位——相对优势地位滥用理论之否定》,载《政治与法律》2009 年第 10 期。

22. 陈亮:《中国电信业体制演进轨迹:1949 ~ 2009》,载《改革》2010 年第 11 期。

23. 李剑:《双边市场下的反垄断法相关市场界定——“百度案”中的法与经济学》,载《法商研究》2010 年第 5 期。

24. 林润辉等:《公司治理环境、治理行为与治理绩效的关系研究——基于中国电信产业演进的证据》,载《南开管理评论》2010年第6期。

25. 王珍:《美国电信法规变迁及其对中国的启示》,载《北方经济》2010年第17期。

26. 郑世林:《市场竞争还是产权改革提高了电信业绩效》,载《世界经济》2010年第6期。

27. 牟琪:《美、英、日电信产业民营化比较研究》,吉林大学2010年博士学位论文。

28. 张昕竹:《论垄断行业改革的理论基础》,载《经济社会体制比较》2011年第3期。

29. 郑世林、张昕竹:《经济体制改革与中国电信行业增长:1994—2007》,载《经济研究》2011年第10期。

30. 陈传明、王锋:《从美国电信业看电信产业自然垄断属性的演化》,载《金融经济》2012年第10期。

31. 顾强、郑世林:《中国电信体制改革政策配套效果研究》,载《中国工业经济》2012年第8期。

32. 王晓晔:《中国电信、中国联通涉嫌垄断案的再思考》,载《交大法学》2013年第2期。

33. 张昕竹、陈剑:《互联网骨干网互联与结算治理模式比较研究及其启示》,载《经济社会体制比较》2013年第3期。

34. 侯利阳:《〈反垄断法〉不能承受之重:我国反垄断执法五周年回顾与展望》,载《交大法学》2013年第2期。

35. 刘孔中、王红霞:《电信民营化与自由化之冲突与调和》,载《经济法论丛》2013年第1期。

36. 张君、吾尔亚提·沙塔尔:《诺基亚的衰落对我国电子企业的启示》,载《电子测试》2013 年第 20 期。

37. 臧煜:《美、日、法电信业发展研究》,吉林大学 2013 年博士学位论文。

38. 王春晖:《中国铁塔的性质与使命》,载《中国电信业》2014 年第 12 期。

39. 李剑:《合理原则下的单一产品问题——基于中国反垄断法搭售案件的思考》,载《法学家》2015 年第 1 期。

40. 巩永华、薛殿中、仲凯旋:《美国铁塔公司运营模式及其启示——AMT 租赁价格策略的借鉴》,载《价格理论与实践》2015 年第 6 期。

41. 侯利阳:《垄断行为类型化中的跨界行为》,载《中外法学》2016 年第 4 期。

42. 王继荣:《合并审查中市场集中度测量的经济和法律分析》,载《当代法学》2016 年第 3 期。

43. 戚聿东、张任之:《国有企业合并重组提高了企业绩效吗?——以电信业为例》,载《经济管理》2016 年第 12 期。

44. 王永春:《创新模式与技术　推进共建共享》,载《信息通信》2017 年第 3 期。

45. 吕继兵:《中国铁塔商务定价研究》,载《移动通信》2017 年第 17 期。

46. 岳宇君、胡汉辉:《电信业改革中黄金股制度的探索——国际经验与中国选择》,载《北京邮电大学学报(社会科学版)》2017 年第 1 期。

47. 史爱苹、王智才:《联通混改一波三折》,载《现代国企研究》2017 年第 17 期。

48. 许立东:《我国移动通信转售业务最新发展情况分析》,载

《世界电信》2017 年第 2 期。

49. 侯利阳:《共同市场支配地位法律分析框架的建构》,载《法学》2018 年第 1 期。

50. 侯利阳:《大历史视角下的反垄断法与本土化移植》,载《交大法学》2018 年第 4 期。

51. 陈越峰:《关键信息基础设施保护的合作治理》,载《法学研究》2018 年第 6 期。

52. 侯利阳:《市场与政府关系的法学解构》,载《中国法学》2019 年第 1 期。

53. 许立东等:《移动通信转售行业进入“洗牌”阶段　转型迫在眉睫》,载《通信世界》2019 年第 34 期。

四、英文专著

1. Niamh Dunne, *Competition Law and Economic Regulation*, Cambridge University Press, 2015.

2. Laurent Gazaniti & Matthew O'Regan, *Telecommunications, Broadcasting and the Internet: EU Competition Law and Regulation*, 3rd revised edition, Sweet & Maxwell, 2010.

3. Oliver Hart, *Firms Contracts and Financial Structure*, Clarendon Press, 1995.

4. Gunther Hirsch, Frank Montag & Franz Jurgen Sacker, *Competition Law: European Community Practice and Procedure*, Sweet & Maxwell, 2008.

5. Herbert Hovenkamp, *The Antitrust Enterprise: Principles and Execution*, Harvard University Press, 2008.

6. Herbert Hovenkamp, *Federal Antitrust Policy, The Law of*

Competition and Its Practice, West Publishing, 2011.

7. Liyang Hou, *Competition Law and Regulation in the EU Electronic Communications Sector*: *A Comparative Legal Approach*, Kluwer, 2012.

8. Alison Jones & Brenda Sufrin, *EU Competition Law*: *Text*, *Cases*, *and Materials*, Oxford University Press, 2011.

9. Alison Jones & Brenda Sufrin, *EU Competition Law*: *Text*, *Cases and Materials*, Oxford University Press, 2016.

10. Pierre Larouche, *Competition Law and Regulation in European Telecommunications*, Hart, 2000.

11. Edward Mason, *Economic Concentration and the Monopoly Problem*, Harvard University Press, 1957.

12. Robert O'Donoghye & Jorge Padilla, *The Law and Economics of Article* 82 *EC*, Hart, 2006.

13. Adam Smith, *The Wealth of Nations*, Bantam Dell, 2003.

14. Richard Whish, *Competition Law*, 6th ed. , Oxford University Press, 2009.

15. Richard Whish & David Bailey, *Competition Law*, 8th ed. , Oxford University Press, 2015.

16. Oliver Williamson, *The Mechanism of Governance*, Oxford University Press, 1996.

五、英文论文

1. Mark Armstrong, *Competition in Two-Sided Markets*, RAND Journal of Economics, Vol. 37:3, p. 668 – 691 (2006).

2. Jeremy Atack, *Firm Size and Industrial Structure in the*

United States During the Nineteenth Century, The Journal of Economic History, Vol. 46:2, p. 463 – 475 (1986).

3. Simon Baxter & Frances Dethmers, *Unilateral Effects under the European Merger Regulation: How Big is the Gap?*, European Competition Law Review, Vol. 26:7, p. 380 – 389 (2005).

4. Robert Bork, *The Goals of Antitrust Policy*, American Economic Review, Vol. 57:2 (1967).

5. Stephen Breyer, *Antitrust, Deregulation, and the Newly Liberated Marketplace*, California Law Review, Vol. 75: 3, p. 1005 – 1047(1987).

6. Juan Briones, *From Collective Dominance to Coordinated Effects in EU Competition Policy*, GCP: the Antitrust Chronicle, p. 2 – 7(2009).

7. Bernard Caillaud & Jullien Bruno, *Chicken and Egg: Competition among Intermediation Service Providers*, RAND Journal of Economics, Vol. 34:2, p. 309 – 328 (2003).

8. Ronald Coase, *The Problem of Social Cost*, Journal of Law and Economics, Vol. 3, p. 1 – 44(1960).

9. Stephen Davies, Matthew Olczak and Heather Coles, "Tacit Collusion, Firm Asymmetries and Numbers: Evidence from EC Merger Cases", (2007) CCP Working Paper No. 07 – 7, available at: http://ssrn.com/abstract = 982531.

10. Frances Dethmers, *Collective Dominance under EU Merger Control*, European Competition Law Review, Vol. 26:11, p. 638 – 649 (2005).

11. Donald Dewey, *Antitrust and Economic Theory: An Uneasy*

Friendship, Yale Law Journal, Vol. 87:7, p. 1516 – 1517(1978).

12. Alexandre De Streel, *The Relationship between Competition Law and Sector Specific Regulation: The Case of Electronic Communications*, Reflets et Perspectives, Vol. 47:1, p. 53 – 70 (2008).

13. Simon Deakin & Stephen Pratten, *Reinventing the Market? Competition and Regulatory Change in Broadcasting*, Journal of Law and Society, Vol. 26:3, p. 250 – 323 (1999).

14. Tibor de Scitovsky, *A Note on Welfare Proposition in Economics*, Review of Economic Studies, Vol. 9:1, p. 77 – 88 (1941).

15. Frances Dethmers, *Collective Dominance under EU Merger Control—After Airtours and the Introduction of Unilateral Effects is There still a Future for Collective Dominance?*, European Competition Law Review, Vol. 26:11, p. 638 – 649 (2005).

16. Kenneth Elzinga, *The Goals of Antitrust: Other Than Competition and Efficiency, What Else Counts?*, University of Pennsylvania Law Review, Vol. 125:4, p. 1191 – 1213 (1977).

17. George Georgiev, *Contagious Efficiency: The Growing Reliance on US-Style Antitrust Settlements in EU Law*, Utah Law Review, Vol. 2007:4, p. 1014 (2007).

18. Damien Geradin, Nicolas Petit, Mike Walker, Paul Hoferand Frédéric Louis (2005), *The Concept of Dominance*, available at: https://papers.ssrn.com/sol3/papers.cfm?abstract_id=770144.

19. Douglas Ginsburg & Eric Fraser, *The Role of Economic*

Analysis in Competition Law, in Robert McEwin ed. , Intellectual Property, Competition Law and Economics in Asia, Hart Publishing, 2011, p. 35 – 52.

20. Thomas Hazlett, *The Legislative History of the Sherman Act Re-examined*, Economic Enquiry, Vol. 30:2, p. 263 – 276(1992).

21. George Hey, *Oligopoly Shared Monopoly and Antitrust Law*, Cornell Law Review, Vol. 67:3, p. 440 – 481 (1982).

22. Richard Hofstadter, *What Happened to the Antitrust Movement?*, Reviews in American History, Vol. 30:4, p. 639 – 645 (1965).

23. Liyang Hou, *The Assessment of Single SMP: Lessons Learned from the First Round of Market Review*, Competition and Regulation in Network Industries, Vol. 9:1, p. 49 – 75 (2008).

24. Liyang Hou, *Collective Dominance within the Context of EU Electronic Communications Regulation*, Competition and Regulation in Network Industries, Vol. 10:3, p. 279 – 303(2009).

25. Liyang Hou, *Sub-national Geographic Markets within the Electronic Communications Sector*, World Competition, Vol. 33:3, p. 437 – 456 (2010).

26. Liyang Hou, *Reshaping Market, Competition and Regulation in EU Utility Liberalization: A Perspective from Telecom*, Common Market Law Review, Vol. 52:4, p. 977 – 1007(2015).

27. Herbert Hovenkamp, *Antitrust and the Regulatory Enterprise*, Columbia Business Law Review, Vol. 2004:2, p. 348 (2004).

28. Michael Jacobs, *An Essay on the Normative Foundation of*

Antirust Economics, North Carolina Law Review, Vol. 74, p. 219 – 266 (1995).

29. Simran K. Kahai, David L. Kaserman and John Mayo, *Is the "Dominant Firm" Dominant? An Empirical Analysis of AT&T's Market Power*, Journal of Law and Economics, Vol. 39: 2, p. 499 – 517(1996).

30. Louis Kaplow, *Why (Ever) Define Markets?*, Harvard Law Review, Vol. 124, p. 438 – 517 (2010).

31. Louis Kaplow, *Market Definition*, *Market Power*, International Journal of Industrial Organization, Vol. 43, p. 148 – 161 (2015).

32. Ioannis Kokkoris, *The Development of the Concept of Collective Dominance in the ECMR: From it Inception to it Current Status*, World Competition, Vol. 30:3, p. 419 – 448(2007).

33. James T. Kloppenberg, *The Virtues of Liberalism: Christianity*, *Republicanism*, *and Ethics in Early American Political Discourse*, The Journal of American History, Vol. 74:1, p. 9 – 33 (1987).

34. William Kovacic & Carl Shapiro, *Antitrust Policy: A Century of Economic and Legal Thinking*, Journal of Economic Perspectives, Vol. 14:1, p. 49 (2000).

35. Fred Kofmana & Jacques Lawarrée, *A Prisoner's Dilemma Model of Collusion Deterrence*, Journal of Public Economics, Vol. 59:1, p. 117 – 136 (1996).

36. Thomas Krattenmaker, Robert Lande & Steven C. Salop, *Monopoly Power and Market Power in Antitrust Law*, Georgetown Law Journal, Vol. 75, p. 241 – 269(1987).

37. William Landes, *Optimal Sanctions for Antitrust Violations*, University of Chicago Law Review, Vol. 50: 2, p. 652 - 661 (1983).

38. Pierre Larouche, *EC Competition Law and the Convergence of the Telecommunications and Broadcasting Sectors*, Telecommunications Policy, Vol. 22:3, p. 219 - 242 (1998).

39. Fred McChesney, *Be True to Your School: Chicago's Contradictory Views of Antitrust and Regulation*, in Fred McChesney and William Shughart Ⅱ eds., The Causes and Consequences of Antitrust: The Public-Choice Perspective, University of Chicago Press, 1991, p. 323.

40. Félix Mezzanotte, *Tacit Collusion as Economic Links in Article* 82 *Revisited*, European Competition Law Review, Vol. 30:3, 2009, p. 137 - 142.

41. Félix Mezzanotte, *The Anti-Collusion Toolkit: Limits of a Policy that Combats the Facilitation of Collusion*, European Law Review, Vol. 17:4, p. 495 - 512(2011).

42. Douglas Melamed, *Antitrust: The New Regulation*, Antitrust, Vol. 10:1, p. 13 - 15 (1995).

43. Geogio Monti, *The Scope of Collective Dominance under Article* 82 *EC*, Common Market Law Review, Vol. 38:1, p. 131 - 157 (2001).

44. Giorgio Monti, *Managing the Intersection of Utilities Regulation and EC Competition Law*, Competition Law Review, Vol. 4:2, p. 123 - 145 (2008).

45. Gunnar Niels, *Collective Dominance: More Than Just*

Oligopolistic Interdependence, European Competition Law Review, Vol. 22:5, p.168 – 172(2001).

46. Geoffrey Owen (2012), *Industrial Policy in Europe since the Second World War: What Has Been Learnt?*, ECIPE Occasional Paper, available at: http://eprints.lse.ac.uk/41902.

47. Richard Price, *Market Power and Monopoly Power in Antitrust Analysis*, Cornell Law Review, Vol. 75:1, p. 190 – 217 (1989).

48. George Psarakis, *Sector-specific Regulation and Competition Law in the Electronic Communications Sector against the Backdrop of the Internal Market*, European Competition Law Review, Vol. 28:8, p.456 – 463 (2007).

49. Richard Posner, *Theories of Economic Regulation*, Bell Journal of Economics and Management Science, Vol. 5:2, p.335 – 358 (1974).

50. Tony Prosser, *Theorising Utility Regulation*, Modern Law Review, Vol. 62:2, p.196 – 217 (1999).

51. Richard Posner, *Antitrust Policy and the Supreme Court: An Analysis of the Restricted Distribution, Horizontal Merger and Potential Competition Decisions*, Columbia Law Review, Vol. 75:2, p.282 – 327 (1975).

52. Richard Posner & William Landes, *Market Power in Antitrust Cases*, Harvard Law Review, Vol. 94:5, p.977 (1980).

53. Valerie Rabassa & Peder Christensen, *The Airtours Decision: Is There a New Commission Approach to Collective Dominance*, European Competition Law Review, Vol. 22:6,

p. 227 - 237(2001).

54. Patrick Rey, *Collective Dominance and the Telecommunications Industry*, in Pierre Buigues and Patrick Rey eds., The Economics of Antitrust and Regulation in Telecommunications: A Perspective for the New European Regulatory Framework, Cheltenham: Edward Elgar, 2004, p. 91 - 113.

55. Stephen Ryan & Kyriakos Fountoukakos, *A New Substantive Test for EU Merger Control*, European Competition Law Review, Vol. 26:5, p. 277 - 296 (2005).

56. Patrick S. Ryan, *European Competition Law, Joint Dominance, and the Wireless Oligopoly Problem*, Columbia Journal of European Law, Vol. 11, p. 353 - 371 (2005).

57. Neri Salvadori & Rodolfo Signorino, *Adam Smith on Monopoly Theory: Making Good a Lacuna*, Scottish Journal of Political Science, Vol. 61:2, p. 178 - 195 (2014).

58. Richard T. Shin & John S. Ying, *Unnatural Monopolies in Local Telephone*, 23 RAND Journal of Economics, Vol. 23:2, p. 171 - 183 (1992).

59. George W. Stocking & Willard F. Mueller, *The Cellophane Case and the New Competition*, American Economic Review, Vol. 45, p. 29 - 63 (1955).

60. Richard D. Taylor, *The Next Stage of U. S. Communications Policy: The Emerging Embedded Infosphere*, Telecommunications Policy, Vol. 41:10, p. 1039 - 1055(2017).

61. Werner Troesken, *Did the Trusts Want a Federal Antitrust Law? An Event Study of State Antitrust Enforcement and Passage of*

the Sherman Act, in Jac Heckelman, John Moorhourse and R. Whaples eds. , Public Choice Interpretations of American Economic History, Boston: Kluwer , 2000, p. 77 – 104.

62. Donald E. Turner, *Antitrust Policy and the Cellophane Case*, Harvard Law Review, Vol. 70:2, p. 281 – 318(1956).

63. Gregory Werden, *The History of Antitrust Market Delineation*, Marquette Law Review, Vol. 76: 1, p. 122 – 215 (1992).

64. Sven Volcker, *Mind the Gap: Unilateral Effects Analysis Arrives in EC Merger Control*, European Competition Law Review, Vol. 25:7, p. 395 – 409 (2004).

65. Nicolo Zingales, *Product Market Definition in Online Search and Advertising*, Competition Law Review, Vol. 9: 1, p. 29 – 47(2013).

后　记

岁至2021年初冬，距离我博士论文答辩刚满十年；本书预计于2022年出版，距离我博士论文《欧盟电信行业的竞争与规制》(*Competition Law and Regulation in the EU Electronic Communications Sector*，荷兰威科出版社2012年版)的出版又是整整十年；今年也是我在凯原法学院工作的第十个年头，本书也算是我回国至今工作的见证。

2004年，我去比利时鲁汶大学留学，本来是要做国有垄断行业竞争与规制的研究，但当时欧盟恰好开始新一轮电信改革，于是在导师佩吉·富尔克(Peggy Valcke)教授的引导下，我将题目定为《电信行业的竞争与规制》。彼时的我，对于电信行业一窍不通，只能从一个个技术名词啃起；后来，我逐渐了解了电信网络的内部运行，开始享受法律规制的奥妙。博士期间，我主要围绕欧盟电信行业中的改革问题展开研究。还记得在博士答辩的时候，皮尔·拉鲁什(Pierre Larouche)教授问我："如果你要推荐欧盟电信改革中的一个成功经验给中国,你会选哪个?”我“信口开河”“滔滔不绝”,虽然记忆已经有点模糊了,但还清晰地记得那时那刻的我下定了回国后要进行我国电信改革的后续研究的决心。

徐国栋老师曾经说过,博士研究要管后续五到十年的研究,但再长就不合适了。回国之后的几年,我确实也延续了电信领域的研究,发表了几篇论文,并在 2014 年申请到了国家社科基金项目。但不知道是有幸还是不幸,大致从 2016 年开始,我的学术兴趣开始转移到创新行业规制,几乎再也没有真正关注过电信行业。如果不是为了国家社科基金项目的结项,本书的写作可能也就“胎死腹中”。在结项要求的“催逼”之下,我终于在 2018 年下半年下定决心着手本书的写作,大致在 2019 年年中完成了本书的主体内容。

由于时间所限,本书仅涉及电信改革中的经济性规制,主要对新形势下“主导的电信业务经营者”的应用做了重新建构。就电信改革的大体系而言,本书尚缺乏两部分的内容:一部分是电信行业的社会性规制,包括电信普遍服务与消费者保护的内容;另一部分是电信规制与反垄断法之间的关系。社会性规制研究的缺失主要是因为我对这个领域本身就缺乏研究,难以为继。而对电信规制与反垄断法之间的关系,我是做过专门研究的,本来应当对其进行专章讨论;但之前的研究成果均为英文作品,仓促之间来不及翻译和重写。对这个主题感兴趣的学友可以参见拙作 *When Competition Law Meets Telecom Regulation*[Computer Law & Security Review, 2015, 31(5)]。

可想而知,本书确是仓促之物,望诸位学友对此书多多批评,也给我继续研究电信规制以动力。2018 年,第十三届全国人大常委会将电信法列入立法规划,呼吁了 20 多年的“电信法”看起来离我们越来越近了,希望本书的出版能为未来的电信立法提供些许思路。

最后,感谢国家社科基金对本书研究的经费支持,感谢上海交通大学凯原法学院对本书出版的全额资助,也感谢法律出版社高山、许洁莹、邓颖君、刘梦瑀等编辑老师的专业协助。同时,还要感谢我的导师佩吉·富尔克教授、罗伯特·奎克(Robert Queck)、亚历山大·德·斯特瑞尔(Alexander de Streel)以及凯原法学院的诸位师友,我就不再一一列举,衷心地感谢你们的支持。

侯利阳

2021 年 12 月 6 日于上海交通大学徐汇校区办公室